Uni-Taschenbücher 225

UTB

Eine Arbeitsgemeinschaft der Verlage

Birkhäuser Verlag Basel und Stuttgart
Wilhelm Fink Verlag München
Gustav Fischer Verlag Stuttgart
Francke Verlag München
Paul Haupt Verlag Bern und Stuttgart
Dr. Alfred Hüthig Verlag Heidelberg
J. C. B. Mohr (Paul Siebeck) Tübingen
Quelle & Meyer Heidelberg
Ernst Reinhardt Verlag München und Basel
F. K. Schattauer Verlag Stuttgart-New York
Ferdinand Schöningh Verlag Paderborn
Dr. Dietrich Steinkopff Verlag Darmstadt
Eugen Ulmer Verlag Stuttgart
Vandenhoeck & Ruprecht in Göttingen und Zürich
Verlag Dokumentation München-Pullach
Westdeutscher Verlag/Leske Verlag Opladen

Remo Buser

Ausdruckspsychologie

Problemgeschichte, Methodik und Systematik der Ausdruckswissenschaft

Ernst Reinhardt Verlag München/Basel

Remo Buser ist 1943 in Baden (Schweiz) geboren. Kantonale Oberrealschule Zürich bis zur Matura. Danach Studium der Psychologie, der Soziologie und der Publizistik an der Universität Zürich, sowie der Graphologie am Graphologischen Seminar der Schweizerischen Graphologischen Gesellschaft. 1968 Promotion zum lic. phil. I, 1971 zum Dr. phil.

ISBN 3-497-00693-9

Printed in Germany
Einbandgestaltung: Alfred Krugmann, Stuttgart
Satz und Druck: Verlagsdruckerei E. Rieder, Schrobenhausen
Aufbindung: Sigloch, Stuttgart

Inhaltsverzeichnis

I. Teil. Ausdruckswissenschaftliche Problemkreise in der Vergangenheit

II. Teil. Methodische Probleme der Erkenntnisgewinnung

III. Teil. Systematische Probleme: Wissenschaftsbereiche, aus denen Erkenntnisse gewonnen werden müssen

I. TEIL

Ausdruckswissenschaftliche Problemkreise in der Vergangenheit

1. Einleitung

»Fraglos bildet das unreflektierte Verstehen fremder Ausdrucksphänomene eine der wesentlichsten Quellen jenes Wissens, das als sog. vorwissenschaftliche ›Menschenkenntnis‹ den alltäglichen Verkehr leitet und beherrscht. Darin darf man aber auch ein Motiv für die befremdliche Tatsache erblicken, daß die methodische Bearbeitung des Ausdrucksverstehens, d. h. dessen Verwandlung zu einer Ausdruckspsychologie oder -lehre — von den Physiognomiken abgesehen — erst relativ spät eingesetzt hat. Befremdlich mutet dieses Faktum deshalb an, weil doch die Ausdruckswahrnehmung auch für das wissenschaftliche Erkennen der fremdseelischen Geschehen von erheblicher Relevanz ist; indessen hielten offenbar die aufdringlichen Wertungen und Täuschungsmöglichkeiten, die das praktisch-alltägliche Ausdrucksverstehen durchsetzen, lange davon ab, es als legitime Quelle psychologischen Wissens anzuerkennen« (*Kunz* 1934, S. 5) — mit diesen heute noch genauso gültigen Worten leitete *Kunz* vor über dreißig Jahren seine Dissertation ›Zur Phänomenologie und Analyse des Ausdrucks‹ ein.

Was aber die heutige Zeit von der damaligen wesentlich unterscheidet ist das nurmehr geringe Interesse, das der Ausdruckswissenschaft entgegengebracht wird. Erlebte die Ausdruckspsychologie am Ende der Zwanziger- und Anfang der Dreißiger-Jahre eine wahre Blütezeit in den Forschungen von *Klages* (neue Auflagen 1964a, 1964b), *Lersch* (1932; 3. Aufl. 1951), *Bühler* (1933) und *Kretschmer* (1931; 25. Aufl. 1967), aber auch in den so verschiedenartigen Konzeptionen von *Kassner* (1932), *Rutz* (o. J.) und *Adler* (1926; neue Aufl. 1966), so ist es um diese Wissenschaft heute recht still geworden. Als Spezialdisziplin hat sich einzig die Graphologie wenigstens in einigen Gebieten des europäischen Raumes etabliert.

Woran mag es liegen, daß das wissenschaftliche Interesse für die Ausdruckspsychologie in solchem Maße schwand? — Zwei Gründe bieten sich zunächst zur Beantwortung dieser Frage an: Der eine dürfte darin liegen, daß sich der Gegenstand als wesentlich vielschichtiger erwiesen hat, als er vielleicht ursprünglich — man denke an die lineare Zuordnungstheorie von *Gall* — erscheinen mochte. Die sich in der Folge als Gegenpol zu der komplizierter werdenden Ausdruckswissenschaft anbietenden Populär-Physiognomiken warfen auch auf die wissenschaftliche Ausdrucksforschung ihre Schatten. Der gleichzeitige Siegeszug der empirisch-positivistischen Idee in der Testologie und im Behaviorismus ließ jede Wissenschaft, die sich nicht primär um Quantifizierbarkeit und um statistisch verwertbare Experimente bemühte, suspekt erscheinen. Dieser neue Begriff von ›Wissenschaftlichkeit‹ ist der andere Grund, der die Beschäftigung mit dem menschlichen Ausdruck geradezu mit dem Tabu der Unwissenschaftlichkeit belegte.

Da nun aber die positivistisch-deterministische ›Weltauffassung‹ nicht einmal mehr für die ursprünglich mechanistischste aller Wissenschaften, die Physik, aufrechterhalten werden kann, ist nicht einzusehen, weshalb der Positivismus gerade in der Psychologie als heimliches oder offenes Idealbild dienen soll. Der Positivismus ist zwar in bestimmten Wissenschaftsbereichen eine äußerst fruchtbare pragmatische Methode, aber er liefert weder eine Welterklärung, noch ist er die einzig mögliche Form der Wissenschaftlichkeit.

In der Psychologie nun, wo wir es nicht nur mit statistischen Häufigkeiten zu tun haben, sondern auch mit individuellen Einzelfällen, kommen wir nicht darum herum, immer auch ein gewisses Maß an Intuition zu verwenden, um unsere allgemeinen Kenntnisse auf den speziellen Fall anzuwenden. Dennoch wird diese Notwendigkeit noch kaum (oder kaum mehr!) anerkannt — mit Ausnahme vielleicht in der Tiefenpsychologie. Die Stellung der Intuition im wissenschaftlichen Denken wird denn auch zu einem der Hauptprobleme im zweiten Teil dieser Arbeit werden, der sich mit methodischen und methodologischen Fragen der Erkenntnisgewinnung in der Ausdruckswissenschaft befaßt.

Sind es im zweiten Teil dieser Arbeit die methodischen Probleme der Erkenntnisgewinnung, die im Vordergrund stehen, so werden im dritten Teil die Bereiche diskutiert, deren Erkenntnisse für eine ausdruckspsychologische Theorie mitberücksichtigt werden müssen. Die beiden Problemkreise, der methodische und der systematische, ergänzen sich gegenseitig und ergeben zusammen die ungefähre Skizze einer zukünftigen Ausdruckswissenschaft, die sich auch gegenüber den Erkenntnissen der Anthropologen, der Verhaltensforscher und der Soziologen geöffnet hat. Eine enge Definition des Ausdrucksbegriffs erübrigt sich deshalb; in Abwandlung der nach *Kirchhoff* (1965b) weitesten Ausdrucksdefinition soll für diese Arbeit als Richtlinie gelten:

> Ausdruck ist Erscheinung beliebiger personaler Wesenszüge und Zustände; diese erscheinen in beliebigen personalen Ausdrucks-Medien.

Diese weitgefaßte Begriffsauslegung findet sich in ähnlicher Weise schon bei *Lavater* (1776), dessen vielseitiges Werk auch unter modernen Gesichtspunkten durchaus beachtenswerte Ansätze aufweist, die nicht ganz dem Bilde entsprechen, das etwa *Klages* (1964a), *Bühler* (1933), *Kiener* (1965a) und andere – mit Ausnahme vielleicht von *Hehlmann* (1967) und *Pulver* (1942) – von ihm zeichneten.

Überhaupt ergibt eine eingehendere Beschäftigung mit den älteren ausdruckswissenschaftlichen Autoren – *Lichtenberg, Carus* und *Paracelsus* beispielsweise –, daß die tradierte ausdruckspsychologische Geschichtsschreibung Mängel aufweist, die sich bis zu *Piderit* zurückverfolgen lassen, und die wohl ihre Ursache im strengen Rationalismus haben, dem dieser von *Klages* öfters hervorgehobene Autor verpflichtet war. Dabei ging die Tendenz dahin, die Leistungen früherer Autoren, deren Werke zumeist stark intuitiv-spekulatives Gepräge haben, aus dem Geiste des ausgehenden 19. Jahrhunderts für wissenschaftlich unbedeutend zu erklären. Im historischen ersten Teil dieser Arbeit wird demgegenüber versucht aufzuzeigen, wie viele Problemstellungen schon von den älteren Autoren durchaus erkannt und diskutiert wurden.

Gerade der Ansatz von *Piderit*, der mit großem naturwissenschaftlichem und physiologischem Aufwand zu zwar detaillierten, aber im Gehalt doch eher dürftigen Ergebnissen führte, zeigt die Schwierigkeit einer rein logisch-diskursiv entwickelten Ausdruckswissenschaft, die möglichst ohne implizite Voraussetzungen arbeiten will. *Waelder* (1969) weist auf das Problem hin, daß die Psychologie mit einer Unzahl von Variablen arbeiten müsse, während in der Physik oft zwei bis drei Größen ausreichen, indem er den Mathematiker *Weaver* zitiert: »Eine einzige und einfache Gleichung beschreibt das Temperatur-Volumen-Druck-Verhalten aller Edelgase. ... Aber wie vieler Variablen bedarf es, um eine Blume, ein Insekt, einen Menschen zu beschreiben? Wie viele aufs feinste aufeinander wirkende und ihrem Wesen nach ineinander greifende Faktoren müssen in Betracht gezogen werden, um einen Gefühlszustand zu verstehen? Wie kompliziert ist die Summe von Einflüssen, die das Verhalten variieren? Mit anderen Worten: die exakte Naturwissenschaft konnte schon vor einigen Jahrhunderten ihren Ausgang nehmen, weil die Welt so gebaut ist, daß die Physik relativ einfach ist ... die Biologie ist, allgemein gesagt, um einige Grade schwieriger. Ein lebender Organismus ist wesentlich komplizierter und besitzt sehr viel mehr aufeinander einwirkende Eigenschaften. Es ist viel behindernder (und kann völlig irreführen), wenn man diese Eigenschaften jeweils einzeln oder zu zweit untersucht; und hinter allem steht die unumstößliche, zugleich mystische und praktische Tatsache, daß, zerlegt man einen lebendigen Organismus, um ihn zu untersuchen, ein wesentlicher Aspekt des Problems verschwindet, insofern das, was auf dem Untersuchungstisch liegt, kein Organismus mehr ist und nicht mehr lebendig« (*Weaver* 1957, S. 1227f; zit. n. *Waelder* 1969, S. 21).

Dieser bedenkenswerte Gedankengang zeigt, daß die ganzheitlich-intuitive Schau, von der die meisten der frühen Autoren ausgingen, wohl letztlich unumgänglich ist, um eine wissenschaftliche Menschenbeschreibung zu ermöglichen, die mehr ist, als eine auf wenige Dimensionen beschränkte Zuordnung. Die Tatsache, daß Formulierungen, wie wir sie bei *Paracelsus* finden, ähnlich auch bei modernen Physikern festzustellen sind, zeigt zudem, daß dessen Gedankenwelt aktueller sein könnte, als dies ein fortschrittsgläubiges technisches Zeitalter annimmt.

Da sich demnach herausstellt, daß die Ausdruckswissenschaft ungemein komplexer sein muß, als sie noch dem Enthusiasmus zu Beginn unseres Jahrhunderts erscheinen mochte, liegt die Frage nahe, ob sich die Beschäftigung mit ihr unter diesen Voraussetzungen überhaupt noch lohne. Nimmt man aber mit *Pulver* an, daß Ausdruck niemals »ein gleichgültiges Auch-Phänomen (sei), mit dem sich die Psychologie auch einmal beschäftigen kann« (*Pulver* 1945, S. 16), so dürfen die Schwierigkeiten des Gegenstandes kein Grund sein, seine wissenschaftliche Bearbeitung zu verhindern. *Pulver* betont sogar, die Erfassung des Ausdrucks sei der Psychologie »als eine unabdingbare Grundaufgabe gesetzt, weil im Ausdruck Äußerungen des Psychischen von so wesentlicher und werthaltiger Art vorliegen, daß keine Psychologie an ihm vorbeigehen kann, die den Anspruch erhebt, überhaupt etwas von Belang über das menschliche Seelenleben auszusagen« (*Pulver* 1945, S. 16).

Wenn in dieser Arbeit gerade die Vielschichtigkeit der Problemlagen zum Ausgangspunkt der Untersuchung gemacht wird, so nicht nur um aufzuweisen, wie viele Aspekte in der Ausdruckswissenschaft berücksichtigt werden müssen, sondern auch um zu zeigen, wie fruchtbar sich eine möglichst offene Konzeption der Ausdrucksforschung erweisen kann. Was der Ausdruckswissenschaft nottut ist die Loslösung von einengenden Theorien und Forschungsmethoden, sowie gleichzeitig eine vermehrte Zuwendung zur Praxis, zur Psychopathologie und zur Tiefenpsychologie. *Paracelsus*, der medizinische Forscher, könnte gewissermaßen Leitstern sein, wenn er schreibt: »Wer die Natur durchforschen will, der muß ihre Bücher mit den Füßen treten. Die Schrift wird erforscht durch ihre Buchstaben, die Natur aber von Land zu Land: wieviele Länder, soviele Blätter. Das ist der Kodex der Natur, und also muß man ihre Blätter wenden« (*Jacobi* 1942, S. 57). Es gilt auch in der Ausdruckswissenschaft neue ›Länder‹ zu durchforschen.

Einige einschränkende Bemerkungen seien abschließend noch vorangeschickt.

Zunächst kann es im historischen Teil nicht um eine eigentliche ›Geschichte der Ausdruckswissenschaft‹ gehen, sondern es wird versucht, das Auftauchen bestimmter, heute noch nachwirkender Problemstellungen bei einigen wesentlichen Autoren zu verfolgen, wobei das Hauptgewicht der Darstellung auf den Entwicklungen seit dem Spätmittelalter liegt; das griechische Altertum wird nur kurz referiert, außerabendländische Lehren werden überhaupt nicht berücksichtigt, obwohl auch sie sicherlich eine Fülle ausdruckswissenschaftlicher Erkenntnisse enthalten dürften. (So schrieb der Inder *Vatsyayana* bereits vor ungefähr 1500 Jahren, er sei »of opinion that the forms of bodies, and the characteristic marks or signs are but erring tests of character, and that women should be judged by their conduct, by the outward expression of their thoughts, and by the movements of their bodies« (*Vatsyayana* 1963, S. 98), und vertrat so eine Auffassung, die sich in unserem Kulturraum ähnlich ausgeprägt erst bei *Lichtenberg* findet.)

Sodann muß angemerkt werden, daß in dieser Arbeit nicht die gewissermaßen philosophische Frage nach der ›Bedingung der Möglichkeit von Ausdruck überhaupt‹ gestellt wird, sondern daß das Ausdrucksphänomen schlicht im Sinne des auch vorwissenschaftlichen Verständnisses als gegeben angenommen wird. Es wird also nicht philosophisch, sondern primär im Sinne der praktischen Psychologie argumentiert.

Geht es im ersten Teil um die Frage, unter welchen methodischen und psychologischen Voraussetzungen in der Vergangenheit Ausdruckswissenschaft getrieben wurde, so werden im zweiten Teil die Erkenntnisquellen untersucht, aus denen ausdruckspsychologische Einsichten gewonnen werden können.

Die im dritten Teil darzulegenden Erkenntnisbereiche, deren Ergebnisse in der Ausdruckswissenschaft berücksichtigt werden müssen, scheinen zwar zunächst die Komplexität der Ausdruckspsychologie nur zu steigern, doch wird letztlich eine Ablehnung der Erkenntnisse der Anthropologie, der Verhaltensforschung und der Soziologie den effektiven Tatsachen noch weniger gerecht. So hat beispielsweise *Lorenz* in bezug auf die Verhaltensforschung festgestellt: »Die unbestreitbare und unbestrittene Tatsache der Deszendenz bringt die Erkenntnis mit sich, daß eine unermeßliche Zahl von Struktureigenschaften menschlichen Verhaltens und Innenlebens ihr So-und-nicht-anders-Sein dem historisch einmaligen Gange der Phylogenese verdankt und ohne Einsicht in deren Zusammenhänge schlechterdings unverständlich bleiben muß« (*Lorenz* 1954, S. 252).

Die einseitigen Positionen einer ›nur-naturwissenschaftlichen‹ oder ›nur-geisteswissenschaftlichen‹ Betrachtungsweise, das ›Entweder-Oder‹ zwischen rational-empirischem und intuitivem Vorgehen in der Erkenntnisgewinnung sollten in der angewandten Psychologie — somit auch in der Ausdruckswissenschaft — zusammengeführt werden können zu einem ›Sowohl-Als auch‹, denn auch der Mensch selbst ist rational und irrational zugleich.

2. Ausdruck in Philosophie und Psychologie des Altertums

Sicherlich geht die Auffassung, daß bestimmte Ausdrucksphänomene psychische Vorgänge widerspiegeln, zurück bis auf die ersten Überlegungen, die der Mensch über sein eigenes Dasein anstellte. Noch vor *Aristoteles* schuf *Hippokrates* die Temperamentenlehre, wobei er den Körpersäften Blut (sanguis), Galle (cholé), schwarze Galle (melaina cholé) und Schleim (phlegma) je vier Temperatmentsausprägungen zuordnete; die Bezeichnungen dafür finden sich noch heute in der Umgangssprache: Sanguiniker für den Unbeschwerten, Choleriker für den zu Jähzorn neigenden, Melancholiker für den Depressiven und schließlich Phlegmatiker für den Trägen.

Der Altertumsforscher *Foerster,* der sich um die Jahrhundertwende eingehend mit der Physiognomik der Griechen befaßte, sieht als ursprüngliche Objekte, an denen sich die frühen Physiognomen betätigten, die Tiere an. »Gewis war auch bei den Griechen in ältester Zeit die Scheide zwischen Mensch und Tier bei weitem nicht so tief als später; es bestand vielmehr jenes traulich naive Verhältnis, auf dessen Boden die Tierfabel entsproß, und von welchem einzelne Züge, wie jene Zwiegespräche, welche Götter oder Helden mit ihren Rossen halten, die Thränen und Weissagungen der Rosse des Achill, noch in die Ilias hineinragen. Aber beachtenswerter ist wol für die in Rede stehende Tatsache, daß die Physiognomie wenigstens vieler Tiere eine besonders charakteristische, deutliche und energische Ausprägung hat« (*Foerster* 1884, S. 6). Bei den Griechen waren Beinamen aus der Tierwelt vielfach Ausdruck der Bewunderung, so beispielsweise ›Thrasyleon‹ (Löwenkühn) oder ›Pantaleon‹ (Ganz-Löwe); daß auch Spitznamen aus dem Tierreich Verwendung fanden, bedarf wohl keiner Erläuterung.

Als zweite Quelle physiognomischer Erfahrungen sieht *Foerster* die Begegnung der Griechen mit fremden Völkern an. Hätten sie zunächst entweder bestimmte Charaktereigenschaften oder aber gewisse Äußerlichkeiten festgestellt, die ihnen an den Fremden auffielen, ohne sie in einem Zusammenhang zu sehen, so wären sie später dazugekommen, beispielsweise den Aethiopen und Skythen sowohl bestimmte äußere Eigenschaften wie auch Charakterqualitäten zuzuschreiben. Menschen mit Ähnlichkeiten zu solchen Volksangehörigen wurden entsprechende Eigenschaften beigemessen. Später sei der Blick auch für innergriechische Stammes-Individualitäten geschärft worden. Sie seien sich aber bereits bewußt gewesen, »daß derartige Völker-Beobachtung stets subjektiv sei« (*Foerster* 1884, S. 9) und hätten in der Beurteilung weit entfernt wohnender Völker sehr geschwankt.

Die dritte Beobachtungsweise, die pathognomische, wirkte sich zunächst in der Literatur und in der bildenden Kunst aus, indem vermehrt genaue Schilderungen der äußeren Gestalt und des Charakters auch in biographischen Werken Eingang fanden. Die künstlerischen Mittel wurden dadurch differenzierter. So wurden literarisch-physignomische Werke zu Vorgängern der eigentlichen Physiognomiken, wie sie hauptsächlich in der Pseudo-Aristotelischen Tradition verfaßt wurden.

Nach *Johanna Schmidt* (1941), die in einem enzyklopädischen Beitrag von zum Teil recht tendenziöser Art (*Lavater* gilt als ruhmvoller Deutscher, die Graphologie wird als entartete, okkulte Populär-Physiognomik bezeichnet) ausführliche Literaturhinweise gibt, und die sich großenteils auf *Foersters* verschiedene Werke stützt, haben die antiken Mediziner eine Einwirkung des Milieus und des Klimas auf Gestalt und Charakter der Individuen, beziehungsweise der Völker, angenommen. Diese Klimatheorien standen im Zusammenhang mit der hippokratischen Temperamentenlehre, die ebenfalls annahm, daß die physischen und geistigen Zustände durch Bodenbeschaffenheit und Klima bedingt seien (*Foerster* 1884).

Das Leib-Seele-Verhältnis — dem Wesen nach eng mit dem Ausdrucksproblem verwandt — wird schon von *Aristoteles* eingehender erörtert: Die Seele ist das, dank dem wir leben, wahrnehmen und überlegen, sie ist Begriff und Form, nicht Materie und Unterlage. »Denn wenn Wesenheit, wie wir bemerkten, ein Dreifaches bedeutet, die Form, den Stoff, das Zusammengesetzte, und wenn der Stoff Möglichkeit ist, die Form Erfüllung, so ist, da das Zusammengesetzte der beseelte Körper ist, nicht der Körper die Erfüllung der Seele, sondern diese die eines bestimmten Körpers. So ist die Meinung derer richtig, denen die Seele weder ohne Körper noch ein Körper zu sein scheint. Körper nämlich ist sie nicht, aber etwas am Körper, und deswegen ist sie in einem Körper, und zwar in einem so und so beschaffenen Körper. Nicht so wie die Früheren sie in einen Körper einfügten, ohne zu bestimmen, in welchem und in einem wie beschaffenen, obgleich ein Beliebiges auch nicht dem Augenschein nach ein Beliebiges aufnimmt« (*Aristoteles* 1968, S. 40f). *Aristoteles* vollzieht mit dieser Auffassung eine bedeutsame Wende in der Betrachtung des Zusammenhanges zwischen Leib und Seele: es sind nicht mehr die Körpersäfte, welche die Seele regulieren, sondern die Seele beeinflußt die ›Wahl‹ der Körpergestalt. Zudem enthält der Passus den Hinweis, daß zwischen der Seele und dem so und so beschaffenen Körper ein Wesenszusammenhang bestehen müsse. Diesem Zusammenhang nachzuspüren, gleichsam die psychischen Intentionen an dem physisch Vorhandenen (d. h. dem Körper und allen seinen Äußerungsmöglichkeiten) abzulesen, war von jeher die Aufgabe der Ausdruckswissenschaft.

War die Temperamentenlehre eine zwar einfache, aber immerhin eine Vielfalt von Mischungsverhältnissen zulassende Typologie, *Aristoteles*' Betrachtungsweise dagegen eine philosophische Grundlegung des Ausdrucksproblems, so muten uns die von seinem Nachfolger *Theophrastos* (372–287 v. Chr.) aufgezeichneten ›Charaktere‹ zunächst wie ein Rückschritt an; es handelt sich bei ihnen weit eher um die Schilderung von Personen mit einer hervorstechenden Charaktereigenschaft, als um eine eigentliche ausdruckswissenschaftliche Konzeption. Immerhin sind seine Schilderungen so treffend, daß sie zur damaligen Zeit (wie auch nach der französischen Druckausgabe durch *Jean de La Bruyère* im 17. Jahrhundert) sicherlich heftige charakterologische Diskussionen entfacht haben. So mutet uns denn auch heute noch eine Charakterbeschreibung wie die folgende unerhört prägnant und lebendig an: »Der Knauser läßt sich an folgenden Zügen erkennen: Er holt noch im Laufe des Monats die Hausmiethe bis auf den (letzten) halben Obulus persönlich (bei seinem Schuldner) ab. Bei einem gemeinschaftlichen Gelage zählt er die Becher, die jeder geleert hat, und unter den Gästen ist er derjenige, welcher der Artemis die geringste Portion als Opfer spendet. Hat Jemand noch so Wohlfeil (für ihn) eingekauft, so findet er bei der Abrechnung doch Alles zu theuer. Zerbricht einer seiner Dienstleute einen Topf, oder eine Schüssel, so bringt er es (durch Abzug) an der täglichen Kost wieder herein. Hat seine Frau ein Dreipfennigstück fallen lassen, so ist er im Stande, das ganze Hausgeräthe, Betten und Kästen, wegzurücken und durchstöbert alle Teppiche. Verkauft er Etwas, so erläßt er es nur um einen Preis, daß der Käufer keinen Nutzen dabei hat. Auch läßt er Niemand in seinem Garten eine Feige essen, oder über seinen Acker wandeln, noch auch eine auf die Erde gefallene Olive oder Dattel aufheben. Jeden Tag sieht er nach seinen Marksteinen, ob sie noch auf dem alten Flecke stehen. Er ist auch wohl im Stande, von einer nicht auf den Tag bezahlten Forderung Zins aus Zins zu nehmen. Gibt er seinen Zunftgenossen eine Mahlzeit, so legt er das Fleisch in klein geschnittenen Stückchen vor. Will er Mundvorrath einkaufen, so kommt er wieder heim, ohne Etwas gekauft zu haben. Seiner Frau verbietet er, Salz, einen Docht, Kümmel, Majoran, Gerstenschrot, Kränze oder Opferkuchen herzuleihen: ›denn‹ — sagt er — ›diese Kleinigkeiten machen im Jahr auch etwas Namhaftes aus‹. Summa: auf den Geldkassen der Knauser liegt Schimmel; die Schlüssel (dazu) sind verrostet; Mäntelchen tragen sie, kürzer als kurz, salben sich aus winzigen Fläschchen, lassen das Haar bis auf die Haut scheren, haben den halben Tag durch keine Schuhe an und legen es dem Walker ernstlich an's Herz, doch ja recht viel Kreide auf dem Mantel aufzutragen, damit derselbe nicht so bald wieder schmutzig werde« (*Theophrast* 1865, S. 26f).

Können wir also den Theophrastischen ›Charakteren‹ problemgeschichtlich wenig mehr abgewinnen, als einer dichterisch herausgearbeiteten Dramen- oder Romangestalt, so darf doch ihre nachhaltige Wirkung auf die gebildete Welt nicht unterschätzt werden. *Binder*, ein Übersetzer der ›Charaktere‹, formulierte 1865 ihre Bedeutung im Stile und Geiste des 19. Jahrhunderts folgendermaßen: »Richten wir nunmehr unsern Blick auf den Inhalt der Theophrast'schen Sittengemälde selbst, so erkennen wir in ihnen nicht sowohl vollendete Gemälde, als vielmehr bloße Cartons und Skizzen, denen allerdings der Schmuck und die Lebhaftigkeit des Colorits mangelt. Gleichwohl bieten sie dem denkenden und forschenden Leser Stoff genug zu mancherlei Reflexionen dar und werden dadurch belehrender und unterrichtender, als selbst die anmuthigsten Schildereien, an denen man sonst Nichts, als die Kunst des Malers, bewundern kann. Und eben wegen dieser edeln Einfachheit und Kunstlosigkeit sind sie auch sowohl im Alterthum, wie in neueren Zeiten, vorzüglich geschätzt und vielfach nachgeahmt worden« (*Binder* 1865, S. 7).

Wie weit die Bekanntheit *Theophrasts* noch vor der Neubelebung seiner Schrift durch *La Bruyère* reichte, zeigt sich auch darin, daß der Arzt Wilhelm von Hohenheim seinen 1493 geborenen Sohn auf den Namen Theophrastus taufte: Theophrastus Bombastus von Hohenheim, später genannt *Paracelsus*. Es lohnt sich, auf diese eigenartige — in ihrer Bedeutung für die Ausdruckswissenschaft zweifellos verkannte — Gestalt näher einzugehen.

3. Zusammenfassung und neue Grundlegung im Spätmittelalter: Paracelsus und Porta

3.1. Paracelsus (1493–1541)

Paracelsus, mit vollem Namen Philippus Aureolus Theophrastus Bombastus von Hohenheim, dürfte eine der schillerndsten Gestalten der Zeitenwende vom Mittelalter zur frühen Neuzeit sein. Wie umstritten seine Lehre wie auch seine Persönlichkeit heute noch sind, zeigt eine neuere Arbeit von *Pagel* (1962), in der Paracelsus' Beiträge zum Fortschritt von Chemie und Medizin kritisch betrachtet werden und seine Beziehungen zu Neuplatonismus und Gnosis eine Durchleuchtung erfahren. *Jacobi* (1942) sieht in ihm einen Schrittmacher der heutigen Psychotherapie, *Fritsche* (1962) den machtvollsten Vollender westlicher Magie und Mystik, *Goldammer* (1960) will letztere Auffassung »getrost beiseite schieben« (*Goldammer* 1960, S. 17) und stellt die sozialreformerisch-theologische Seite von Paracelsus in den Vordergrund, für *Adel* (1962) kämpft Paracelsus »aus Sehnsucht nach dem vollkommenen Menschen und im Bewußtsein einer Berufung gegen die Krankheit; er kämpft aus dem Glauben an das Arzttum gegen die Ärzte, und er kämpft mit den Worten der Bibel gegen die Kirche« (*Adel* 1962, S. 19), während *Jaeckle* (1942) ihn vor allem von seinem Zeitgenossen *Agrippa von Nettesheim* abhebt und ihn als den Erben der abendländischen Weisheit betrachtet, als einen Christen der Tat; *Jung* faßt recht knapp zusammen: »A contradictory and controversial figure, Paracelsus cannot be brought into line with any contemporary stereotype . . . Paracelsus remains a paradox like his contemporary Agrippa of Nettesheim« (*Jung* 1951, zit. n. *Pagel* 1962, S. 4 Anm. 1), eine Stellungnahme, die sich ähnlich auch bei dem Paracelsus-Biographen *Kaiser* findet, der meint, Paracelsus sei »eine so polyvalente Persönlichkeit«, daß die Gefahr bestehe, »daß manches übersehen werden kann und wohl auch vieles, das vielleicht wichtig scheint, übergangen werden muß« (*Kaiser* 1969, S. 7).

Welches ist nun die Auffassung Paracelsus' über die Wechselwirkungen von Leib, Natur und Seele? – Zunächst finden wir bei ihm auch die bereits erwähnte Temperamentenlehre referiert: »Der Leib besitzt vier Arten des Geschmacks: den sauren, den süßen, den bitteren und den salzigen . . . Sie sind in jedem Geschöpf, aber nur im Menschen kann man sie erforschen . . . Alles Bittere ist heiß und trocken, also cholerisch; alles Saure kalt und trocken, also melancholisch . . . Das Süße gebiert das Phlegmatische, denn alles Süße ist kalt und feucht, wenn auch nicht mit dem Wasser zu vergleichen . . . Das Sanguinische entstammt dem

Salzigen, und dieses ist heiß und feucht ... Herrscht das Salz gegenüber den anderen drei im Menschen vor, dann ist er ein Sanguiniker; überwiegt das Bittere in ihm, dann ist er ein Choleriker. Das Saure macht ihn zum Melancholiker und das Süße, wenn es vorherrscht, zum Phlegmatiker. Also stehen die vier Temperamente im Leibe des Menschen wie in einer Gartenerde« (*Paracelsus*, zit. n. *Jacobi* 1942, S. 11). Gerade dieser letzte Satz, der Vergleich mit der Gartenerde, zeigt, wie Paracelsus das antike Gedankengut philosophisch-alchemistisch überformt. Für ihn sind nicht mehr die Körpersäfte Ursprung der Temperamente, sondern die die Elemente anzeigenden Geschmacksqualitäten, denen die entsprechenden Wirkkräfte innewohnen. Er fordert für den Arzt eine Ausbildung in Philosophie (und meint damit in einem gewissen Sinne auch Methodologie) und führt gleichzeitig folgenden Beweis: »der nun sein wil ein arzet, derselbig muß und sol zuvor ein philosophus sein und die philosophei wissen und als dan den menschen. dan was die ursach ist, das das holz, gras, laube, etc. schedigt, das ist auch die ursachen das also den menschen auch schedigt. nun sind kein humores im laub und gras und holz etc., das ist im holz, gras, kraut, pleter, blumen ist nicht melancolia, noch flegma, noch colera, noch wie sie es anzeigen sanguis, sonder do ist alein ein einige feuchte, das ist ein liquor in dem sie sind. wan alle ding sind in drei ding gesetzt, in das salz, in den schwebel und in den liquorem; die drei machent ein iegliches ding, und mage nicht geraten das minst darvon, auch nicht mer gedulden. also ist in den gewechs alein das wesen deren dreien dingen, also auch im menschen. darumb so müssen die drei das sein, das krank macht, entweders die eussern gewechs oder den menschen. das ist nun von der materia geredet der krankheiten, was aber die krankheiten machen, das sol erstlich nach der philosophei verstanden und erkent werden und nach der philosophei durch die physicam« (*Paracelsus* I/X, S. 263 f; zit. n. *Paracelsus* 1962, S. 94 f).

Die Betonung der Naturphilosophie im Zusammenhang mit seiner eigentümlichen Kosmologie kommt noch eindeutiger in seinen beiden weiteren Lehren vom Verhältnis zwischen Makrokosmos und Mikrokosmos sowie von den Signaturen zum Ausdruck.

3.1.1 *Makrokosmos und Mikrokosmos*

Paracelsus lehrt, der Mensch als Mikrokosmos enthalte als Abbild und Sohn des Makrokosmos alle Wesensteile desselben (*Jacobi* 1942). »Zwischen den einzelnen menschlichen Körperteilen und seelischen Eigenschaften und den verschiedenen Teilen des Kosmos besteht nach damaliger Anschauung eine gegenseitige Entsprechung. (...) Makrokosmos und Mikrokosmos stehen sich ... als selbständige Wesen gegenüber« (*Jacobi* 1942, S. 272). Dem Makrokosmos entspricht das Universum, das ›äußere Gestirn‹, die ›Große Kreatur‹, während dem Mikrokosmos das ›innere Gestirn‹, der Mensch. So formuliert Paracelsus:

»Das ›innere Gestirn‹ des Menschen ist in seiner Eigenschaft, Art und Natur, in seinem Lauf und Stand gleich dem ›äußeren Gestirn‹, verschieden allein in seiner Form und in seinem Stoff. Denn der Natur nach sind sie eines Wesens im Äther und auch im Mikrokosmos, im Menschen ... So wie die Sonne durch ein Glas scheint – gleichsam ohne Körper und ohne Substanz –, also durchdringen sich die Sterne auch im Leibe ... Im Menschen nämlich sind Sonne und Mond und alle Planeten, desgleichen auch alle Sterne und das ganze Chaos ... Der Leib zieht den Himmel an, ... und das geschieht nach großer göttlicher Ordnung. Der Mensch besteht aus den vier Elementen, nicht nur – wie einige behaupten – entsprechend den vier Temperamenten, sondern auch ihrer Natur, ihrem Wesen und ihren Eigenschaften nach. In ihm liegt der ›junge Himmel‹; d. h. alle Planeten sind dem Menschen ein-gebildet und sind Kinder des ›großen Himmels‹, der ihr Vater ist« (*Paracelsus*, zit. n. *Jacobi* 1942, S. 11 ff.).

Diese, auf den ersten Augenblick etwas befremdlich anmutende Lehre findet ihre seltsame Entsprechung in den Erörterungen des Astrophysikers *Hoyle:* Er bemerkt zunächst, daß eine Reihe physikalischer Phänomene durch Experimente entdeckt wurden; darauf gelang es, die Beobachtungen durch mathematische Gleichungen darzustellen, wobei sich herausstellte, daß die Gleichungen eine umfassendere Bedeutung enthielten als die ursprünglichen Beobachtungen; man konnte durch sie auf bisher unbekannte Phänomene schließen und sie praktisch nachweisen (vgl. z. B. Relativitätstheorie). »Es ist keine Übertreibung, diese Übereinstimmung zwischen experimenteller Beobachtung und mathematischer Logik als wunderbar zu bezeichnen. Sie behält den Charakter des Geheimnisvollen, wie vertraut wir auch mit den Einzelheiten werden mögen. Wir hören auf, uns über einen Zaubertrick zu wundern, sobald wir wissen, wie er durchgeführt wird. Dagegen wird unser Erstaunen über die Zauberformeln der Wissenschaft um so größer, je besser wir sie anzuwenden verstehen.

Diese wunderbare Fähigkeit des menschlichen Gehirns, das Wirken des Universums zu ergründen, scheint nur erklärbar zu sein durch die Annahme, daß unsere Gehirne, wenigstens bis zu einem gewissen Grad, das Universum widerspiegeln. Wahrscheinlich hatte Lyttleton Recht, als er sagte, daß wir das Muster des Universums in unseren Köpfen mit uns herumtragen. Selbst bei kritischer Betrachtung muß dieser Zusammenhang als eine bemerkenswerte Tatsache angesehen werden« (*Hoyle* 1961, S. 153 f).

Diese eigentümliche Entsprechung alchemistischer Gedankengänge mit den erkenntnistheoretischen Implikationen der modernen Physik soll auf die Möglichkeit hinweisen, daß in den paracelsischen Werken auch andernorts intuitive Einsichten verborgen sein könnten, welche die Wissenschaft erst nach langem Suchen unvermutet wird bestätigen können.

Abgesehen von der möglichen Richtigkeit der paracelsischen Lehre wollen wir nun vermehrt ihre Spuren in der ausdruckswissenschaftlichen Problemgeschichte untersuchen. Ist die Entsprechungstheorie von Makrokosmos und Mikrokosmos vor allem — zumindest oberflächlich betrachtet — eine philosophische Lehre, die erst von da her ihre psychologische Wirkung erhält, so ist die andere große Lehre, diejenige von den Signaturen, zwar auf dem gleichen Boden gewachsen und vom gleichen Geiste getragen, sie ist aber zudem für die Ausdruckswissenschaft und ihre Geschichte von eminent praktischer Bedeutung.

3.1.2 *Die Signaturen*

Wie sind diese Signaturen zu verstehen, welches ist der Hintergrund dieser Idee? Paracelsus erklärt folgendermaßen: »Nichts ist, das die natur nicht gezeichnet hab, durch welche zeichen man kan erkennen, was im selbigen, was gezeichnet ist. also seind vier species, die alle signatur in inen begreifen, und der die vier erkennet und verstehet, derselbig mag das gemüt des menschen wol erkennen, und dieselbigen zeichen zu verstehen, so wissent ein solchen underricht. die stern haben iren lauf und durch denselben werden sie erkennet. in menschen ists auch also, alein mit dem underscheit, das sie dem menschen lineas fixas geben durch die man sicht und erkennt wie der lauf ist. wie also der lauf der sternen complexioniret ist, also ist auch complexionirt dieselbige linien, die im gleich ist. weiter verstehent auch dis exempel. wie ir sehet, das ein ieglichs kraut wechst in die form, die derselbigen natur gleich ist, also auch wird der mensch in dieselbig form geführt, die auch seiner natur gleich sicht. und wie die form anzeiget, was dasselbig für ein kraut ist, also zeigt auch das signatum an, wer derselbig mensch ist. und die kunst signata lernet die rechten namen geben einem ieglichen, wie im angeboren ist. nit, das ein wolf ein schaf heiße, nicht, daß ein taub ein fuchs heiße, sondern wie ein ieglicher selbs in der natur ist, ein namen empfahe« (*Paracelsus* 1929, S. 91 f).

Es lassen sich folgende Gedankengänge erkennen, welche die Ausdruckswissenschaft direkt berühren:

3.1.2.1 Alles in der Natur weist Zeichen auf, die auf das Wesen, auf die ›verborgenen Heimlichkeiten‹ (Paracelsus) des betreffenden Naturdinges, aber auch des Menschen hindeuten.

3.1.2.2 Es gibt vier Aspekte, in denen alle Signaturen enthalten sind; die Erkenntnis aus diesen vier Aspekten führt zur Erkenntnis des menschlichen ›Gemüts‹.

Daneben fallen auch Formulierungen auf, die an die aristotelische Tradition erinnern:

a) Der Mensch wird in diejenige Form ›geführt‹, die seiner Natur gleicht. – Diese Formulierung entspricht der aristotelischen, daß die Seele zu einem so und so beschaffenen Körper gehöre, sie ist aber bei Paracelsus in dem Sinne verschärft, daß er nicht *irgendeine* Beziehung annimmt (wie *Aristoteles*, der sich nicht weiter äußert), sondern ein *›Gleichen‹*.

b) Die Tiernamen, die im obigen Zitat nicht unbedingt die effektiven Tiere meinen, sondern auf die Menschen mit tiertypischen Charakteranlagen hinweisen könnten, dürften auf die pseudoaristotelischen ›Physiognomika‹ zurückgehen. In selbstverständlicher Art geht Paracelsus an einer anderen Stelle auf die ›Tiermenschen‹ ein: „was speciei der mensch dan ist, er sei wolfsart oder schafs, der nateren oder eines lambs. dan also ist der mensch beschaffen, das er nicht allemal ein mensch ist, sonder ein wolf, ein otterzicht, ein fuchs. wo also ein mensch ein wolf, ein fuchs, ein viper wird und ist, so ist er kein mensch mer, sonder als ein vih ist er und ein vihe. was nun got reissend wölf geheissen hat, dasselbig sind nun nimer heiligen, nimer menschen, auch das natergezicht der gleichen, gleich so wol. auch ist Herodes nit ein mensch gewesen, noch ein mensch gestorben, sondern ein fuchs, wie in Christus geheissen hat. dan das sollen wir wissen, wo der Mensch vihisch ist und vihisch lebt, der ist ein vihe und kein mensch. wol angesehen für ein menschen, aber nimmer in der zal der menschen« (*Paracelsus* 1929, S. 58). Die Gedankenwelt der letzten Sätze zeigt die mittelalterlich-scholastische Umformung der peripatetischen Lehre.

3.1.2.3 *Die gesamte Natur ist gezeichnet*

Der Ursprung aller Signaturen liegt nach Paracelsus bei Gott; er erklärt: »Gott will nicht, daß alles verborgen bleibe, was Er dem Menschen zugute erschuf und was Er ihm als sein Eigentum in die Hand gegeben hat . . . Und ob Er es auch selber verbarg, so ließ er doch nichts unbezeichnet, sondern versah alles mit äußeren, sichtbaren Zeichen, die als besondere Merkmale gelten. Nicht anders als Einer, der einen Schatz vergräbt und ihn auch nicht unbezeichnet läßt; denn er bezeichnet die Stelle, wo er ihn verbarg, damit er ihn selber wiederfinden könne« (*Paracelsus*, zit. n. *Jacobi* 1942, S. 127 f). Es ist nun Aufgabe des Menschen, diese Zeichen zu erkennen, – wohl im Sinne des biblischen ›macht euch die Erde untertan‹. Unsere Möglichkeiten reichen nach Paracelsus sehr weit: »Wir menschen auf erden erfaren alles das, so in bergen ligt durch die eussern zeichen und gleichnus, auch dergleichen alle eigenschaft in kreutern und alles das das in den steinen ist. und nichts ist in der tiefe des mers, in der höhe des firmaments, der mensch mag es erkennen. kein berg, kein fels ist so dick nicht, das er das möge verhalten und verbergen das in im ist und dem menschen nicht offenbar werde; das alles komt durch sein signatum signum. das selb ist zu gleicher weis under unsern augen wie ein birn an eim baum, die aus dem holz, aus der wurzeln, aus der erden herfür schleuft, und zeigt an, was in den selbigen sei. dan ein ietliche frucht ist signum signatum, durch die erkennet wird, was im selbigen sei, aus dem es komt. also mag nichts im menschen sein, das nicht ausserhalb von im bezeichnet werde, durch welchs der mensch erkennen mag, was in dem selbigen sei, der das signum signatum tregt« (*Paracelsus* 1929, S. 174 f). Paracelsus vertritt also die Auffassung, das Innerste des Menschen könne äußerlich an ihm ›abgelesen‹ werden, auf die gleiche Art, wie man auch die Heilwirkung der Kräuter durch die Erfassung der Gestalt erkennen kann.

3.1.2.4 *Die vier Aspekte der Signaturenerfassung*

Die erscheinungswissenschaftliche Erkenntnis erfolgt im Rahmen von vier Wissenschaften. Paracelsus führt dazu aus: »vier ding seind, durch die die natur den menschen offenbar macht und ein ietlichs gewechs, das verstehet also. in den vier künsten werden die heimlikeiten der verborgnen unsichtbarn ding erkant und erfunden, nemlich als durch chiromantiam, die selbig hat in ir die eusserste teil der est im menschen, als hent und füss, darbei auch die adern des leibs, streimen, linien, runzeln, die gehörn zusamen. das ist also zu verstehen, das in den füssen, henden, adern, die signa signata begriffen werden, darinnen soll chiromantes gelernt werden. nicht alein den menschen durch sie zu erkennen, sondern alle kreuter, gestein und was ist, das ist in die signa chiromantica gestelt, . . . weiter der ander teil ist physionomia, hat in ir die gestalt des antliz und was das ganz haupt begreift. und dise kunst physionomia erstattet das signatum der obern gedanken und sinnen. dan ein anders ist das herz, ein anders das haupt, und wiewol das haupt nicht herr ist, sonder das herz ist herr. daraus folget nun das der mensch erkent was in beiden ist. zum dritten ist substantina, hat in ir die gestalt des ganzen leibs. dise kunst lernet den menschen erkennen, wie die andern zwo, was sein sinn, gedanken und das herz fürnemen und somit er inwendig umbget in im selbs. dan die eigen natur hat ein misfallen an einem bösen innern menschen, darumb so zeichnet sie in in vier weg, damit nichts verborgens sei, das nicht durch das signatum offenbar werde. und zum vierten ist mos und usus, das ist, weis und geberd, wie sich der mensch erzeigt und stelt, auch in andern Dingen dergleichen, als in nesseln mit irem brennen, als in cantharidibus mit blattern aufziehen. also die vier ding gehören zusamen, das ist sie machen ein ganze erkantnus des verborgenen innerlichen menschen und aller deren dingen, die von der natur wachsen. darzu auch solt ir wissen, das nach disen vieren ein ietlichs geschöpft erkant werde« (*Paracelsus* 1929, S. 175 f).

Das Zitat zeigt, wie stark der Mensch bei Paracelsus als ein Naturwesen aufgefaßt wird; Pflanze, Tier und Mensch, ja auch Steine und Berge sind Geschöpfe oder Schöpfungen Gottes und sind von ihm gekennzeichnet. Der Mensch hat vier Künste zur Verfügung um sich selbst und die Natur zu enträtseln. Sie seien hier nochmals aufgeführt, zumal einige der Namen auch heute noch in Gebrauch sind:

— Chiromantia »ist ein kunst, so hent und Füß mit sampt allen adern zusamen in ein iudicium gefaßt werden" (*Paracelsus* 1929, S. 450) — so lautet eine Definition, die Paracelsus in einem früheren Text gab. Es handelt sich also nicht nur um die Deutung der Hand, ihrer Formen und Linien, sondern um die Erfassung der Bedeutung von Linien, Schraffuren und Texturen in der Natur überhaupt; die mimischen Spuren Piderits gehören ebenso dazu wie im Grunde auch der Baumtest von *Koch* (1949).

— ›Physionomia‹, Physiognomik wie wir sie heute nennen, »ist ein Kunst die des Menschen angesicht mit samt allem dem, so oberhalb der achseln ist, urteilt« (*Paracelsus* 1929, S. 450). Diese nicht völlig klare Umschreibung dürfte etwa dem entsprechen, was man auch heute noch gemeinhin unter Physiognomik im engeren Sinne versteht, nämlich die Deutungslehre von den äußeren Schädelformen und dem Gesicht in Ruhelage.

— Substantina, die Lehre von der Leibesgestalt, dürfte wohl zurückgehen auf den in der bereits zitierten früheren Konzeption — die übrigens nur diese ersten drei Lehren umfaßt — ›Habitus‹ genannten Deutungsaspekt. Habitus ist dort »die kunst, so der ganz leib in seiner proportion und statur nach der kunst geometriae mensurirt und gemessen wird« (*Paracelsus* 1929, S. 450); es handelt sich somit ungefähr um das, was *Sheldon* und *Kretschmer* praktisch erforscht haben.

— mos et usus, die Kenntnis von Sitten und Gebräuchen, wie wir es übersetzen würden, ist im Text umschrieben mit ›weis und geberd‹, dürfte also vor allem das meinen, was wir heute mit Mimik und Pantomimik bezeichnen. Wir müssen uns dabei allerdings fragen, ob nicht der soziologische Aspekt — den wir unweigerlich hineinzuverlegen geneigt sind — ebenfalls bei Paracelsus schon mitgemeint ist, war er sich doch der Relativität sogar der

Arznei bewußt: »Einer ietlichen nation ir arznei geben in ir selbst, der sie in ir gebürliche theoricam bring, wie sich dan gebürt. dan ich kan wol ermessen, das meine recepten bei den frembden unfruchtbar möchten erschießen und der frembden recepten unfruchtbar bei uns. Das ist ich schreib für Europam, ob Asia und Africa deren genießen mögen, ist mir unwissend« (*Paracelsus*, zit n. *Jacobi* 1942, S. LVII).

Nach Paracelsus — und wohl auch unbeeinflußt von seinen Werken — erscheinen die Schriften von *G. B. della Porta.*

3.2. Giovanni Battista della Porta (1538—1615)

Auch bei *della Porta* finden sich naturwissenschaftliche und antike Ansätze nebeneinander. Er ist in der einschlägigen ausdruckswissenschaftlichen Literatur vor allem bekannt durch die Weiterverbreitung der pseudoaristotelischen Tiervergleiche in seiner 1593 (nach *Kiener* 1965, auch *Hofstätter* 1957; bei *Hehlmann* 1967 wird als Erscheinungsjahr 1586 genannt) publizierten Schrift »De humana physiognomica«. Er ließ ihr später die Schrift »Della celeste fisonomia« (1616) folgen. Er versucht darin zu zeigen, daß das Schicksal von den Temperamenten und den Elementen und nicht — wie es die Astrologen behaupten — von den Sternen abhängig ist. Die Temperamente sind Mischungen der Qualitäten kalt, trocken, warm und feucht, und diese elementaren Qualitäten bestimmen auch die ›Physiognomik der Gestirne‹. Die Ursachen seien natürlicher Herkunft und stammten nicht von den Sternen.

Im weiteren findet sich eine Entsprechungslehre zwischen Gesichtslinien und anderen Körperteilen, wie auch in dem umfangreichen Werk ›Phytognomonica‹ (*Porta* 1591) Ähnlichkeiten zwischen Pflanzen und menschlichen Organen aufgezeigt werden. ›Phytognomonica‹ ist eine umfassende Pflanzen- und Pflanzenheil-Kunde, die sich noch sehr stark auf antike Autoren bezieht. Porta will mit der Phytognomonik aus der Betrachtung der Pflanzen ihre innewohnenden Kräfte erfassen können, so wie man in der Physiognomik aus der Betrachtung des menschlichen Körpers den Charakter beurteilen könne.

Es fallen somit bei Porta ähnliche Züge wie bei *Paracelsus* auf: Die gründliche Kenntnis der antiken Überlieferung, aber auch die *vermehrte Zuwendung zur Empirie;* die Beschäftigung mit physiognomischen Lehren sowie die Zurückweisung der astrologischen Behauptung, das Schicksal des Menschen sei von den Sternen bestimmt; beide kamen in Konflikt mit bestehenden Meinungen, *Paracelsus* verfeindete sich mit der Schulwissenschaft seiner Zeit, während Portas ›Academia secretorum naturae‹ von Rom aus unterdrückt wurde, wie *Poggendorf* (1965) berichtet. Beiden gemeinsam ist auch die Beschäftigung mit den Heilwirkungen der Pflanzen und der Versuch aus einer Art ›Physiognomik der Pflanzen‹ ihre Wirkkräfte abzuleiten, Porta mit seiner Phytognomonik, *Paracelsus* vor allem mit der Chiromantie.

Gerade hier zeigt sich aber auch ein Unterschied. Porta versucht, Analogien zwischen den Formen von menschlichen Organen mit denen von Pflanzen aufzuzeigen und leitet daraus ab, daß eine solche Pflanze Kräfte besitze, die das betreffende Organ positiv beeinflussen würden. *Paracelsus* hingegen will Heil- und Giftwirkungen außer aus der Form auch noch aus dem Geäder, den Linien der Pflanze ableiten, er geht also vom Prinzip der Formähnlichkeit zu dem der Strukturähnlichkeit über.

Im Zusammenhang mit der Pflanzenheilkunde beschäftigten sich beide Autoren mit der ›magia naturalis‹, wie ein Buch von Porta heißt, das unter anderem auch ins Französische übersetzt wurde (›La magie naturelle‹ 1650) und das eine Menge von Rezepten zu Heilzwecken und für Tricks enthält. *Paracelsus* selbst rechnet unter die ›Magia‹ fünf Spezies, wovon eine von Pflanzen handelt: »*Herbae* sind kreuter, die außerhalb irer natur himlische kreft habent« (*Paracelsus* 1929, S. 450).

Historisch gesehen dürfte die Bedeutung Portas vor allem darin liegen, daß er einerseits die Aufmerksamkeit der beginnenden Neuzeit auf physiognomische Probleme lenkte und andererseits durch seine Belesenheit eine gewisse Zusammenfassung der antiken physiognomischen Literatur gab. So gesehen wirkte er in der physiognomischen Tradition stärker als *Paracelsus* mit seinem eigenwilligeren, umfassenderen und wohl auch tiefsinnigeren Werke. Bei beiden Autoren ist die Physiognomik ein Teilaspekt einer ganzheitlichen Weltschau, die teils noch der Antike und dem Mittelalter verpflichtet ist, teils aber auch eigene Wege geht und damit Anregungen für weitere Forschung enthält.

4. Das Problem der Wissenschaftlichkeit wird thematisch (Die Kontroverse zwischen Lavater und Lichtenberg)

4.1. Johann Caspar Lavater (1741–1801)

4.1.1. *Lavater und die physiognomische Überlieferung*

Der Versuch, die Lehre vom Ausdruck erstmals zu einer selbständigen Wissenschaft zu erheben, kann wohl niemand anderem als *J. C. Lavater* zugeschrieben werden, wenn auch in der einschlägigen Literatur oft geradezu das Gegenteil behauptet wird, so zum Beispiel von *Kirchhoff* (1965a), der findet, Lavaters ›Physiognomische Fragmente‹ wirkten wie ein Gegenschlag zu den aufklärerischen Bemühungen einer »wissenschaftstheoretischen Säuberung« (*Fischer* 1934, zit. n. *Kirchhoff* 1965 a, S. 17). *Kirchhoff* selbst gibt aber in seiner Abhandlung keinen Autor vor Lavater an, der nicht der pseudoaristotelischen Tradition gefolgt wäre.

Wie stellt sich nun Lavater selbst zur Überlieferung? — Er gibt am Schluß des letzten Bandes ausführliche Literaturhinweise, denen man seine Auffassung von den Lehrmeistern der Ausdruckswissenschaft entnehmen kann: »Scipio Claramontius ist gewiß unter allen physiognomischen Schriftstellern der vorigen Jahrhunderte weitaus der beste und lesenswürdigste, gelehrt, und doch nicht bloß Zusammenstoppler. Viel wissend und scharf urteilend; fein unterscheidend, und dennoch gedrängt« (*Lavater* 1778, S. 468). Neben etlichen anderen, heute noch mehr oder weniger bekannten Autoren wie *Pernetty* und *Helvetius* geht er auch auf *Porta* ein: »Alles was Aristoteles, Plinius, Suetonius, Polemon, Adamantinus, Galenus, Trogus Conciliator, Albertus, Skotus, Maletius, Avizenna, und noch viele andere vor ihm geschrieben haben, findet man bey ihm; eine Meynung an der andern, wie die Erbsen am Rosenkranz. Doch urtheilet er auch selbst, und macht seine Urtheile durch Anführung weltbekannter Gesichter interessanter und anschaulicher, als seine Vorgänger, ist nicht so ein dummer Planetarier wie diese, ob er gleich von solchen Träumereyen auch nicht rein ist« (*Lavater* 1778, S. 465 f).

An einer anderen Stelle findet sich eine ausführlichere Kritik am Verfahren *Portas*: »Nicht, daß ich mir erlauben wollte, was sich Porta erlaubte, Menschen- und Thiergesichter neben einander zu setzen und zu vergleichen. — Nein; größtentheils sind diese Vergleichungen erzwungen und das Werk einer überspannten Einbildungskraft. — Ohne dem witzigen, scharfsinnigen, und mehr als beydes gelehrten Vater so vieler Physiognomisten zu nahe zu treten — kann man dennoch mit Grunde sagen, daß seine Einbildungskraft oft über den Kreis der Wahrheit hinaus fliegt. Wenigstens scheinen mir so manche seiner aufgestellten seyn sollenden Ähnlichkeiten äußerst gesucht und erdichtet — z. E. die zwischen einer *Nachteule* und dem Kaiser *Vitellius*; zwischen *Domitian* und einem *Fische, Tiberius* und einer *Jacobsmuschel, Plato* und einem *Hundskopfe.* —« (*Lavater* 1776, S. 218). Im letzten Band läßt er einem kritischen Einwand eigene Beobachtungen folgen: *Aristoteles*, »und nach ihm am meisten *Porta*«, hätten Ähnlichkeiten gesehen, »wo keine — und diejenigen oft nicht, die auffallend waren. Sie haben am wenigsten vom *Affen, Pferde* und *Elephanten* gesprochen, oder doch die Umrisse von den Vollgesichtern, oder Profilen dieser Thiere wenig oder schlecht benutzet, und doch gerade diese Thiere sind's, an denen am meisten Ähnlichkeit mit der Menschheit gefunden wird« (*Lavater* 1778, S. 57).

Auch *Paracelsus* wurde von Lavater offensichtlich gelesen, jedenfalls stellt er einem längeren Zitat aus ›de natura rerum‹ folgende wenig schmeichelhafte Bemerkung voran: »Auch einmal aus dem Hochmuth- und Genievollen Sternnarren Theophrastus Parazelsus eine Stelle« (*Lavater* 1778, S. 251). Immerhin weist er ausdrücklich auf den geistesverwandten Mystiker *Jakob Böhme* hin, dem die Werke von *Paracelsus* ebenfalls bekannt waren (*Grabert, Mulot* 1966); er gibt dabei gleich noch eine Schilderung des seiner Auffassung nach herrschenden Zeitgeistes. Zu seiner Angabe von *Böhme* als lesenswertem physiognomischem Schriftsteller bemerkt er nämlich: »Man lache nun, oder weine – Natursinn, Naturgefühl, Sinn für die Natursprache aller Wesen hatte vielleicht niemand mehr als dieser unverständliche Theosoph. Freylich unser diktatorisch journalistisches Zeitalter wird diesen Gedanken fein anspießen und Krucifige! schreyen – Ich weiß, daß ich Freunde habe, die aus Liebe zu meinem theologischen und philosophischen Credit schwachherzig und gutherzig genug wären, diese vier oder fünf Zeilen mit eben so vielen Louisd'or, wenn's möglich wäre, aus diesem Blatte herauszukaufen; wenn sie's aber auch thun wollten, und sogleich ein Armer neben mir stünde, der diese Louisd'or wohl zu gebrauchen wüßte; ich nähme sie nicht an« (*Lavater* 1778, S. 468).

4.1.2 *Zur Frage der Wissenschaftlichkeit bei Lavater*

Lavaters Literaturhinweise zeigen zweierlei: erstens, daß er sich wohl mit allen wichtigen Autoren vor ihm befaßt und auf seine Weise kritisch auseinandergesetzt hat, und zweitens, daß er auch bereit war, Ansätze anzuerkennen, die den landläufigen Auffassungen widersprachen. Seine Offenheit vielen Strömungen gegenüber machen denn auch sein Werk oft recht unübersichtlich. Nur so dürfte es zu erklären sein, daß mit Ausnahme von *Hehlmanns* ›Geschichte der Psychologie‹ (1967) kaum eine Arbeit Lavater auch nur einigermaßen gerecht wird.

Was ist nun Wissenschaft für Lavater selbst? – Er äußert sich mehrfach darüber und entwirft sowohl die Möglichkeit einer fast esoterisch-intuitiven Physiognomik als auch das Bild einer mathematisch-rationalen Wissenschaft: »– Also – Was soll ich sagen? was soll ich thun? Physiognomik wissenschaftlich machen? – oder nur, den Augen rufen zu *sehen?* die Herzen wecken, zu empfinden?« (*Lavater* 1775, S. 55). Die Physiognomik »... wird werden die Wissenschaft der Wissenschaften, und dann keine Wissenschaft mehr seyn – sondern Empfindung, schnelles Menschengefühl! denn – Thorheit, sie zur Wissenschaft zu machen, damit man drüber reden, schreiben, Collegia halten und hören könne! dann würde *sie* nicht mehr seyn, was sie seyn soll«

(*Lavater* 1775, S. 55). »Oder, nochmals, wo ist die Wissenschaft, wo alles bestimmbar — nichts dem Geschmacke, dem Gefühle, dem Genius übrig gelassen sey? — Wehe der Wissenschaft, wenn eine solche wäre! —« (*Lavater* 1775, S. 55).

Nach der Auffassung Lavaters kann die Physiognomik eine Wissenschaft werden, »so gut als alle unmathematische Wissenschaften!« (*Lavater* 1775, S. 52). Sie könne genauso gut wie die Theologie oder die schönen Wissenschaften bis zu einem gewissen Grade unter bestimmte Regeln gebracht werden. Sie habe »ihre bestimmbaren Charaktere — die sich lehren und lernen, mittheilen, empfangen und fortpflanzen lassen« (*Lavater* 1775, S. 52). Es würde darauf ankommen, ob sich die offensichtlichen Unterschiede der menschlichen Gesichtsbildungen und Gestalten unter bestimmte Charaktere, Zeichen und Ausdrücke bringen lassen, dies sei letztlich das einzige Kriterium. Es gehe nicht an, eine Forschungsrichtung aus dem Gebiete der Wissenschaft zu verbannen, nur weil in ihr »so viele unbearbeitete Felder voll Dämmerung, Unsicherheit, Unbestimmtheit« (*Lavater* 1775, S. 53) seien; niemand würde aus solchen Gründen die Arzneiwissenschaft und die Naturforschung unwissenschaftlich nennen.

Ähnlich wie in der Physik ließe sich auch in der Physiognomik sagen: ›»So mußt du beobachten! den Weg mußt du gehen, dann wirst du finden, was ich fand, dann hierinn zur Gewißheit kommen!«‹ (*Lavater* 1775, S. 55). Hier will Lavater aber weitergehen, er setzt hinzu: »Aber soll der geübte Beobachter der Feinergebaute auch hier, wie in allen andern Dingen, die *Wissenschaft* heißen, nicht mehr, nicht heller, nicht tiefer sehen? nicht weiter fliegen? nicht häufig Anmerkungen machen, die sich nicht in Worte kleiden, nicht in Regeln bringen lassen? und sollte deswegen das, was sich in Zeichen ausdrücken, und in Regeln mittheilen läßt, weniger *Wissenschaft* heißen? Hat die Physiognomik dies nicht mit allen Wissenschaften gemein?« (*Lavater* 1775, S. 55).

Lavater fordert demnach in Hinsicht auf die Wissenschaftlichkeit der Physiognomik Kriterien, wie sie in allen anderen Wissenschaften auch gelten, wehrt sich aber dagegen, daß nicht dem ›physiognomischen Genie‹ — wie etwa dem diagnostisch begabten Arzt — mehr zu sehen erlaubt sein solle.

Wie ist nun bei der hier geschilderten, einigermaßen sachlichen Haltung die Aura der gröbsten Unwissenschaftlichkeit zu verstehen, die Lavater bis heute ›verdunkelt‹? — Sie muß wohl vor allem seiner schwärmerischen Art zugeschrieben werden, die er als Zeitgenosse des ›Sturm und Drang‹ pflegte. Erstrebenswert war das ›Genie‹, nicht das Stubengelehrtentum. Wie stark diese, sicherlich stark zeitbedingte Haltung seinen Sprachstil beeinflußte, möge das folgende Zitat, das auch für die spätere Behandlung der

Analogie noch von Bedeutung sein wird, aufzeigen:

»Es fragt sich: ›Ist eine sichtbare, erweisliche Harmonie und Zusammenstimmung der moralischen und körperlichen Schönheit? Eine Harmonie zwischen moralischer und körperlicher Häßlichkeit? und eine wesentliche Disharmonie zwischen moralischer Schönheit und körperlicher Häßlichkeit; zwischen moralischer Häßlichkeit und körperlicher Schönheit?‹

Von Millionen Stimmen der Natur wird diese Frage laut bejahet; wie könnt' ich sie verneinen? — —

Es wird auf Beweise ankommen. Möchte der Leser mit der Geduld sie hören und prüfen — mit welcher ich sie vorlegen will. Es wird eine Zeit kommen, hoffe ich, fast möcht' ich sagen, ich verheiß es, eine bessere Zeit, wo mich jedes Kind auslachen wird, daß ich dieses noch erst bewiesen habe — vielleicht auch das Zeitalter auslachen — oder edler beweinen wird, wo es Menschen gab, denen man dieses noch beweisen mußte!

Höre die Stimme der Wahrheit, wer will, ich kann nur etwas von dem nachstammeln, was ich aus ihrem Munde vernehme.

Wahrheit ist Wahrheit, werde sie angenommen oder nicht! Mein Ausspruch macht nicht war, was wahr ist; aber weil's wahr ist, will ich reden!

Voraus gesetzt! — daß wir das Werk einer höchsten Weisheit — seyn — fällt's nicht sogleich auf, daß es unendlich schicklicher ist — daß zwischen physischer und moralischer Schönheit Harmonie sey — als daß keine sey? daß es schicklicher sey — der Urheber aller moralischen Vollkommenheit drücke sein höchstes Wohlgefallen daran — durch eine natürliche Übereinstimmung der physischen mit der moralischen aus? Man setze doch nur das Gegenteil — wer wird an eine unendliche Weisheit und Güte glauben — und den Gedanken ertragen können« (*Lavater* 1775, S. 57).

Obwohl in solchem Überschwang jede wissenschaftliche Kritik verloren gehen muß, läßt sich Lavater nicht durch seine Gefühle von der Realität forttragen; jene Hinweise in der späteren physiognomischen Literatur, wonach sich Lavater »in seiner Rolle als physiognomischer Messias nicht wenig« (*Piderit* 1867, S. 125) gefiel und nach denen er alles, was »dem zügellosen Fluge der Phantasie unbequem« (*Piderit* 1867, S. 125) werden könnte, vermied, haben zwar etwas an sich, lassen aber die immer wieder vorhandenen kritischen Anmerkungen Lavaters außer Betracht. So finden wir kurz nach der Stelle, die oben zitiert wurde: »Doch ich will es zugeben: dergleichen metaphysische Präsumptionen, so einleuchtend sie scheinen, und so viel sie wenigstens bey gewissen Leuten gelten sollten, sind nicht beweisend genug. Es kommt auf die Wirklichkeit der Sache in der Natur, mithin auf sichere Beobachtungen und Erfahrungen an« (*Lavater* 1775, S. 58).

Lavater verficht also sowohl die Auffassung einer in Grundsätzen faßbaren, lehr- und lernbaren Physiognomik, im Stile etwa der ärztlichen Diagnostik, als auch die Forderung nach der Freiheit von rein rationalen Regeln für das ›physiognomische Genie‹, dem er eine besondere Bedeutung beimißt.

Im letzten Bande seiner ›Physiognomischen Fragmente‹ geht Lavater sogar so weit, zu hoffen, die Physiognomik würde dereinst unter mathematisch formulierbare Regeln gebracht werden können. Es zeigt diese Aussage im Vergleich zu einigen obenstehenden Zitaten, wie widersprüchlich das Lavater'sche Werk im Gesamten ist. Lavater läßt sich oft von eigenen und fremden Gedanken forttragen zu Äußerungen, die mit seiner sonstigen Haltung nur schwer in Einklang zu bringen sind, so auch in diesem Falle: Ein Ritter *Webb* versicherte ihm, »daß er einen Mahler in London kenne, der schon Jahre lang an einer *Theorie der Physiognomik* arbeite, und schon eine Menge bestimmbare Chifern und Curven gefunden habe, die die unmittelbarsten Charakter von Geistesanlagen und Gemüthseigenschaften darstellen; ja, der sogar allgemeine Grundsätze, oder vielmehr Grundlinien für alle organische Wesen und ihre Rezeptifität und Perfektibilität ausgefunden haben soll, und alle lebende Wesen — nicht nach willkührlichen Bestimmungen, sondern nach mathematischen Verhältnissen zu klassifiren gewagt habe. Diese Grundsätze habe er auch auf ein Christ- und Antichrist-Ideal angewandt« (*Lavater* 1778, S. 481). An diese Geschichte anknüpfend fährt Lavater selbst weiter: »Das viele und wenige, was mir Herr *Webb* von diesem Manne und seiner Theorie sagte, hat mich vollkommen in meinen längst schon geäußerten Gedanken befestigt — *Die Physiognomik wird gewiß noch eine mathematisch bestimmbare Wissenschaft werden.* — Und so wenig ich mir Physiognomik, und noch unendlich weniger Mathematik anmaßen darf, so kann ich dennoch itzt schon von keiner mathematisch evidenten Wahrheit gewisser seyn, als davon: — Es gibt Linien und Umrisse von Schädeln, die im Zustande der Gesundheit — *verständig*, oder *dumm* seyn *müssen*; denen eine gewisse Art von *Erkenntnis* eigen seyn *muß*. Und wenn mir die Physiognomik wieder zu weiter nichts genützt hätte, als daß ich nun den Kreis *meiner* Wirksamkeit durch sie viel genauer kenne, durch sie viel bestimmter weiß, nicht nur *was ich nicht kann*, sondern was ich *nie können werde*, nie können soll, so hätte sie mich genug gelehrt« (*Lavater* 1778, S. 482).

Lavater äußert in dieser Passage bereits Gedanken, wie sie wenig später in der Phrenologie von *Gall* weiter ausgeführt wurden; sie stützen sich wohl zunächst hauptsächlich auf die von ihm selbst schon begonnenen Schädelvermessungen, für die er ein ausgeklügeltes Instrument ausgearbeitet hat, und in deren Zusammenhang er die Hoffnung äußert, »ob vielleicht ein mathematischer Kopf erweckt werden möchte, die Verhältnisse der Stirnumrisse durch Tangenten und Triangel aufzusuchen – und wenn das nicht geschieht – ob es gleich gewiß bald geschehen wird – daß wenigstens auch dem unmathematischen Leser – die Verschiedenheit und Meßbarkeit der menschlichen Stirnen einleuchtend und gewiß werde« (*Lavater* 1778, S. 242).

Die beigebrachten Zitate mögen gezeigt haben, wie weit das Spektrum der Lavaterschen Wissenschaftsbegriffe reicht. Zwei Hauptlinien lassen sich feststellen:

– der Wunsch, eine physiognomische Begrifflichkeit aufzubauen, die in Klassifikationen und Regeln mündet. Solche Regeln können aus wenigen oder typischen Einzelfällen abgeleitet sein – wie etwa die Regeln der Kunstgeschichte –, oder aber sie sind durch mathematische Formeln bestimmt. Von dieser letzteren Idee scheint Lavater zusehends mehr durchdrungen.

– die These, Physiognomik müsse von der Empfindung ausgehen, es gelte das ›physiognomische Genie‹ zu schulen und zu fördern, Physiognomik sei letztlich ›schnelles Menschengefühl‹ und somit nicht im engeren Sinne lehr- und lernbar.

Es ist vor allem die zweite Anschauung, die Lavater von seinen Feinden immer wieder angekreidet wurde, während kaum je berücksichtigt wurde, daß er ständig wieder die Bedeutung der Empirie und der Beobachtung betonte. In wissenschaftlicher Hinsicht hat die ›Empfindung‹ vor allem die Funktion, neue Interpretationsmöglichkeiten aufscheinen zu lassen. In seinem vierten Bande äußert sich Lavater hierzu: »Traue, sage ich zum Schüler der Physiognomik, traue deiner ersten *Empfindung* immer am meisten! mehr noch als dem, was dir *Beobachtung* zu seyn scheint. ... Dennoch unterlaß prüfende Beobachtung nie! dennoch zeichne dir den Zug, die Form, die Miene, die dich rührte! – und zugleich das möglichste Gegentheil davon – und frage einen, zween, drey einfältig denkende und gesund empfindende Menschen – welches von diesen beyden drückt diese, welches jene Eigenschaft aus – Stimmen alle Beurtheiler sogleich überein – dann traue deiner ersten schnellesten Empfindung wie einer Inspiration!« (*Lavater* 1778, S. 460).

Die Inspiration – wir würden heute wohl eher sagen: Intuition – wird hier von Lavater als eine wichtige Erkenntnisquelle eingesetzt; er stellt sich somit der rationalistischen Zeitströmung der Aufklärung entgegen, geschichtlich gesehen eine Position einnehmend, die in ihrer Umstrittenheit Diskussionen hervorrief, die der Physiognomik zu einem größeren Echo verhalf.

4.1.3 *Die Analogie als Erkenntnisquelle*

Eine Bemerkung über die philosophische Wahrheit möge uns die Bedeutung von Analogien vor Augen halten: Es gebe eine Wahrheit »der Dichtung, der bildenden Kunst, der Gebärde, kurz des menschl. Verhaltens überhaupt, in dem zugl. ausgedrückt u. bedeutet wird. Danach scheint der allgemeinste W. s-Begriff in der Einheit von Ausdruck und Bedeutung zu liegen« (*Herder* 1958, S. 164). Diese Einheit von Ausdruck und Bedeutung — die ja streng genommen nicht abgelöst von einem Eindruck bei einem subjektiven Empfänger betrachtet werden kann — wird nun besonders in der älteren Physiognomik fast nur nach analogischen Gesichtspunkten beurteilt, was zu vielen Fehlinterpretationen verleitete. Eine dieser Fehlinterpretationen ist die in der Geschichte der Physiognomik immer wieder auftauchende Gleichsetzung (Analogie) des statischen, sozusagen körperbaulichen Ausdrucks mit seiner Bedeutung. Wir finden sie bereits bei den *Aristoteles* zugeschriebenen ›Physiognomika‹, wo beispielsweise auf den schaf-ähnlichen Menschen die den Schafen nachgesagten ›seelischen‹ Eigenschaften übertragen werden. Doch auch die Temperamentenlehre macht den Versuch, aus den Charakteristika der Körpersäfte die Art und den Verlauf der Affekte abzuleiten, wobei gerade hier aufscheint, wie stark das Bedürfnis nach einer Erklärung aus analogen Ursachen ist, denn es darf doch wohl vermutet werden, daß zunächst eine Typologie der Affektabläufe bestand, die erst hinterher mit einer Säftelehre begründet wurde.

4.1.3.1 *Analogien von Tier- und Pflanzenformen mit dem Menschen und seinen Organen*

Die bereits erwähnten oder zitierten Stellen aus *Porta* und *Paracelsus* zeigten, daß Analogien menschlicher Formen und Strukturen sowohl bei Pflanzen als auch bei Tieren gesucht und gefunden wurden. Lavater selbst scheint wenig auf diese Art der Erkenntnisfindung gegeben zu haben, und erst bei *Goethe* taucht dann als Morphologie wieder die Lehre von den Gestaltungen und Formen der tierischen und pflanzlichen Welt auf, wobei jedoch die Naturbetrachtung als solche im Vordergrunde steht.

Immerhin zieht auch Lavater die Möglichkeit in Betracht, daß Ähnlichkeiten zwischen Tier- und Menschengestalten existieren könnten. Er vertritt in diesem Zusammenhang ebenfalls seine Idee von den mathematischen Entsprechungen (das Zitat stammt wiederum aus dem vierten Bande): »Könnten wir Thier- und Menschenprofile rein genug ziehen, und mathematisch gegen einander bestimmen — unfehlbar würden sich daraus die wahren Verhältnisse ihrer Kräfte bestimmen lassen. Ja ich glaube — wenn sich der Kopf einer Bienenköniginn rasieren ließe, und man durch ein Sonnenmikroskop ihre Silhouette genau ziehen könnte, diese Silhouette sich von den Silhouetten anderer Bienen so unterscheiden würde, daß man das Königliche, das Superiöre darinn erkennen könnte. Gewiß ist dies Königliche den übrigen Bienen sichtbar oder wahrnehmlich — sonst würde sie nicht von allen andern als Königinn anerkannt, und ihre Rivallinnen würden nicht ausgestoßen werden — Ihr Blick, bloß auf einen engen Kreiss eingeschränkt, muß diess *Mehr* von Kraft wahrnehmen, den uns vielleicht nur ein Sonnenmikroskop sichtbar machen kann. — Wenn ihr Verhältnis zu den Umrissen gemeiner Bienenköpfe genauer angegeben werden könnte, ließe sich vielleicht eine allgemeine *Königslinie* finden, eine Chifer ins große Alphabeth der *Physiognomik*, die immer Obermacht über seines gleichen anzeigte — und aus der sich vielleicht eine Grundlinie zur allgemeinsten Physiognomik abstrahiren ließe. Ich möchte das Profil der Bienenköniginn dazu wählen, weil sie allein keine *gemachte*, sondern eine *geborene* Königinn zu seyn scheint« (*Lavater* 1778, S. 56f). Wenig später, nachdem er die Umrisse von zwei Bienenköniginnen und von einer gewöhnlichen Biene erhalten hat, setzt er hinzu: »Die Umrisse von beyden Königinnen haben dieselbe Verschiedenheit von den gemeinen Bienen. Die Königinnen sind bekanntermaßen nicht nur größer, sondern die Umrisse ihres Gesichtsprofils und ihres Rückens sind höher, bogigter, einfacher. Folgern will ich noch nicht; bevor ich mehrere und genauere Beobachtungen gemacht habe. Fürs erste ist es mir genug, einen Wink gegeben und vielleicht eine genauere Aufmerksamkeit einiger Naturforscher aufgeregt zu haben« (*Lavater* 1778, S. 59).

Man mag bei diesen Vergleichen zwischen menschlichen Königen und Bienenköniginnen wohl zu recht Bedenken haben, ob hier wohl nicht die Namensähnlichkeit — die uns heutigen doch recht zufällig erscheint — eine zu wackelige Brücke für eine Analogie bilde. Immerhin ist in beiden Fällen das Prinzip der Überordnung über eine Mehrheit gegeben, die nach heutiger Auffassung bei den Bienen sicherlich als instinkthaft fundiert angesehen werden muß, während beim Menschen doch wesentlich kompliziertere und differenziertere Vorgänge angenommen werden dürfen.

Was hier Lavater auf eine pragmatische Weise durchzuführen sucht, nämlich die Verbindung zwischen Naturgestalten und menschlicher Physiognomik zu schaffen, sieht *Goethe* vor allem im Rahmen einer Zusammenarbeit auf wissenschaftlich-methodischer Ebene, wenn er von der gegenseitigen Befruchtung von Morphologie und Physiognomik spricht. Für ihn stehen der »Semiotiker und Physiognom ... dem Morphologen zunächst. Die Gestalt wird eigentlich durch den Sinn des Auges gefaßt, und sie dreie geben sich am eigentlichsten mit der Gestalt und ihrer Bedeutsamkeit ab; sie sind nur in dem Umfang, den sie ihren Arbeiten geben, und ihren Zwecken verschieden. Die Semiotik gibt sich hauptsächlich mit den physiologischen und pathologischen Zuständen des Menschen ab, insofern solche mit dem Sinne des Auges gefaßt werden. Der Physiognome richtet seine Aufmerksamkeit vorzüglich auf geistige und moralische Anzeichen; von jenem lernt der Morpholog die Aufmerksamkeit auf die zartesten Veränderungen der organischen Natur, nicht allein der Gestalt, sondern auch der Farbe nach; vom Physiognomen nimmt er die Aufmerksamkeit auf die unendlich bestimmte so dauernde als vorübergehende Wirkung geistiger Veränderung auf physische Organe; es kann nicht fehlen, daß der Morpholog bei seinen allgemeinen Arbeiten nicht etwas bringen sollte, das dem Semiotiker in seinem beschränkteren Kreise angenehm und nützlich wäre. Den Physiognomen wird er in dem Glauben an die Bedeutsamkeit der Gestalt bestärken ...« (*Goethe* 1962b, S. 181).

4.1.3.2 *Analogien zwischen Körperbau und Charakterzügen bei Paracelsus und Lavater*

Weitaus am häufigsten werden seit der Antike Analogieschlüsse von körperbaulichen Formen auf Charaktereigenschaften gezogen. *Porta* (1616) nimmt als selbstverständlich an, daß körperliche Mängel auch auf Charaktermängel hinweisen; er zitiert einige Stellen aus der Bibel, die den Sachverhalt zu bestätigen scheinen und weist auf das Sprichwort hin, man solle sich vor den Gezeichneten — worunter er körperlich abnorme Menschen versteht — hüten. Ausdrücklich hebt er auch die gleichlautende Ansicht des *Aristoteles* hervor, der in einem Brief Alexander gemahnt haben soll, sich vor unglücklichen Menschen zu hüten.

Auch *Paracelsus,* der chronologisch gesehen vor *Porta* aufzuführen wäre, vertritt die Ansicht, daß zwischen der Form des Leibes und der ›Tugend‹ eine Übereinstimmung herrschen müsse: »Alles, was die natur gebirt, das formirt sie nach dem wesen der tugent so im selbigen ist, und seind also zu verstehen. wie das gemüt, die eigenschaft, die natur des selbigen menschen ist, dem selbigen nach gibt sie im auch den leib mit seiner figur, also das die figur, der leib, die tugent gleich in einer concordanz seind und ein ietlichs zeigt das ander an. als die tugent zeigt an die form, figur, corpus und substanz, also zeigen auch an die selbigen das wesen im selbigen. dan die tugent und die form seind in einem grad gleich gestelt, das durch die tugent die form verstanden und durch die form die tugent. als beim rothar wird die rot tugent im herzen erkent, durch falbhar das falb herz, und wie das har also auch das herz. und als ein sprichwort ist: ihe krümer, ihe dümmer, das ist, krume leib gibt krume sinn, krume sinn geben krumen leib. also das nicht alein ein krüme ist, sonder in andern mer seind krüme, außerthalb am leib, als nasen maul und glitmas. solchs baß zu verstehen, merkent erstlich« (*Paracelsus* 1929, S. 172). Dieser zunächst etwas altertümlich, wenn nicht gar obskur anmutende Text dürfte bei genauerem Hinsehen mehr Wahrheiten enthalten als man auf den ersten Blick anzunehmen geneigt ist. Problemgeschichtlich gesehen sind in ihm immerhin zwei moderne Gesichtspunkte ausgeführt, die den nächsten Jahrhunderten der Ausdrucksforschung wieder verloren gingen:

1. Die Interdependenz von Leib und Seele; sie wird gleich zweimal betont, zuerst in dem Satze, daß ›Figur, Leib und Tugend‹ in einer Konkordanz seien und jedes das andere anzeige, dann nochmals in der Aussage, ein ›krummer Leib‹ erzeuge einen ›krummen Sinn‹, wobei Paracelsus auch auf die umgekehrte Beziehung hinweist.
2. Die Betonung, daß das ›Zeichen‹ gleich mehrmals auftreten müsse, ein Befund also mehrfach determiniert sein müsse, um als Signatur verstanden werden zu können.

Die Begründung, weshalb man von einer leiblichen Form auf den Charakter schließen könne, gibt Paracelsus in einem Entwurf zu seiner ›Astronomia Magna‹ recht umfassend, aber knapp formuliert: »ist das nicht groß, so die eußern zeichen den menschen zu erkennen geben? also hats got verordnet. es möcht dich verwundern, wie es geschehe. das verwundern kompt auf ein end mit dem exempel. ein zimerman ist ein sam seins hauses; wie er ist, also wird auch sein haus. dan sein imagination macht das haus[1]. so nun die imagination also ist, das sie ein haus macht, so ist auch imaginatio die natur, so macht sie ein kint, das selbig macht sie nach irer imagination, also wird form und wesen ein ding« (*Paracelsus* 1929, S. 479).

Der Mensch wird einbezogen in den Plan und in die Vorsehung der Natur; Pflanzen, Tiere und Menschen unterstehen denselben Form- und Wesensgesetzen. Die Natur verfolgt einen Zweck: »Dazu ein ding gehört, dazu wird es gereimpt und gemacht. also so die natur ein menschen macht, so reimpt sie in dohin, dohin sie in brauchen wil, das ist der grunt, darumb das signatum bi-

[1] Eine auffallend ähnliche Formulierung findet sich bei *Traupel*, der sich besonders um die Thermodynamik verdient gemacht hat: »Ihrer Entstehung nach ist die Technik eine Weise der Selbstverwirklichung und Selbstdarstellung des menschlichen Denkens, vor allem der schöpferischen Komponente in ihm. (Das ist es übrigens, was von den Technik Schaffenden immer wieder als sinnvoll erlebt wird.) Die geistige Struktur derjenigen, die sie schaffen, bildet sich in ihr ab« (*Traupel* 1970, S. 15f).

lich sol für sich gên, dan die natur reimpt ein ding, dohin es gehört« (*Paracelsus* 1929, S. 479).

In der umfassenderen Darstellung, die in der ›Astronomia magna‹ enthalten ist, wird wiederum die Abhängigkeit der Körperform vom Charakter postuliert: »also merkent, das die tugent der menschen inen ir eigene figur machen, wie die gedanken eins zimermans das haus, und das gemüt des menschen, wohin es geneiget und genaturt ist, also macht es ime den leib in die selbigen art, wie ein kriegsman ein pollwerk, durch welches pollwerk die tugent und das gemüt des selbigen kriegmans erkent wird« (*Paracelsus* 1929, S. 178). Wir bemerken, daß Paracelsus hier bereits schon das Bollwerk als ausdruckshaltige, ›person-abgelöste Erscheinung‹ (*Kirchhoff* 1965a) zur Charakterdeutung miteinbezieht.

Auch Lavater bedient sich der historisch bis zu seiner Zeit noch kaum angezweifelten Analogieschlüsse sozusagen zur Begründung seiner Physiognomik. In einem ausführlichen Kapitel »Von der Harmonie der moralischen und körperlichen Schönheit« (*Lavater* 1775, S. 57ff) legt er die Grundzüge seiner Gedanken dar. Er geht davon aus,

— daß bestimmte ›Gedankenzustände‹ und ›Empfindungszustände‹ je bestimmte ›Ausdrücke des Angesichts‹ haben,
— daß »gewisse Zustände der Seele, gewisse Empfindungen, Empfindungsweisen, Neigungen, schön, anmuthig, edel, groß sind, und jedem empfindsamen Herzen Wohlgefallen, Achtung, Liebe, Freude gleichsam abnöthigen; daß andere hingegen ganz das Gegentheil seyn, und wirken; ...« (*Lavater* 1775, S. 59),
— daß in den extremen Fällen die Urteile aller Erdbewohner über Schönheit und Häßlichkeit übereinstimmen würden, mit der Ausnahme der Fälle, »*wo ein Nationalvorurtheil im Wege steht*« (*Lavater* 1775, S. 60). Schwieriger würde es erst dann, wenn »die Gegenstände vom häßlichsten und schönsten Punkte einander näher rücken« (*Lavater* 1775, S. 60).

Er stellt sodann die Frage, ob der moralischen Schönheit körperliche Schönheit entspreche, moralischer Häßlichkeit körperliche Häßlichkeit, oder ob die umgekehrte Beziehung zutreffe. »Oder sind die Ausdrücke moralischer Beschaffenheiten und Zustände weder schön noch häßlich? Oder ohne zureichenden Grund bald schön bald häßlich?« (*Lavater* 1775, S. 60).

Zur Beantwortung schlägt er vor: »Man zeichne einem Kinde, einem Bauren, einem Kenner, einem jeden andern, das Gesicht eines *Gütigen* und eines *Niederträchtigen*, eines *Aufrichtigen*, und eines Falschen« (*Lavater* 1775, S. 60f). Eine Befragung, welches die schönsten und die häßlichsten Gesichter seien, würde bei

Kind, Bauer und Kenner dieselbe Einstufung ergeben. Lavater will sodann die weitere Frage gestellt haben: »von welchen Leidenschaften, welchen Gemüthszuständen, diese häßlichen, jene schönen Gesichter der Ausdruck seyn? und siehe! Es findet sich, daß gerade die häßlichsten Ausdrücke auch die häßlichsten Gemüthszustände bezeichnen« (*Lavater* 1775, S. 61). Nach dieser erstaunlich raschen und leicht rhetorisch anmutenden Schlußfolgerung spekuliert Lavater weiter und kommt zu Feststellungen, die dem paracelsischen Parallelismus von Form und Wesen recht ähnlich kommen, mit der Ausnahme, daß hier eine stärkere Verflechtung von moralischen mit ästhetischen Wertmaßstäben festzustellen ist:

»Man vergleiche dann auch nur einzelne Züge, Mund und Mund; Aug' und Aug'; Nase und Nase, Stirn und Stirn — Wo sind die sanftfließenden, allmählich weichgebogenen, gleichern, geordneten Linien — die *schönern Linien? an sich* schönern Linien, auch ohne Rücksicht auf Ausdruck? — Und wo sind die härtern, schiefern, ungleichern Linien? die schlechtern, *an sich* weniger schönen, an sich häßlichen Linien? — Welches Kind, welcher Bauer wird fehl rathen! Man kann zum Beyspiel, von dem höchsten Grade der edlen Güte, bis zu dem höchsten Grade von Bosheit, Schalkheit, Grausamkeit, auch nur die Umrißlinien der Lippen zeichnen, und man wird finden, daß man ordentlich von der weichsten, schönsten Linie, zu steifern, flächern, plumpern, dann zu schiefern, härtern, krummern, verzogenern kommt; und daß ordentlich mit zunehmender Häßlichkeit der Leidenschaft auch die Schönheit der Linie abnimmt. . . . Dasselbe gilt nun auch bey allen den tausendfältigen Vermischungen und Zusammensetzungen aller moralisch schönen, und moralisch häßlichen Gemüthszustände und ihrer Ausdrücke!« (*Lavater* 1775, S. 61f).

In einer ausführlichen Verteidigung gegen mögliche Angriffe auf diese obige Ansicht legt Lavater eine wesentlich differenziertere Auffassung vor. Er bemerkt zunächst, daß Tugend und Laster nicht die einzigen Einflüsse auf die Schönheit des menschlichen Angesichtes seien. Er vertritt mit Vehemenz die Meinung, daß auch andere Faktoren mitspielen können, »daß Verstandeseigenschaften, daß am allermeisten ursprüngliche Bildung aus Mutterleibe; ferner die von dem Zöglinge selbst unabhängige Erziehung, Lebensumstände, Krankheiten, Zufälle, Beruf, Klima u.s.f. so viele nächste Ursachen der Schönheit und Häßlichkeit der Menschen sind, und abgeben können« (*Lavater* 1775, S. 64).

Auch der Begriff des Lasters wird einer verfeinerten Betrachtung unterzogen. Lavater will ihn, wie auch die Tugend, »im allerweitesten Umfang, in der größten Ausdehnung« (*Lavater* 1775, S. 66) vestanden wissen. Er weist darauf hin, es gäbe auch »eine unzählbare Menge mannichfaltiger, kleiner, niedriger, unangenehmer Denkarten, Manieren, Grobheiten, Launen, Unmäßigkeiten, Hänge, kleinlicher Begierden, Unflätereyen, Narrheiten, Schiefen, Krümmen des Herzens, die man einzeln, und auch haufenweise beysammen, doch noch lange nicht Laster heißt; — deren viele zusammen aber einen Menschen häßlich erniedrigen, verderben, verekeln können. Behält er seine Treue im Handel und Wandel, hat keine Hauptlaster und noch oben drein ein wenig von einer gewissen bürgerlichen Frömmigkeit — so nennt man ihn einen braven, einen recht braven Menschen, wider den man nichts haben kann. Freylich so giebt's eine Menge braver und doch häßlicher Leute« (*Lavater* 1775, S. 69). Dieser ausführlichen Darlegung der ›moralischen Häßlichkeit‹ und Schönheit entspricht keine solche der körperlichen Schönheit und Häßlichkeit, was denn auch Lavaters Kritiker und Gegenspieler *Lichtenberg* — über den noch ausführlich wird gesprochen werden müssen — zu recht zur bissigen Bemerkung veranlaßte, es sei »Unerfahrenheit und antiquarische Pedanterey, zu glauben, diese Schönheit sey das, was Winkelmann Schönheit nennt« (*Lichtenberg* 1801, S. 447). In der Tat fällt immer wieder die fast naiv anmutende, stark idealisierende Darstellung menschlicher Tugenden und ästhetischer Schönheiten auf, wie sie beispielsweise dem Realismus eines Paracelsus und den feinsinnigen, scharf beobachteten Betrachtungen *Lichtenbergs* völlig fremd sind.

4.1.4 *Definitionen und Ausdrucksmedien bei Lavater*

Die Frage nach dem Zusammenhang psychischer Regungen mit körperlichen Phänomenen, wie ihn Lavater in bezug auf moralische Qualitäten annimmt, führt fast zwangsläufig zu Hypothesen, wie diese Verknüpfungen wohl zustande kommen könnten. Zusätzlich stellt sich die Frage, wo diese Äußerungen und Veränderungen sich abspielen und sichtbar werden könnten.

Doch vorgängig erscheint es angebracht, den allgemeinen Ausdrucksbegriff Lavaters einer näheren Betrachtung zu unterziehen. Stimmt die Auffassung *Kieners* (1965a): »Die Physiognomik war ursprünglich die Lehre von der Erkennbarkeit der Wesensart aus Merkmalen des Gesichts. Porta, Lavater und andere ältere Autoren gebrauchen den Begriff Physiognomik in diesem eingeschränkten Sinn; auch heute noch wird er vielfach in dieser Bedeutung verwandt . . .« (*Kiener* 1965a, p. 503)? Die Beantwortung dieser Frage hängt davon ab, *welcher* Begriff der Physiognomik damit gemeint ist. Lavater selbst hat augenfällig zwei Bedeutungsgehalte unterschieden, die er in einem definitorischen ›Fragment‹ ausführlicher darstellt:

1. Physiognomik (im weiteren Sinne). »Da dieses Wort so oft

in dieser Schrift vorkömmt, so muß ich vor allen Dingen sagen, was ich darunter verstehe: Nämlich — *die Fertigkeit durch das Äußerliche eines Menschen sein Innres zu erkennen;* das, was nicht unmittelbar in die Sinne fällt, vermittelst irgend eines natürlichen Ausdrucks wahrzunehmen. In so fern ich von der Physiognomik als einer Wissenschaft rede — begreif' ich unter Physiognomie alle *unmittelbaren* Äußerungen des Menschen. Alle Züge, Umrisse, alle passive und active Bewegungen, alle Lagen und Stellungen des menschlichen Körpers; alles, wodurch der leidende oder handelnde Mensch unmittelbar bemerkt werden kann, wodurch er seine *Person* zeigt — ist der Gegenstand der Physiognomik.

Im weitesten Verstand ist mir menschliche *Physiognomie* — das Äußere, die *Oberfläche* des Menschen in Ruhe oder Bewegung, sey's nun im Urbild oder irgend einem Nachbilde. *Physiognomik,* das Wissen, die Kenntnisse des Verhältnisses des Äußern mit dem Innern; der sichtbaren Oberfläche mit dem unsichtbaren Innhalt; dessen was *sichtbar* und wahrnehmlich *belebt wird,* mit dem, was *unsichtbar* und unwahrnehmlich *belebt;* der sichtbaren Wirkung zu der unsichtbaren Kraft« (*Lavater* 1775, S. 13).

2. »Im engern Verstand ist *Physiognomie* die *Gesichtsbildung,* und *Physiognomik* Kenntnis der Gesichtszüge und ihrer Bedeutung« (*Lavater* 1775, S. 13).

Die beiden Begriffe — der engere und der weitere — werden von Lavater ohne ausdrückliche Nennung parallel verwendet; immerhin scheint die Erweiterung schon damals auf gewisse Widerstände gestoßen zu sein. Jedenfalls versucht *Goethe* — allerdings ohne als Verfasser bezeichnet zu sein (vgl. aber *Goethe* 1962, S. 199) — diese weite Fassung des Begriffes in einer sogenannten ›Zugabe‹ zum eben zitierten Fragment zu verteidigen. Er findet, man werde »sich öfters nicht enthalten können, die Worte Physiognomie, Physiognomik in einem ganz weiten Sinne zu brauchen« (*Lavater* 1775, S. 15). Die darauf folgenden Ausführungen schließt er mit den Worten: »Ich hoffe, es wird niemand seyn, der mir verdenken wird, daß ich das Gebiet des Physiognomisten also erweitere. Theils geht ihn jedes Verhältnis des Menschen an, theils ist auch sein Unternehmen so schwer, daß man ihm nicht verargen muß, wenn er alles ergreift, was ihn schneller und leichter zu seinem großen Zwecke führen kann« (*Lavater* 1775, S. 16).

Dieser letzte Satz führt uns zurück zum Problem des ›Ausdrucksmediums‹ (*Kirchhoff* 1965a), d. h. zur Frage nach dem Ort, dem »Worin oder Wodurch«, in dem das Ausdruckssubjekt (der Charakter, die Psyche z. B.) »›zum Ausdruck‹, zur Erscheinung, zur Sichtbarkeit, zur Wahrnehmbarkeit, zum Vorschein kommt«

(*Kirchhoff* 1965a, S. 11). Die Lavatersche Definition des Physiognomikbegriffes (im weiteren Sinne) beinhaltet implizit die Verwendung aller äußerlich sichtbaren Körperformen, in ruhendem und in bewegtem Zustande. Er nimmt später, im dritten Bande (1777) auch die Handschrift als personabgelöste Ausdruckserscheinung mit in den Kreis seiner Betrachtungen.

Die Definition des Physiognomik-Begriffes zeigt im weiteren, daß die heute übliche Trennung zwischen Physiognomik und Pathognomik noch nicht stattgefunden hat. Dies gilt allerdings nicht mehr für den letzten Band der ›Fragmente‹ (1778), in dem er — den Ausführungen und Anregungen *Lichtenbergs* im »Göttinger Taschencalender aufs Jahr 1778« folgend — in einem definitorischen Fragment die Bedeutungen der beiden Begriffe gegeneinander abgrenzt:

»*Physiognomik,* im eingeschränkten Sinne des Wortes, ist *Kraftdeutung,* oder *Wissenschaft der Zeichen der Kräfte.*

Pathognomik, Leidenschaftsdeutung, oder *Wissenschaft der Zeichen der Leidenschaften.* Jene zeigt den *stehenden* — diese den *bewegten* Charakter.

Der *stehende Charakter* liegt in der *Form* der *festen,* und in der *Ruhe* der *beweglichen* Theile. Der *leidenschaftliche* — in der *Bewegung* der *beweglichen.* Die Bewegung ist, wie die bewegende Kraft. Die Leidenschaft hat ein bestimmtes Verhältnis zu der Leidenschaftlichkeit, oder *Elastizität* des Menschen.

Physiognomik zeigt die *Summe der Capitalkraft — Pathognomik* das *Interesse,* das jene abwirft. Jene, was der Mensch *überhaupt ist;* diese, was er in dem *gegenwärtigen Moment* ist« (*Lavater* 1778, S. 39).

Lavater will demnach in der Physiognomik die Anlagen und Möglichkeiten des Menschen sehen, in der Pathognomik die Realisation, die momentanen Gemütszustände, aber auch die Verstellungen, das was einer sein möchte, aber nicht ist. Die Physiognomik sei die Wurzel, der Stamm und der Boden der Pathognomik. Offensichtlich schätzt Lavater die Physiognomik wesentlich höher ein: »*Physiognomik* ist der Spiegel der Naturforscher und Weisen. *Pathognomik* der Spiegel der Hof- und Weltleute. Alle Welt lieset *pathognomisch* — sehr wenige lesen *physiognomisch*« (*Lavater* 1778, S. 39). Für den Freund der Wahrheit seien beide Wissenschaften unzertrennlich, die eine lasse sich in der anderen erahnen und sehen.

Dennoch darf wohl die Unterscheidung zwischen Physiognomik und Pathognomik als in seinem Werk wenig fundiert betrachtet werden. Sein Augenmerk war stets weniger auf wissenschaftliche Klassifizierungen als auf konkrete Beispiele physiognomischer (i. w. S.) Tatbestände gerichtet. So versuchte er bereits im ersten Bande die Veränderungen der Gesichtszüge im Sinne seiner Theorie von der Harmonie der moralischen und körperlichen Schönheit darzustellen, also im Grunde die Verwandlung pathognomischer Ausdrücke in bleibende physiognomische Züge. Er entwickelt dazu folgende Hypothese, auf der später auch *Piderit* wesentlich aufbaute:

»Ein jeder vielmals wiederholter Zug, eine jede oftmalige Lage, Veränderung des Gesichts, macht endlich einen bleibenden *Eindruck* auf den weichen Theilen des Angesichts. Je stärker der Zug, und je öfter er wiederholet wird, desto stärkern, tiefern, unvertilgbarern Eindruck (und wie unten wird erwiesen werden, selbst auf die knochigten Theile von früher Jugend an) macht er.

Ein tausendmal wiederholter angenehmer Zug drückt sich ein, und giebt einen bleibenden schönen Zug des Angesichts.

Ein tausendmal wiederholter häßlicher Zug drückt sich ein, und giebt einen bleibenden häßlichen Zug des Angesichts.

Viele solche schöne Eindrücke auf die Physiognomie eines Menschen geben zusammen (bey übrigens gleichen Umständen,) ein schönes; viel solcher häßlichen, ein häßliches Angesicht.

Moralisch-schöne Zustände nun, haben zu folge dessen, was wir oben gesagt haben, schönen Ausdruck.

Dieselben Zustände, tausendmal wiederholt, machen also bleibende schöne Eindrücke auf das Angesicht . . .

Und zwar verhältnismäßig stärkere und tiefere, je öfter und stärker die einzelnen Ausdrücke des oft wiederkommenden Zustandes der Seele geschehen« (*Lavater* 1775, S. 62).

Ähnlich wie *Paracelsus*, aber um eine Nuance anders formuliert, bemerkt auch Lavater, daß sich eine seelische Disposition an mehr als einem Orte feststellen lasse. Wenigstens auf das Gesicht bezogen ergibt sich somit der Zusammenhang verschiedener Ausdrucksmedien: »Es giebt keinen Gemüthszustand, der nur in einem einzelnen Gliede, oder Theile des Angesichts, schlechterdings ausschließungsweise, seinen Ausdruck habe. Wenn schon der eine Zustand der Seele, sich *mehr* in diesem, als jenem Theile des Angesichts ausdrückt, in dem einen sehr starke, in dem andern beynah unmerkliche Veränderungen macht; so wird doch eine genauere Beobachtung lehren: daß bey keiner Bewegung der Seele, kein weicher Theil des Angesichts unverändert bleibt. — Was nun von einem Ausdrucke auf einem Gliede oder Theile des Angesichts wahr ist, das ist von allen wahr; *Alle* verändern sich bey schlechten Zuständen der Seele ins schlechtere; alle bey schönen ins schönere. So, daß das ganze Angesicht jedesmal ein harmonirender Hauptausdruck eines gegenwärtigen regierenden Gemüthszustandes ist« (*Lavater* 1775, S. 62f).

Während *Paracelsus* meint, man könne nicht aufgrund eines

einzelnen Merkmales auf eine bestimmte Disposition schließen, scheint es Lavaters Auffassung zu sein, man könne von jedem Aspekt des Ausdrucksmediums her einen Zugang zum Gemüthszustande finden, da alle Teile desselben sich in harmonischer Übereinstimmung mit dem Gesamten befänden. Diese zum Teil naive (was den psychologischen Hintergrund betrifft), zum Teil auch gut beobachtete ›Entsprechungslehre‹ (besonders was die affektiven Bewegungscharaktere betrifft) findet ihre weiteste Fassung in dem bekannten Satze: »Und nun noch Ein Wort zur Prüfung——Ich finde eine bewundernswürdige Analogie zwischen — der *Sprache*, dem *Gange* und der *Handschrift* der meisten Menschen« (*Lavater* 1777, S. 118), ein Satz, der später in vielen geschichtlichen Abhandlungen über die Graphologie wieder auftaucht (cf. *Klages* 1964b, S. 79; *Pfanne* 1961, S. 479; *Crépieux-Jamin* o. J., S. 12; *Pophal* 1965, S. XXII; *Michon* 1965, S. 23; *Heiss* 1964, S. 10) und der sicher einigen Forschern Anstoß zur Beschäftigung mit graphologischen Problemen gab. Wir stoßen hier aber auch auf Fragen der psychologischen ›Axiome‹ in der Erscheinungswissenschaft, die wir bis zur Behandlung *Lichtenbergs* aufsparen wollen.

Die bisherigen Erörterungen dürften gezeigt haben, wie vielschichtig die Lavaterschen Darlegungen sind; sie beziehen sich auf alle menschlichen und animalischen Objekte, denen auf irgendwelche Art ein physiognomischer (i. w. S.) Aspekt abgewonnen werden kann. Es ist deshalb recht schwierig, die Beobachtungen, Mutmaßungen und Anregungen Lavaters systematisch zu ordnen, da sie von vornherein als Fragmente, »die mehr als alle Fragmente in der Welt diesen Namen verdienen« (Lavater in der Vorrede zum ersten Bande, 1775, Blatt a3), geplant und herausgegeben wurden. Dennoch sei im folgenden versucht, eine Liste der von Lavater in irgendeiner Form erwähnten und abgehandelten Ausdrucksmedien zu geben, ohne auf die Zusammenhänge einzugehen. Es ergibt sich so ein Spektrum der vielfältigen Beobachtungsgabe Lavaters, seiner Vorgänger und seiner Mitautoren; es zeigt sich dabei aber auch die Bevorzugung von Kopf und Gesicht sowie von statischen Betrachtungsweisen.

4.1.4.1 *Ausdrucksmedien der Kopfregion*

a) Gesicht:

- Einzelaspekte: Profil. Gesichtsfarbe. ›Winkel von Nasenspitze bis zur eigentlichen Oberlippe‹. Proportion zwischen der Stirne und den übrigen Gesichtsteilen. Gesichtsfalten. Gesichtslinien.
- Elemente: Stirne, Stirnkapazität, Stirnhaut (Lage, Farbe, Faltung, Spannung), Stirnknochen, Auge, Augenbrauen, Augenlid, Augenbogen, Augenknochen. Schläfe. Nase, Nasenwurzel,

Nasenbein, Nasenlöcher, Übergang Nase—Lippe. Mund, Lippen. Wangen. Barthaar. Kinn. Kiefer. Zähne. Zahnfleisch.

b) übrige Kopfregion:

Hals, Nacken. Hinterhaupt. Schädel, Hirnschale, Schläfenbein, Schleimhöhlen. Ohren. Scheitel. Haar (Haarwuchs, Kahlköpfigkeit). Kopfsilhouette.

4.1.4.2 *Gesamtgestalt und übrige Körperregionen als Ausdrucksmedien*

Im zweiten Bande äußert sich Lavater folgendermaßen: »das Knochensystem ist immer Fundament der Physiognomik, man mag dasselbe bloß als *bestimmend* in Ansehung der weichern Theile, oder bloß als *bestimmt* durch die weichern Theile, oder *als bestimmend und bestimmt zugleich* ansehen. *Prägend* oder *geprägt* — immer — *fester, bestimmter, dauerhafter, merkbarer; prägend* und *geprägt* — immer *Charakter* des *Festern, Dauerhaftern* im Menschen« (*Lavater* 1776, S. 162 f).

Ungeachtet dieser ausdrücklichen Würdigung des Knochenbaus hat sich Lavater selbst im grunde wenig mit ihm befaßt; es fällt überhaupt auf, wie wenig Bedeutung er dem Körper unterhalb des Kopfes beimißt: Neben den Knochen weist er auf die Gestalt, die Statur und die Körperproportionen hin. Er empfiehlt es, Physiognomik an Verstorbenen zu treiben, da ihre Züge durch den Tod bestimmter würden. In einem Zitat aus *Huart* wird festgestellt, auch das ›Fleisch‹ könne bemerkenswert sein: weich, lokker, hart, schwammig oder spröde (es dürfte sich hier u. a. um den Muskeltonus handeln). Schließlich meint er, in Muttermalen würden starke Eindrücke der Mutter während der Schwangerschaft abgebildet. Als einzige Gliedmaßen werden die Hände sowie die Daumen betrachtet; Lavater ist dabei der Überzeugung: *»Wie die Umrisse der Hand, so die Umrisse des Gesichts.* Sind die einen weich, sind's die andern auch, gewaltthätige Zufälle und übermäßiges Arbeiten ausgenommen; wiewohl auch diese den Grundriß der Hand nur so wenig merkbar verderben, als etwa die Leidenschaften die Form des Schädels verändern« *(Lavater* 1778, S. 47).

4.1.4.3 *Bewegungen und Stellungen*

Lavater begründet seine vorwiegend physiognomisch-statische Betrachtungsweise im ersten Bande damit, daß die Physiognomik einer Handlungsdeutung gegenüber eine fundamentalere Beurteilung ermögliche, da sie auch die bei Gemütsbewegungen erregten Triebe und Empfindungen aufzuzeigen vermöge. Deshalb finden sich wenige Hinweise auf mimische, pantomimische und pathognomische Phänomene: — Stimme. Miene. Gebärde. Blick. Lachen. Stellung. Gang. Lage der Schlafenden.

4.1.4.4 *Personabgelöste Erscheinungen*

Unter den personabgelösten Erscheinungen nimmt die Handschrift schon bei Lavater eine Sonderstellung ein. Er widmet ihr 14 Seiten und schlägt bereits Kriterien zur Merkmalsbestimmung vor. Weiter macht er auf Kleidung aufmerksam, sowie auf Kunstwerke, die seien wie die Physiognomien der Künstler. Schließlich verdient noch eine eigentümliche Bemerkung über Gerüche (*Lavater* 1778) — Nationalgerüche, Familiengerüche, Krankheitsgerüche — Erwähnung, deren Zugehörigkeit zu den personabgelösten Erscheinungen je nach Gesichtspunkt recht fraglich werden kann.

4.1.4.5 *Tiere*

Die Stellung der Tiervergleiche ist bei Lavater im wesentlichen anders als etwa bei *Porta*, wo sie zu einer Art Typologie führen. Lavater sieht in ihnen eher Ausdrücke spezifischer Eigenschaften, die im einzelnen auch beim Menschen vorkommen können. Insofern sind sie ›Ausdrucksmedien der Natur‹, Chiffren im Alphabethe der Physiognomik. Lavater äußert sich dazu folgendermaßen: »Wieder Thierköpfe zwischen hinein, um physiognomischen Sinn zu stärken, zu erweitern. Sie gehören wenigstens mit zur unendlichen Induktion für die große Wahrheit: *die ganze Natur ist lauter Wahrheit; Offenbarung*« (*Lavater* 1776, S. 199).

Zu physiognomischen Betrachtungen dienen in den vier Bänden: Adler. Verschiedenste Affenarten. Ameisen. ›Behemoth‹. Beutelgans. Biber. Biene (Königin). Büffelochse. Dachs. Dromedar. Elephant. Faultier. Feldmaus. Fischotter. Fuchs. Gans. Gemse. Hahn. Hase. Heuschrecke. Hirsch. Holzkäfer. Hund. Hyäne. Insekten. Kamel. Katze. Kiefenfuß. Krebs. Krokodil. Leopard. Libelle. Löwe. Luchs. Mücke. Nachteule. Nashorn. Nashornkäfer. Nilpferd. Ochse. Orang-Utan. Papagei. Pelikan. Pfeffervogel. Pferd. Raupentöter. Rehe. Schaf. Schlangen. Schmetterling. Schwan. Spannenraupe. Stachelschwein. Steinbock. Straußcasuar. Taube. Tausendfuß. Wanze. Widder. Wildente. Wilde Tiere allgemein. Wildschwein. Wolf. Ziege. Dazu kommen Bemerkungen über: Hörner. Tierschädel. Vogelköpfe, über den Affenblick sowie über die Unterteilung von Pferden in solche mit ›Schwan-, Sau- und Hirschhälsen‹.

Die Aufzählung zeigt einerseits die Vielzahl der Ansatzpunkte, mit denen Lavater arbeitete, läßt aber andererseits den Verdacht aufkommen, gewisse Tiere seien mehr ihres pittoresken Charakters wegen in das für die damalige Zeit kostspielige und bilderreiche Werk aufgenommen worden. Lavater ist in dieser Hinsicht selbst unsicher und glaubt sich verteidigen zu müssen: »Wenn Pracht nicht *Zweck*, sondern nur *Mittel* zu einem weit wichtigern Zweck ist, sollte sie dann unerlaubt sein?

Dieß wirst du verstehen, hast du dieß Werk mit Nachdenken gelesen — und am Ende, wenn dich die Auslage gereut; wenn wegen des Ankaufs desselben dir dein Gewissen Vorwürfe der Verschwendung macht; wenn's der Arme, Nothleidende entgelten muß; wenn dieß Werk nichts dazu beyträgt, dich für die Zukunft, zum Besten dürftiger Nebenmenschen sparsamer zu machen; o so hab ich Unrecht gethan, ein so kostbares Werk heraus zu geben, welches jedoch so manchem Künstler in und außer meinem Vaterlande hübschen Verdienst und Anlaß, sich in seinem Studium zu vervollkommnen, darbot« (*Lavater* 1775, Vorrede S. a3).

Als eine Lösung schlägt er vor: »übrigens, können's verschiedene zusammenkaufen und gemeinschaftlich besitzen« (*Lavater* 1775, Vorrede S. a3).

Das Problem der Ausstattung darf bei diesem Werke nicht übersehen werden. Die Aufmachung hat ihm einerseits weiteste Verbreitung in den meisten europäischen Fürstenhäusern und Bibliotheken gesichert, andererseits war sie immer wieder Gegenstand von Kritik und ablehnender Skepsis, so auch bei *Lichtenberg*, der in der Einleitung zur zweiten Auflage seiner Abhandlung aus dem Göttinger Taschenkalender bissig bemerkt, es sei gar nicht seine Absicht, »ein bekanntes weitläufiges Werk zu widerlegen. Wer dieses thun wollte, müßte es wenigstens nicht in Sedez bey einem Publikum unternehmen, bey welchem groß Quart so viel ist als Demonstration« (*Lichtenberg* 1801, S. 406 f).

4.2. Georg Christoph Lichtenberg (1742—1799)

Doch *Lichtenberg* ist nicht nur ein vehementer Kritiker *Lavaters*, sondern auch ein scharfer und feinsinniger Beobachter. Wiewohl seine physiognomischen Äußerungen noch zusammenhangloser als *Lavaters* ›Fragmente‹ erscheinen, zeugen sie doch von tiefen Einsichten in die menschliche Psyche. Es scheint, daß er durch die großaufgezogenen Lavaterschen Publikationen unwillkürlich zu einer polemischeren Schreibweise gedrängt wurde, als ursprünglich beabsichtigt war; er fühlte sich gezwungen, gegen die Verallgemeinerungen *Lavaters* aufzutreten und vernachlässigte wohl darob die Herausgabe einer größeren, eigenen ›Physiognomik‹, die ursprünglich geplant war.

Über sich selbst und seine frühe Beschäftigung mit der Physiognomik äußert er sich in der Einleitung zur zweiten Auflage seiner erstmals im Göttinger Taschenkalender erschienenen Abhandlung: »Von meiner ersten Jugend an waren Gesichter und ihre Deutung eine meiner Lieblingsbeschäftigungen. Ich habe mich und andere gezeichnet, ehe ich die geringste Absicht sah. Ich habe nicht einzelne Blätter, sondern Dutzende von Bogen voll Gesichter gekritzelt und ihre Bedeutung nach einem dunkeln Gefühl darunter geschrieben; oft mit einzelnen Worten und oft in Zeilen: *Oekonomie; noch zur Zeit nicht gehenkt u. d. gl.* Sehr früh habe ich mir Dinge unter Bildern gedacht, die sich andere entweder nicht unter diesen Bildern denken, oder wenigstens mit dem Bleystift auszudrücken nicht in sich selbst erwacht genug sind. Daß die Distanz von 1 bis 100 in unserer Vorstellung größer ist, als die von 100 bis 500, habe ich sehr früh bemerkt, und durch Linien und Flächen auszudrücken gesucht ... Der Tisch wird noch in D. vorhanden seyn, auf den ich, zu nicht geringem Vergnügen meiner Spielgefährten, vor fast 20 Jahren, das Bild mit Dinte zeichnete, das ich mir von dem halbfreyen, wochehalbirende und zwischen Freyheit und Zwang selbst wieder getheilten, wohlthätigen Mittewochen machte ...

Im Jahr 1765 und 1766 las ich drey Abhandlungen im hiesigen historischen Institut öffentlich vor, die ich aber nachher unterdrückte. ... Sie enthielten viel Physiognomisches und waren die hauptsächlichste Veranlassung, daß nachher, als Hrn. Lavaters erster Entwurf im Hanöverschen Magazin erschien, ein Göttingischer Lehrer mich für den Verfasser dieses schön geschriebenen Aufsatzes hielt. Die unbegründete, aber für mich allemal schmeichelhafte Muthmaßung dieses Gelehrten munterte mich nicht wenig auf fortzufahren« (*Lichtenberg* 1801, S. 415 ff).

Das Zitat wirft ein Licht auf die originelle, eigenwillige und scharfsichtige Persönlichkeit Lichtenbergs. Es zeigt aber auch die Offenheit anderen und sich selbst gegenüber, sowie die Tatsache, daß die Fehde zwischen Lichtenberg und Lavater nicht aus persönlichen sondern aus sachlichen Motiven entstand. Da diese Auseinandersetzung für den Fortgang der Ausdruckswissenschaft von nicht geringer Wichtigkeit war, muß sie hier näher untersucht werden.

4.2.1 *Die Kritik Lichtenbergs an Lavater*

Die Kritik teilt sich vom Gegenstand her zunächst in zwei Gruppen:

1. Kritik an der Präsentation und am Anspruch der Lavaterschen Physiognomik;
2. Kritik am Inhalt.

Von der Form her lassen sich ebenfalls — allerdings weniger scharf — zwei Stile der Darstellung unterscheiden, die sich mit den ersten beiden Kategorien überschneiden können:

3. sachliche Kritik;
4. Kritik in den Formen von Satire und Persiflage.

4.2.1.1 *Kritik an der Präsentation und der Form der Physiognomik Lavaters*

Es wurde weiter oben bereits eine Stelle zitiert, die zeigte, wie skeptisch Lichtenberg der prunkvollen Aufmachung der ›Physiognomischen Fragmente‹ gegenüberstand, die »eine bedeutende Schöpfung des graphischen Gewerbes der Zeit« (*Rüsch* 1970, S. 15) waren. Auch sonst fand er den Anspruch, der hinter den ›Fragmenten‹ steckte, zu krass, als daß er unwidersprochen bleiben durfte. Er fühlte sich gedrängt, »einigen gefährlichen Folgerungen (zu) begegnen, die schon hier und da von Jünglingen und Matronen aus jenem Werk gezogen zu werden anfingen; ich wollte hindern, daß man nicht zu Beförderung von Menschenliebe physiognomisirte, so wie man ehemals zu Beförderung der Liebe Gottes sengte und brennte; Ich wollte Behutsamkeit bey Untersuchung eines Gegenstandes lehren, bey welchem Irrthum leichter *ist* und gefährlicher werden *kann,* als bey irgend einem andern, Religion ausgenommen; Ich wollte Mißtrauen erwecken gegen jene transcendente Ventriloquenz, wodurch mancher glauben gemacht wird, etwas das auf Erden gesprochen ist, käme vom Himmel; ... wir denken feiner, reden feiner und faseln feiner. Jetzt sind es Zeichen an der Stirne die man deuten will, ehemals waren es Zeichen am Himmel; Ich wollte endlich zeigen, daß man, durch ein Paar armselige Beispiele von Hunden, Pferden, Dreygroschen-Stücken und Obst, die man allenfalls noch, (nicht immer,) aus dem Äußern beurtheilt, verleitet, noch nicht vom Leib auf ein Wesen schließen könne, dessen Verbindungsart mit ihm uns unbekannt ist, und überhaupt nicht auf den Menschen schließen kann; auf diese Welt von Chamäleonism mit Freyheit; auf das Thier, das selbst den Galgen auf der Stirne Lüge strafen und Leidenschaft ermorden könnte, so gut wie sich selbst, wenn es wollte; das, von Ehr- oder Geldgeitz oder Liebe angeflammt, alles vermag, oder doch sehr viel mehr als der bisherige Sclave der Gebräuche seiner Väter noch weiß. Was für ein unermeßlicher Sprung von der Oberfläche des Leibes zum Innern der Seele«! (*Lichtenberg* 1801, S. 407 ff).

Es geht Lichtenberg somit darum, den Finger auf die übermäßig popularisierende und simplifizierende Spielform der Physiognomik zu legen, wie er sie bei Lavater vorzufinden glaubt. Er befürchtet, die Physionomik sei ein Gesellschaftsspiel mit dem Hauch des Mysteriums geworden bei dem der vermeintlich Eingeweihte »jene Art heimlichen, und daher schmeichelhaften Zutrauens erwerbe, welches gutherzige Geschöpfe und Mädchen nie denen versagen, die die natürlichen Schwachheiten ihres Herzens näher kennen als die Menge« (*Lichtenberg* 1801, S. 414). Aber er äußert auch schlimmere Befürchtungen:

»Wenn die Physiognomik das wird, was Lavater von ihr erwartet, so wird man die Kinder aufhängen, ehe sie die Thaten gethan haben, die den Galgen verdienen. Es wird also eine neue Art von Firmelung jedes Jahr vorgenommen werden müssen — ein physiognomisches Auto da Fe« (*Lichtenberg* 1801a, S. 181). Es muß wohl kaum betont werden, daß hier neben der Besorgnis auch das satirische Moment mitschwingt, auf das erst später näher eingegangen werden soll.

4.2.1.2 *Kritik am Inhalt, die Bedeutung der Pathognomik*

Die Kritik am *Inhalt* der ›Physiognomischen Fragmente‹ setzt an zwei Hauptpunkten an: An der Lehre von der Analogie zwischen körperlicher und moralischer Harmonie einerseits und an der Bevorzugung der Physiognomik gegenüber der Pathognomik andererseits.

Lichtenberg, dessen Psychologie noch Gegenstand einer besonderen Betrachtung sein wird, geht von einem wesentlich anderen Menschenbild aus als Lavater. Für ihn ist die Idee, eine häßliche Seele habe einen häßlichen Leib, eine schöne, einen schönen, nicht nachvollziehbar. Er erläutert: »Also mit einer bloßen Veränderung der Metapher, vielleicht auch die größte Seele den größten und die gesundeste den gesundesten? Gütiger Himmel! was hat Schönheit des Leibes, deren ganzes Maß ursprünglich vielleicht verfeinerte und unter Neben-Ideen ihre Grobheit versteckende sinnliche Lust ist, und deren Zweck hier erreicht wird, mit Schönheit der Seele zu thun, die mit dieser Lust so sehr streitet und sich in die Ewigkeit erstreckt? Soll das Fleisch Richter seyn vom Geist? Der Verfasser glaubt, und wird am Ende alles dahin zusammenziehen, daß Tugend, und zumal die himmlische Aufrichtigkeit und Bewußtseyn der Unschuld, einem Gesicht in den Augen ihres Kenners große und unaussprechliche Reitze mittheilen« (*Lichtenberg* 1801, S. 446 f). Wohl etwas über das Ziel hinausschießend fährt Lichtenberg etwas später fort: »Der obige Gedanke, der hier keine förmliche Widerlegung erhalten kann, und überhaupt kaum einer ernstlichen würdig ist, hat noch einen andern erzeugt, nämlich durch verschönerung der Seele endlich den Körper zu Idealen griechischer Künstler hinauf zu formen« (*Lichtenberg* 1801, S. 448). Er geht hier, wohl bewußt übertreibend, über die Ansichten und Erläuterungen Lavaters hinaus, der selber weit weniger extrem formulierte. Immerhin fällt bei Lavater die unkritische Verwendung eines für ihn offensichtlich undiskutablen Schönheitsbegriffes auf, mit dem die Anwendung des Analogieprinzips steht und fällt.

Lavater scheint wirklich an ein griechisches Kunst-Ideal zu denken, wenn er vom körperlich und moralisch schönen Menschen schreibt. Er kommt denn auch in nicht geringe Verlegenheit bei der Behandlung der Gestalt des *Sokrates,* von dem *Alkibiades* berichtet, er sei einem Silen ähnlich, und von dem in allen Physiognomiken immer wieder die Anekdote erzählt wird, wonach der Physiognome *Zopyrus* – ohne zu wissen wen er vor sich hatte – über *Sokrates* sagte, »›daß er dumm, viehisch, wollüstig und der Trunkenheit ergeben sey‹« (*Lavater* 1776, S. 64); *Sokrates* soll darauf geantwortet haben, »›daß er von Natur zu allen diesen Lastern geneigt wäre, allein durch Übung und Anstrengung diese Neigungen zu unterdrücken gesucht hätte‹« (*Lavater* 1776, S. 64).

Lavater sieht drei Möglichkeiten, den Einwendungen gegen seine Harmonie-Lehre zu begegnen, die aus dieser überlieferten Erzählung abgeleitet werden können. Erstens, so argumentiert er, könnte es sich bei *Sokrates* um eine ›Ausnahme von der allgemeinen Regel‹ handeln, um einen ›Mißgriff‹, einen ›Druckfehler der Natur‹. Die Mißgestalt des *Sokrates* »ist so was Auffallendes, Frappantes, daß sie allen gleichsam als ein Widerspruch, als eine Anomalie der Natur vorkam« (*Lavater* 1776, S. 65). Zweitens, meint Lavater, seien die vorhandenen Bildnisse nur ein schlechter Abklatsch, eine Karikatur des lebendigen *Sokrates;* sicher würden die bewegten Augen und der ›jetzt so fatale Mund‹ den Betrachter des wirklichen *Sokrates* ganz anders ansprechen. »Es sind keine Verläumder auf der Welt, wie die Porträtmahler. Ihr schwächt die Natur, wo sie stark, und vergröbert sie, wo sie zart ist!« (*Lavater* 1776, S. 69). Demgegenüber bezeichnet allerdings der Altertumsforscher *Foerster* (1884) die zahlreichen erhaltenen Portraits als ›stark idealisierend‹. Drittens schließlich bezichtigt Lavater sowohl *Zopyrus* als auch *Sokrates* des Irrtums. *Zopyrus* hätte die erhabene Stirn des *Sokrates* auf seinen hellen Verstand aufmerksam machen müssen; *Sokrates* selbst hätte wohl seine Anlage falsch eingeschätzt, das was er als Naturanlage auffaßte, habe er in seiner Kraft überschätzt und den Geist nicht gefühlt, der in ihm war, er hätte den ›Ausdruck dieses (seines!) Stirngewölbes‹ nicht gekannt. In der weiteren Verteidigung läßt sich Lavater zu Äußerungen hinreißen, die im Gegensatz zu seiner sonst vertretenen Ansicht von der Höherwertigkeit des Physiognomischen über dem Pathognomischen stehen: »*Sokrates* auf der einen Seite gesteht: ›Fleiß, Nachdenken, Übung, habe seinen Charakter verbessert – verfeinert;‹ und dieß kann sich sich, muß sich in den feinsten beweglichsten Theilen seines Gesichts zehnmal stärker, als in den festen ausgedrückt haben« (*Lavater* 1776, S. 69).

Demgegenüber behauptet Lichtenberg durchwegs die eindeutige Vorrangstellung der Pathognomik. In einer ausführlichen Erörterung begründet er sie folgendermaßen: »Unstreitig gibt es eine unwillkürliche Geberden-Sprache, die von den Leidenschaften in allen ihren Gradationen über die ganze Erde geredet wird. Verstehen lernt sie der Mensch gemeiniglich vor seinem fünf und zwanzigsten Jahre in großer Vollkommenheit. Sprechen lehrt sie ihn die Natur, und zwar mit solchem Nachdruck, daß Fehler darin zu machen zur Kunst ist erhoben worden. Sie ist so reich, daß bloß die süßen und sauren Gesichter ein Buch füllen würden, und so deutlich, daß die Elephanten und die Hunde den Menschen verstehen lernen. Dieses hat noch niemand geleugnet, und ihre Kenntniss ist, was wir oben Pathognomik genannt haben. Was wäre Pantomime und alle Schauspielkunst ohne sie? Die Sprachen aller Zeiten und aller Völker sind voll von pathognomischen Bemerkungen, und zum Theil unzertrennlich mit ihnen verwebt. Man hat sich die Mühe nicht genommen, sie heraus zu suchen, und für die Haushaltung besonders vorzutragen, weil man um die Zeit, da man diese Bücher verstehen würde, die Sache schon gemeiniglich besser versteht, als sie gelehrt werden kann. Sie ist so unnöthig, als eine Kunst zu lieben. ... Hingegen sind unsere Sprachen höchst arm an eigentlich physiognomischen Beobachtungen. Wäre etwas Wahres darin, die Völker hätten es gewiß ebenfalls in diese Archive ihrer Weisheit gelegt. Wo man Spuren antrifft, so sind sie immer verdächtig, und scheinen aus einer einzigen Beobachtung gemacht zu seyn, wie Spitzkopf im Deutschen, so können selbst Nomina Propria endlich in Volks-Schimpfwörter übergehen ... Es giebt allerdings Sprüchwörter, die der Physiognomik das Wort reden, aber was läßt sich nicht mit Sprüchwörtern erweisen? Hüte dich vor den Gezeichneten ist ein Schimpfwort, dem die Gezeichneten von einer gewissen Classe der nicht Gezeichneten in der Welt seit jeher ausgesetzt gewesen sind. Mit größerem Recht könnten also die Gezeichneten sagen: hüte dich vor den nicht Gezeichneten. In einem schönen Leibe wohnt eine schöne Seele gehört auch hierher ... Die Sprichwörter leben in ewigem Krieg, wie alle Regeln, die nicht der Untersuchungsgeist, sondern die Laune giebt« (*Lichtenberg* 1801, S. 471 ff).

Eine Begründung für die geringe Ergiebigkeit einer physiognomischen Betrachtungsweise sieht Lichtenberg darin, daß die »festen und unbeweglichen Theile, zumal die Form der Knochen, trügen, einmal, weil sie bey jeder Art von Verbesserung des verbesserlichen Geschöpfs, die noch lange nachher Platz hat, nachdem diese ihre völlige Festigkeit erreicht haben, noch Statt findet; und zweytens, weil da ihre Form so wenig von unserm Willen abhängt, auch der Einfluß äußerer Ursachen unvermeidlicher ist, und ein einziger Druck oder Stoß allmählich Veränderungen wirken kann, deren Fortgang keine Kunst mehr aufzuhalten im Stande ist. Auch, wenn sich etwas daraus herleiten ließe, so wären die festen Theile doch immer nur eine *beständige* Größe, ein einziges, in unzähligen Fällen unbeträchtliches Glied der unendlichen Reihe, durch die der Charakter des Menschen gegeben ist. Herr Lavater hält die Nase für das bedeutendste Glied, weil keine Verstellung auf sie wirkt. Sehr gut, wenn Übergang von Wahrheit zu Verstellung und von Verstellung zu Wahrheit die einzige Veränderung im Menschen wäre. Allein bey einem Wesen, das nicht allein durch moralische, sondern *physische* Ursachen *wirklich* verändert werden kann, ohne daß die Nase deßwegen folgt, sollte ich denken, wäre ein so unveränderliches Glied, nicht allein für die Wahrheit unbedeutend, sondern wider dieselbe verführerisch. Je feiner und folgsamer der Thon, desto richtiger und wahrer der Abdruck. Die beweglichen Theile des Gesichts, die nicht allein die pathognomischen, unwillkürlichen Bewegungen, sondern auch die willkürlichen der Verstellung angeben und aufzählen, sind daher meines Erachtens weit vorzuziehen« (*Lichtenberg* 1801, S. 499 ff).

Wie Lavater auf die Handschrift und den Gang hinweist, legt auch Lichtenberg ›weis und geberd‹ (*Paracelsus*) sowie der Kleidung ein erhebliches Gewicht bei, wie folgende Passage zeigt: »Was aber unserm Urtheil aus Gesichtern noch so oft einige Richtigkeit gibt, sind die, weder physiognomischen und pathognomischen, untrüglichen Spuren ehemaliger Handlungen, ohne die kein Mensch auf der Straße oder in Gesellschaft erscheinen kann. Die Liederlichkeit, der Geitz, die Betteley u. s. w. haben ihre eigene Livree, woran sie so kenntlich sind, als der Soldat an seiner Uniform, oder der Caminfeger an der seinigen. Eine einzige Partikel verräth eine schlechte Erziehung, und die Form unseres Hutes und Art ihn zu setzen, unsern ganzen Umgang und Grad von Geckerey. Selbst die Rasenden würden öfters unkenntlich seyn, wenn sie nicht handelten. Es wird mehr aus Kleidung, Anstand, Compliment bey'm ersten Besuch, und Aufführung in der ersten vierthel Stunde, in ein Gesicht hinein erklärt, als die ganze übrige Zeit aus demselben wieder heraus. Reine Wäsche und ein simpler Anzug bedecken auch Züge des Gesichts« (*Lichtenberg* 1801, S. 506 f).

Es darf bei aller Berechtigung der Kritik Lichtenbergs an Lavater nicht vergessen werden, daß Lichtenberg ab und zu Einwände äußert, die Lavater selbst bewußt waren und von ihm oft ausführlich behandelt wurden, so z. B. die Beeinflussung durch äußere Umstände. Allerdings kann Lavater der Vorwurf nicht erspart werden, daß er in seinem schwärmerischen Enthusiasmus hie und da seine eigenen Einschränkungen nicht mehr beachtete.

4.2.1.3 *Kritik in sachlicher Darstellung*

Der Physiker Lichtenberg zeichnet sich, im Gegensatz zu Lavater, durch einen klaren, nüchternen Stil aus, der auch heute noch modern wirkt. Der schwärmerische Stil Lavaters war ihm zutiefst zuwider. Da seine physiognomischen und pathognomischen Schriften jedoch praktisch nur als Antwort und Kritik an Lavaters Lehre veröffentlicht wurden, tragen sie bei aller Sachlichkeit immer wieder gewisse spöttische oder satirische Züge, die auch bei den obigen Zitaten oftmals durchschimmerten. — Lavater hingegen, der in seinem vierten Bande (1778) auf die Kritik Lichtenbergs kurz eingeht, tut dies in einem verständnisvoll-herablassenden, gönnerhaften Tone, der Lichtenberg wohl kaum versöhnlicher gestimmt haben wird.

4.2.1.4 *Lichtenberg als Polemiker*

Die oftmals beißende Schärfe der Lichtenbergschen Aperçus dürfte mit an dem Vorurteil schuld sein, das heute noch viele Darstellungen vom Werke Lavaters trübt. Lichtenberg sieht überklar die Schwächen in Lavaters Art der Darbietung, wenn er zum Beispiel schreibt: »Von allem, was ich über Physiognomik geschrieben habe, wünschte ich bloß, daß zwey Bemerkungen auf die Nachwelt kämen. Es sind ganz einfältige Gedanken, und Niemand wird mich darum beneiden. Der eine, daß ich die Ähnlichkeit zwischen Physiognomik und Prophetik erkannt habe; der andere, daß ich überzeugt gewesen bin, die Physiognomik werde in ihrem eigenen Fette ersticken« (*Lichtenberg* 1801a, S. 189).

Oder: »Es ist besonders und ich habe es nie ohne Lächeln bemerkt, daß Lavater mehr auf den Nasen unserer jetzigen Schriftsteller findet, als die vernünftige Welt in ihren Schriften« (*Lichtenberg* 1801a, S. 182). Noch polemischer ist folgende Bemerkung aus seinem ›Sudelbuch‹: »Daß Garve aufgehört hat zu schreiben, ist ein so großer Verlust für unsere Literatur, als daß Lavater angefangen hat« (*Lichtenberg* 1844, S. 145). Auch ohne Namensnennung können Seitenhiebe vorkommen, die sehr wohl Lavater gelten dürften: »Wer sagt, ich bin ein hitziger Kopf, wenn ich anfange, ist ein gutes Lamm; und der fromme Schwärmer, der jeden Augenblick ausruft, ich bin ein schwaches Werkzeug, würde sich unversöhnlich beleidigt glauben, wenn man ihm antwortete: das haben wir längst gedacht« (*Lichtenberg* 1801, S. 519).

Neben der größten Abhandlung Lichtenbergs zum Thema der Physiognomik, ›Über Physiognomik wider die Physiognomen. Zu Beförderung der Menschenliebe und Menschenkenntniss‹, die bereits im Titel eine Verspottung der ›Fragmente‹ Lavaters enthält, finden sich auch ausgesprochene Persiflagen, so das Fragment: »Physiognomische Missions-Berichte, oder Nachrichten von dem

Zustande und Fortgang der Physiognomik zu Tranquebar« (*Lichtenberg* 1801a, S. 190 ff). Es werden darin die Expeditionsteilnehmer vorgestellt, die mit dem Schiff ›la Divineuse‹, »geladen mit Storchschnäbeln, Stirnmessern und fünfhundert Ballen Silhouetten, aus dem Texel nach Ostindien abgegangen (sind), um das Licht der Physiognomik in jenen finstern Gegenden zu verbreiten« (*Lichtenberg* 1801a, S. 190); sie heißen Don Zebra Bombast — möglicherweise eine Anspielung auf *Paracelsus* —, Peter Kraft und Friedrich Weiss. Die kurzen Personenbeschreibungen ermöglichen Angriffe gegen die Physiognomik und die Persönlichkeit Lavaters.

Erwähnung verdient ferner die Parodie ›Fragment von Schwänzen‹ (1801b), die im Stile der ›Empfindsamkeit‹, den auch Lavater pflegte, Bilder von Schwänzen beschreibt: »Wenn du in diesem Schwanz nicht siehest, lieber Leser, den Teufel in Sauheit, (obgleich hoher Schweinsdrang bey a) nicht deutlich erkennest den Schrecken Israels in c, nicht mit den Augen riechst, als hättest du die Nase drinn, den niedern Schlamm in dem er aufwuchs bey d, und nicht zu treten scheinst in den Abstoß der Natur und den Abscheu aller Zeiten und Völker, der sein Element war — so mache mein Buch zu; so bist du für Physiognomik verloren« (*Lichtenberg* 1801b, S. 591 f). Zu einem andern Bilde: »Der du mit menschlichem warmen Herzen die ganze Natur umfängst, mit andächtigem Staunen dich in jedes ihrer Werke hinführst, lieber Leser, theurer Seelenfreund, betrachte diesen Hundeschwanz, und bekenne, ob *Alexander*, wenn er einen Schwanz hätte tragen wollen, sich eines solchen hätte schämen dürfen. Durchaus nichts weichlich, ›hundselndes, nichts damenschösigtes, zuckernes‹ mausknapperndes, winziges Wesen. Überall Mannheit, Drangdruck, hoher erhabener Bug und ruhiges, bedächtliches kraftherbergendes Hinstarren, gleichweit entfernt von unterhänigem Verkriechen, zwischen den Beinen, und hühnerhündischer, wildwitternder, ängstlicher, unschlüssiger Horizontalität. Stürbe der Mensch aus, wahrlich der Scepter der Erde fiele an diese Schwänze« (*Lichtenberg* 1801b, S. 593 f).

Über den Grund und die Motive seiner Heftigkeit und Bissigkeit in den Angriffen auf Lavater und seine Physiognomik finden sich wiederum in seinem nachgelassenen ›Schmierbuch‹ zwei Bemerkungen: »Daß man seine Gegner mit gedruckten Gründen überzeugen kann, habe ich schon seit dem Jahr 1764 nicht mehr geglaubt. Ich habe auch deswegen die Feder gar nicht angesetzt, sondern bloß um sie zu ärgern, und denen von unserer Seite Mut und Stärke zu geben und den andern zu erkennen zu geben, daß sie uns nicht überzeugt haben ... Ich habe oft auf dem Punkt gestanden, mit soviel Überzeugung zu glauben, daß man, um der

Nachwelt zu gefallen, von der jetzigen gehaßt werden müßte, daß ich alles anzufallen Neigung fühlte« (*Lichtenberg* 1966, S. 18 f).

Immerhin dürfen diese obigen Bemerkungen nicht zu schwer gewichtet werden, zumal ihnen von Lavaters Feder nichts Ähnliches gegenübersteht; sie waren private, nicht zur Veröffentlichung vor seinem Tode bestimmte Notizen, die in ihrer Ehrlichkeit über das für die damalige Zeit übliche Maß hinausgehen. In seiner Auseinandersetzung mit der Physiognomik ging es ihm vor allem darum, das Feld nicht Stümpern, Schwärmern und Phantasten freigeben zu müssen, die in ihrer Gedankenlosigkeit in der Wissenschaft und der Gesellschaft nur Schaden anrichten konnten. So entgegnet er Lavater auf eine gegen ihn geschriebene Abhandlung: »Wo ich mit ihm (Lavater) allein rede, kann er allezeit auf Bescheidenheit rechnen; aber er wird mir auch verzeihen, wenn ich, vor wie nach, auf das Heuschreckenheer von Physiognostikern, das seine Wärme ausgebrütet hat, losschlage, wo es mir dazwischen fliegt, und seine polternden Apostel, zwischen welchen und ihm schon jetzt, im sechsten Jahr der wieder hervorgesuchten Physiognomik, ein Unterschied ist, wie zwischen Groß-Inquisitor und Paulus, züchtige, wenn sie mir unter Pauken und Trompeten dazwischen predigen wollen« (*Lichtenberg* 1801c, S. 585 f).

Die Attacken Lichtenbergs gelten sowohl der Person Lavaters als auch der Zeitepoche der Empfindsamen und der Kraftgenies, deren Exponent er war. Zu den Angriffen, die unter anderem Lavater, aber nicht der Physiognomik galten, gehört die über hundert Seiten starke Schrift »Timorus, das ist, Vertheidigung zweyer Israeliten, die durch die Kräftigkeit der Lavaterischen Beweisgründe und der Göttingischen Mettwürste bewogen, den wahren Glauben angenommen haben; von Conrad Photorin, der Theologie und Belles Lettres Candidaten« (*Lichtenberg* 1801d, S. 43); Lichtenberg spielt dabei offensichtlich auf Lavaters Aufforderung an *Moses Mendelssohn* (1729—1786) an, »entweder den Judenglauben innerhalb der Grenzen der Vernunft zu rechtfertigen oder Christ zu werden«, worauf *Mendelssohn* ihm zur Antwort gab, »er habe seinen Glauben gründlich überprüft und sei dabei erst recht darin bestärkt worden« (*Trepp* 1970, S. 68). — Gegen die Idee vom Dichter und Künstler als ›Originalgenie‹, der auch Lavater huldigte, schrieb Lichtenberg ›Parakletor‹, dessen drei verschiedene Titel einen Hinweis auf seine Absichten geben:

»1. *Parakletor* oder Beweis, daß man zugleich ein Original-Kopf und ein ehrlicher Mann seyn könne.

2. *Parakletor* d. i. Lehre und Trost für alle armen Seelen, die in diesen Tagen nicht in Original-Köpfen wohnen können« (*L. Ch. Lichtenberg, F. Kries,* 1800, S. XIV f).

3. »*Parakletor* oder Trostgründe für die Unglücklichen, die keine Original-Genies sind« (*Lichtenberg* 1800, S. 65).

Die Vehemenz, mit der sich Lichtenberg gegen bestimmte literarische Strömungen seiner Zeit wandte, hat durch den zeitlichen Abstand jener Epoche von der unsrigen viel von ihrem ursprünglichen Impetus verloren. Immerhin sind wir geneigt, die Kritik eher als gerechtfertigt zu akzeptieren, wogegen uns die Darstellungsart Lavaters befremdlich anmutet, da wir die dahinterstehende didaktische Absicht nurmehr schwer nachvollziehen können. Die zugrundeliegende Idee der damals moderne Gesichtspunkte enthaltenden Methodik Lavaters schildert *Rüsch* folgendermaßen: »Die Darlegungen sind oft in Gesprächsform gekleidet; der Verfasser setzt sich in Rede und Gegenrede, in Aufruf, Verneinung und Zustimmung mit anderen Ansichten auseinander. Seine Beobachtungen zählt er nicht trocken auf; er nimmt den Leser auf seinem Forschungswege mit und läßt ihn die Dramatik der physiognomischen Erkenntnis, die zuweilen einer unerwarteten Erleuchtung ähnlich ist, miterleben. Indem er Einsichten vermittelt, will er auch den Leser selbst in der physiognomischen Technik fördern. Dazu dienen die an moderne Tests erinnernden Fragenreihen zu Bildgruppen, die der Leser selbst beantworten soll. Lavaters Urteil findet er hinten angegeben, und so kann er seine Fähigkeiten und Fortschritte in der Menschenkenntnis nachprüfen« (*Rüsch* 1970, S. 15).

Gerade gegen diese kritiklos popularisierende Art fühlte sich der Naturwissenschafter Lichtenberg einzuschreiten verpflichtet. Es war sicherlich seine Absicht, die neuerstandene Wissenschaft vor folgenschweren Irrtümern zu bewahren und ihr eine realistischere Basis zu geben, als sie von Lavater vorgezeichnet wurde. Er konnte nicht voraussehen, daß er damit geistesgeschichtlich gesehen die Fragmente Lavaters zu einer Art Tabu stempelte, das heute noch spürbar nachwirkt. Seine Bemerkung, wie er seine Kritik verstanden haben wollte, blieb wohl unbeachtet: »Habe ich die Warnungs-Linie hier und da allzu weit vom Abgrund gezogen, so muß ein solcher Fehler bey einer Absicht gewiß verzeihlich seyn, bey welcher selbst Sophisterey verzeihlich wäre« (*Lichtenberg* 1801, S. 411). Seine etwas eng gezogene Warnungslinie hielt möglicherweise ab von der Betrachtung der Fülle von Anregungen, die in den Fragmenten Lavaters dennoch enthalten sind.

5. Psychologische Konzepte bei Lavater, Lichtenberg und Paracelsus

Jede ausdruckswissenschaftliche Aussage besitzt unweigerlich als Voraussetzung eine psychologische Hypothese oder Theorie. Auch in dieser Beziehung sind zwischen *Lichtenberg* und *Lavater* erhebliche Unterschiede festzustellen.

5.1. Die Einheitlichkeit des Menschen bei Lavater

Die gesamte Weltschau *Lavaters* ist stark von theologisch motivierten Idealismen durchsetzt, die auch in seiner Psychologie ihren Niederschlag finden. Er vertritt die Ansicht, der Mensch sei durch und durch einheitlich aufgebaut, wobei er kaum mehr zwischen physischen und psychischen Tatbeständen unterscheidet. Ähnlich seiner Analogie zwischen moralischer und körperlicher Schönheit postuliert er auch eine ›Homogenität der menschlichen Bildung‹: »Die Natur wirkt in allen ihren Organisationen immer von innen heraus; aus einem Mittelpunkt auf den ganzen Umkreiß. Dieselbe Lebenskraft, die das Herz schlagen macht, bewegt den Finger. Dieselbe Kraft wölbt den Schädel – und den Nagel an der kleinsten Zähe. Die Kunst flickt zusammen; die Natur nicht. Sie bildet alles aus Einem zu Einem. Aus dem Haupte den Rükken; aus den Schultern die Arme; ... Alles aus Wurzel und Stamm; aus Stamm in Äste; aus Ästen in Zweige; aus Zweigen in Blüthen und Früchte. Eins hängt am andern, als an seiner Wurzel. Eins hat die Natur des andern. Jedes ist dem andern gleichartig. ... Daher paßt kein Menschenfinger genau an eines andern Hand. Jeder Theil eines organischen Ganzen ist Bild des Ganzen; hat den Charakter des Ganzen. Das Blut in der Fingerspitze hat denselben Charakter des Blutes im Herzen. So die Nerven. So die Knochen. In allen lebt *Ein* Geist. ... – So wie aus der Länge des kleinsten Gliedes, des kleinsten Gelenkes an einem Finger, die Proportion des Ganzen, die Länge und Breite des Körpers gefunden und auch bestimmt werden kann; – so auch die Form des Ganzen aus der Form jedes einzelnen Theiles. Alles ist länglicht, wenn es der Kopf ist. Alles rund, wenn der rund ist. Alles geviert, wenn er geviert ist. Alles hat Eine Form; Einen Geist; eine Wurzel« (*Lavater* 1778, S. 40).

Diese letztere Klassifikation nach der Kopfform gemahnt stark an die Körperbautypen von *Kretschmer*. Allerdings sind die atypischen und dysplastischen Formen kaum berücksichtigt, wie überhaupt der ganze Gedankengang recht hypothetisch anmutet. Wird hier Harmonie als unbedingte Grundlage der menschlichen Formung verstanden, von der nur eine geringfügige Anzahl von Ausnahmen abweichen, oder als ein unter günstigen Bedingungen wirkendes Prinzip postuliert? Auch die nachfolgenden Erörterungen drücken sich nicht genauer aus:

»Daher ist jeder organische Körper so Ein Ganzes, daß ohne Disharmonie, Zerrüttung oder Verunstaltung nichts weggeschnitten, nichts angeflickt werden kann. Alles fließt am Menschen aus Einem in Eins. Alles ist an ihm homogen. Bildung, Statur, Farbe, Haar, Haut, Adern, Nerven, Knochen, Stimme, Gang, Handlungsweise, Styl, Leidenschaft, Liebe, Haß. Immer in allem zeigt sich ein und ebenderselbe. Er hat nur einen gewissen Spielraum, in dem sich alle seine Kräfte und Empfindungen regen. In diesem kann er frey wirken; aber über denselben nicht hinaus gehen. Jedes Gesicht verändert sich, wenn man will, obgleich unmerklich, auch in seinen festen Theilen alle Augenblicke. Aber jede Veränderung des Gesichtes ist dem Gesichte angemessen. Jedes hat ein besonderes Maaß und eine besondere ihm eigenthümliche Art von Veränderlichkeit. Es kann sich nur auf eine gewisse Weise verändern. Selbst das Affektirte, Angenommene, Nachgeahmte, Heterogene — hat wieder seine Individualität und Eigenthümlichkeit, die abermals aus der Natur des Ganzen entspringt, und *so bestimmt* nur in diesem und keinem andern Wesen möglich ist. —

Beynahe schäme ich mich, meinem Zeitalter das noch sagen zu müssen. Nachkommen! was werdet ihr von uns denken, daß ich noch beweisen mußte, und so oft so manchen seyn wollenden Weisen umsonst bewies — *Die Natur flickt nicht: Die Natur arbeitet aus Einem auf alles: Ihre Organisationen sind nicht* PIECES DE RAPPORT; *nicht musaische Arbeit. ... Die Entwürfe der Natur sind Entwürfe Eines Moments.* Ein Gedanke, Ein Geist ergießt sich durch alle Zweige nachheriger Entwicklung« *(Lavater* 1778, S. 40 f).

Diese eigenartig undynamische Auffassung weiß nichts von der Gegensätzlichkeit und den Widersprüchen der Seele, wie sie die Tiefenpsychologie aufgedeckt hat, sieht nicht das Drama im Menschen (*Kassner*), nicht den Geist als Widersacher der Seele (*Klages*) oder die Spannung zwischen Profil- und Frontalgesicht (*Picard*). Die Möglichkeit und Freiheit des Menschen, sich auch *gegen* seine Natur zu entscheiden, *Nein* sagen zu können zu seinem innersten Wesen, scheint unberücksichtigt.

Allerdings geben die oben zitierten, im vierten Bande der ›Fragmente‹ erschienenen Betrachtungen nicht eine eindeutige Auffassung Lavaters wieder. Einmal beziehen sich die Äußerungen wohl primär auf physische und nicht auf psychische Tatbestände, dann aber stehen sie auch nicht ganz im Einklang mit den Ansichten über die ›menschliche Natur‹, wie sie im ersten Bande geschildert wurden.

5.2. Das Animalische, das Intellektuelle und das Moralische; drei Aspekte des Lebens bei Lavater

In einem vom philosophischen (vgl. nächster Abschnitt) und psychologischen Standpunkte aus recht beachtenswerten Beitrag ›Über die menschliche Natur‹ schildert *Lavater* den Menschen als »das vollkommenste aller unsern Sinnen bekannten, organischen Wesen; das lebendigste unter allen. Es sind in keinem einzigen organischen Wesen so mannichfaltige Leben vereinigt, wie in dem Menschen. Er hat ein *physisches*, ein *intellectuelles*, ein *moralisches* Leben. Er hat Verstand, Willen, Kraft. Er kann *erkennen*, das Erkannte *wünschen* und *verlangen* – und sich wenigstens einen großen Theil davon *verschaffen*. Dieß dreyfache Leben im Menschen ist – zwar aufs genauste, vereinigt, und vielleicht im *Grunde* nur *Eins*; aber es läßt sich dennoch nicht nur in Gedanken unterscheiden, sondern es ist wirklich in dem Menschen selbst verschieden. So verschieden, als ein Glied vom andern ist. Jedes dieser Leben hat seinen eigenthümlichen Sitz, seine besondern Werkzeuge und Vehikuln. . . . wenn wir bloße Beobachter unserer Natur sind, so werden wir finden, daß der *Sitz der Denkenskraft* in unserm *Haupte* und zwar innerhalb der Stirne, der Sitz der Begierde, des Verlangens, mithin des *Willens* im Herzen, und der Sitz unserer *Kraft* im ganzen Körper und vornehmlich in der Hand und im Mund ist« (*Lavater* 1775, S. 33 f).

Zu dieser Stelle fügt Lavater in seiner 1777 veröffentlichten ›Revision des ersten Bandes‹ folgende Ergänzungen bei: »In Ansehung der *Denkenskraft* und *Würkungskraft*, ist die Sache keinem Zweifel ausgesetzt. In Ansehung des *Willens* bedarf sie noch einiger Erläuterung. Es ist ein Unterschied zwischen *Wollen* und *Begehren. Begierde* und *Willen*, so nahe sie verwandt, so sehr sie zusammen zu fließen scheinen – sind würklich wenigstens so verschieden, wie *imaginiren* und *denken. Wollen* ist der Brennpunkt – des Begehrens – ist Begehren mit *Kraft*. Was ich *will*, das *geschieht* – aber es geschieht nicht alles, was ich begehre. Ich gesunder *will* meine Hand bewegen, und bewege sie; ich lahmer *begehre, wünsche* sie zu bewegen, und bewege sie nicht« (*Lavater* 1777, S. 7).

Die Konsequenz dieser Gedanken steht in einem gewissen Widerspruch zu der behaupteten ›Homogenität der menschlichen Bildung‹. Die unterschiedliche Interdependenz der drei psychischen Aspekte, wie sie aus den nachfolgenden Erörterungen hervorgeht, ergibt eine dynamischere und wohl auch den Tatsachen entsprechendere Konzeption: »Dreyfach also, sag' ich, ist das Leben der Menschen, und jedes dieser Leben ist von dem andern abhängig und unabhängig. Man kann animalisch leben, animalisch gesund, und moralisch krank oder todt, moralisch gesund und lebendig, und physisch krank seyn – Man kann sehr scharfsinnige Schlüsse machen, und moralisch und physisch krank seyn. Die wirkliche Verschiedenheit dieser Leben erhellet nirgends her mehr, als aus der Verschiedenheit der Nahrung, die sie zu ihrer Unterhaltung bedürfen. Erkenntniß, Wahrheit, Wissenschaft in Worten und symbolischen Zeichen ist Nahrung für das Leben des Verstandes; rührende Beyspiele, sinnliche Darstellung der Bedürfnisse anderer, und entsprechender Hülfsbegierde und Hülfskraft, Nahrung für das Herz; Speise und Trank, oder – Fleisch und Blut anderer organischer Körper, die Nahrung für das physische Leben. Man kann einen Thoren mit Brod und Wein nicht zu einem Weisen machen; alle mathematische Demonstrationen werden das moralische Gefühl nicht beleben; und alles Moralisiren wird uns nicht beym Leben und bey Kräften erhalten« (*Lavater* 1775, S. 35).

Allerdings ist auch diese dreifache Ausprägung eine unverkennbare Einheit im Ich: »Die Verschiedenheit, und wenn ich so sagen darf, die Dreyfachheit des Lebens im Menschen ist also offenbar. So dreyfach indess das menschliche Leben ist, so ist es dennoch im Grunde nur Eines. Eben dasselbe einzige Ich denkt im Kopfe, empfindet im Herzen, leidet und handelt durch die Sinne. Jeder Zweig dieses Lebens rührt von *Einem* Geiste her – Und damit ich wieder auf die Hauptsache einlenke, – jede Art des Lebens haftet in körperlichen Organen« (*Lavater* 1775, S. 35). Die drei psychisch-physischen Aspekte des Menschen finden also ihre Ganzheit sowohl im einheitlich waltenden Geiste als auch in der Körperlichkeit, von der der Physiognome allein ausgehen kann, denn: »Wer den Menschen, das würdigste Wesen auf Erden, kennen will – der muß das physische, das an ihm kennen, was von ihm in die Sinne fällt« (*Lavater* 1775, S. 37).

Die Konzeption der drei Komponenten im Menschen führt in Ansätzen zu einem dynamischen Modell, wie es später unter der (im letzten Abschnitt beschriebenen) Homogenitätstheorie offensichtlich wieder verlassen wurde: »Er (der Menschenkenner; Verf.) muß sodann diese drey Leben in ihrem Zusammenhang, ihrer Vermischung, ihrer Einfachheit, Simultanität, Verwebtheit, oder wie man es nennen will, betrachten. Das heißt – er muß die Physiognomie des Körpers, der Wirkungskräfte, oder die *physiologische;* die des Verstands, der Erkenntnisskräfte, oder die *intellectuelle;* die des Herzens, der Empfindungskräfte, der Begierden und Leidenschaften, oder die *moralische* besonders – und sodann die drey Character in *Einem* als ein Ganzes erforschen lernen« (*Lavater* 1775, S. 37).

5.3. Lavater und Lichtenberg zur Frage von Beobachtung, Erfahrung und Empfindung

Die Angriffe, denen die oben dargestellte Konzeption *Lavaters* ausgesetzt war, führten dazu, daß Lavater sich im dritten Bande gegen den Vorwurf verteidigen mußte, er sei ein Materialist. Er bekannte bei der Gelegenheit, daß er keiner eigentlichen psychologischen Theorie anhange: »Übrigens gesteh' ich gern, daß ich nicht an irgend einen bisher bekannten Begriff – oder angenommenes System von der Seele glaube; daß mir alles – der Materialismus – und der ganze Wolfianismus hierüber gerade gleich abgeschmackt vorkommen; daß ich unter keinem von diesen beyden wählen möchte; noch mehr, daß ich gar kein System hierüber habe, und keines haben will, und es für schlechterdings unmöglich halte, ein wahres haben zu können. So wenig das Auge sich selber unmittelbar und ohne Spiegel sehen kann; so wenig glaub' ich, kann mein unsichtbares Ich von sich selbst, seiner metaphysischen Natur, den mindesten wahren Begriff haben! Es kann sich nur empfinden – nur mit andern Wesen vergleichen; nur sagen – ›ich – bin nicht das Auge, das Ohr; ich bin noch, wenn man mir Aug' und Ohr, Hand und Fuß nimmt‹ – Ich bin fest überzeugt, daß kein *Mensch,* und wenn alle *Wolfe* und *Leibnitze,* alle *Cartesiusse* und *Bonnets,* alle *Euler* und *Neutone* in ihm vereinigt wären – niemals wird entscheiden können – *was innere Geistesnatur* – innere *Körpernatur* ist – Und so lange sie davon nichts ganz gewisses wissen, davon keine anschauende Erkenntnis haben – halt' ich's für Vermessenheit und Träumerey, über die Natur der Seele und des Körpers, ihre Vereinigung und Ineinanderwürkung, *metaphysische Systeme* zu bauen" (*Lavater* 1777, S. 9). Er fügt bei, daß er im Menschen ein »unsichtbares, belebendes, sich selbst im Körper als *Herr* des Körpers empfindendes Wesen« (*Lavater* 1777, S. 9) anerkenne, obwohl er »dieses Wesen für schlechterdings unerforschlich, alle Bemühungen, das Wesen dieses lebendigmachenden Geistes zu erforschen, für Thorheit halte« (*Lavater* 1777, S. 9f).

Lavater stellt sich eindeutig gegen *Descartes,* für den gewiß ist, »daß ich von meinem Körper wahrhaft verschieden bin und ohne ihn existieren kann« *(Descartes* 1959, S. 141), wenn er schreibt: »Wird die *Liebe* oder der *Haß* zum *Willen,* so scheint sich die Bewegung des Herzens, wo nicht zu vermindern, doch mit der Bewegung gewisser physischer Faden, Nerven, Instrumente, des Geblüts im Haupte, in der Stirne merkbarer zu vereinigen – oder die aus Imaginationen gleichsam zusammengeschmolzene Empfindung, wobey das physische Herz sich schneller und merklicher bewegte, scheint sich wieder mehr in anschaubare Bilder aufzulösen, wenigstens scheinen sich die Farben der Bilder wieder lebhafter zu scheiden – und im Momente der Handlung selber scheint Kopf und Herz Ein Brennpunkt zu werden. Ich rede physisch, weil die physische Empfindung so ist. Es ist Unsinn und Blödigkeit: – Empfindungen der menschlichen Natur nicht sagen zu dürfen. Folge daraus, was folgen will!« (*Lavater* 1777, S. 7). *Descartes* (1959) fand demgegenüber in seinen ›Meditationen‹, es sei möglich, das ganze Ich klar und deutlich zu denken ohne die Vermögen der Einbildung und der Empfindung.

Ebenso wendet sich Lavater gegen den methodischen Zweifel an der res extensa, wie ihn *Descartes* äußert: »Was ist, oder mir als seyend vorkommt; was also *für mich – ist* – darf als seyend angezeigt und bezeugt werden – in so fern ein *Philosoph mit Philosophen spricht*« (*Lavater* 1777, S. 9). Er stellt sich somit bewußt auf den Boden der Alltagserfahrung.

In dieser Beziehung stimmt *Lichtenberg* mit Lavater überein, wenn er notiert: »Die Narren wären viel besser als unsere feinsten Philosophen, denn sie glaubten doch noch, was sie sähen und empfänden, da hingegen einige engländische Philosophen der Natur den Rücken kehrten, glaubten was sie nicht empfänden. Ich bin so weit davon entfernt, darüber zu spotten, daß ich vielmehr seine Empfindung verleugnen für einen Adlerflug von Vernunft halte, wogegen Sprache, Selbstmord und Wahnsinn bloße Flohsprünge sind. Das heiß ich Freiheit, ja müßten solche unternehmende Seelen des Essens und Trinkens wegen nicht wieder nach ihren Baracken der Erde zurückkehren, sie desertierten dem lieben Gott ganz und lebten wie der Teufel aparte« (*Lichtenberg* 1966, S. 47f). Oder an einer andern Stelle: »Alles was wir als Menschen für *reell* erkennen *müssen*, ist es auch wirklich für Menschen. Denn sobald es nicht mehr verstattet ist, aus jenem Naturzwang auf Wirklichkeit zu schließen, so ist an ein festes Principium gar nicht mehr zu gedenken« (*Lichtenberg* 1801, S. 85).

In einer weiteren Überlegung kommt er zu Gedankengängen, die der Phänomenologie *Husserls* bereits recht nahe kommen: »Ich glaube doch nun auch wirklich, daß die Frage, ob die Gegenstände außer uns objective Realität haben, keinen vernünftigen Sinn hat. Wir sind unserer Natur nach *genöthigt*, von gewissen Gegenständen unserer Empfindung zu sagen, sie befinden sich *außer uns;* wir können nicht anders. – Die Frage ist fast so thöricht, als die: ob die blaue Farbe wirklich *blau* sey. Wir können unmöglich über die Frage hinausgehen. Ich sage, die Dinge sind außer mir, weil ich sie so ansehen muß, es mag übrigens mit jenem *außer mir seyn* eine Beschaffenheit haben welche es will; darüber können wir nicht richten« (*Lichtenberg* 1801a, S. 88f). Der Wirklichkeitsanspruch der die ›objektive Welt‹ darstellenden Seinsphänomene wird bereits erahnt, aber noch nicht wie in der

Phänomenologie thematisch gemacht. Die Anregung zur Diskussion der ›objektiven Realität‹ dürfte unter anderem von *Kant* herstammen, mit dessen ›Kritik der reinen Vernunft‹ Lichtenberg sich mehrfach auseinandersetzte.

5.4. Manifestationen des Unbewußten bei Paracelsus und Lichtenberg

Während sich demnach die beiden Autoren *Lavater* und *Lichtenberg* in ihrer philosophischen Haltung recht nahe kommen, sind die Diskrepanzen ihrer psychologischen Konzeptionen umso auffälliger. Ein kleines Beispiel diene zur Illustration: *Lavater* findet — mit einigen Einschränkungen allerdings — den Satz ›Tugend befördert die äußere Wohlfahrt des Menschen, und Laster zerstört sie‹ »unläugbar« (*Lavater* 1775, S. 64). Demgegenüber stellt Lichtenberg fest: »Wenn die Menschen plötzlich tugendhaft würden, so müßten viele tausende verhungern« (*Lichtenberg* 1966, S. 72).

Die idealisierende Auffassung des Menschen, wie sie *Lavater* präsentiert, entspricht in keiner Weise der scharfsichtigeren, tiefsinnigeren Menschenbetrachtung, die sich bei Lichtenberg vorfindet. Lichtenberg steht in dieser Beziehung viel näher bei *Paracelsus:* bei beiden Autoren finden sich denn auch Hinweise auf Phänomene, die wir heute der Tiefenpsychologie zuordnen würden.

Gemeinsam ist ihnen die Beschäftigung mit den *Träumen,* von denen Lichtenberg sagt: »Aus den Träumen der Menschen, wenn sie dieselben genau anzeigten, ließe sich vielleicht vieles auf ihren Charakter schließen. Es gehörte aber dazu nicht etwa einer, sondern eine ziemliche Menge. ... Wenn die Leute ihre Träume aufrichtig erzählen wollten, da ließe sich der Charakter eher daraus erraten als aus dem Gesicht« (*Lichtenberg* 1966, S. 115).

Welche Bedeutung er den Träumen für das persönliche Leben beimaß erhellt aus den folgenden Gedanken: »Träume führen uns oft auf Umstände und in Begebenheiten hinein, in die wir im Wachen nicht leicht verwickelt werden können; oder sie lassen uns Unbequemlichkeiten fühlen, die wir vielleicht als klein in der Ferne verachtet hätten, in die wir aber vielleicht mit der Zeit verwickelt worden wären. Ein Traum kann daher oft unsern Entschluß ändern, und unsern moralischen Fond mehr sichern, als alle Lehren, die durch einen Umweg ins Herz kommen« (*Lichtenberg* 1801a, S. 118 f).

Noch stärker betont Paracelsus die Wichtigkeit der Träume: »Die Auslegung der Träume ist eine große Kunst; sie sind nie ohne Bedeutung, woher sie auch stammen mögen: aus der Phantasie, aus den Elementen oder aus einer anderen Eingebung. Es mag ihnen oft etwas Übernatürliches zu entnehmen sein« (*Jacobi*

1942, S. 143 f; *Paracelsus* 1929, S. 259). »Einer, der seinen Traum ernst nehmen, auslegen und sich danach richten will, der muß mit dem ›siderischen Wissen‹ um das ›Licht der Natur‹ begabt sein und darf sich nicht mit sinnlosen Phantasien abgeben, nicht hochmütig mit den Träumen umgehen; denn in solcher Art ist mit ihnen nichts zu erreichen. Die Träume muß man beachten und akzeptieren. Denn gar viele werden zur Wahrheit« (*Jacobi* 1942, S. 144; *Paracelsus* 1929, S. 491).

»Die Träume, die Übernatürliches künden, sind Verheißungen und Botschaften, die unmittelbar von Gott zu uns gesandt sind; sie sind nichts anderes als Seine Engel, Seine dienstbaren Geister, die uns zumeist in großen Nöten erscheinen und in solcher Gestalt, wie seinerzeit den drei Magiern, als sie auf der Suche nach dem neugeborenen Kindlein waren ... Wir müssen von diesen Erscheinungen wissen, wie sie geschehen und wie sie zu uns gelangen, und daß wir sie in großen Nöten von der Barmherzigkeit Gottes erbitten können, wenn unser Gebet im rechten Glauben aus wahrhaftigem Mund und Herzen kommt. Dann schickt Er uns einen solchen Boten, der uns im Geiste erscheint, uns warnt, tröstet, lehrt und Verheißung bringt« (*Jacobi* 1942, S. 145; *Sudhoff-Matthiessen* I/14, S. 520 f).

Wie die Träume nach Paracelsus auch für schöpferische Imaginationen und Intuitionen konstituierend sein können, zeigt folgende Passage: »Seit jeher sind den Künstlern im Schlaf und im Traume Lehren über die Künste zugekommen und geoffenbart worden, so daß sie allezeit vor Begierde danach entbrannten. Da konnte ihre Imagination Wunder über Wunder wirken und den Schattengeist der Philosophen an sich ziehen, der sie dann in seiner Kunst unterwies. Auch heute noch geschieht das immer wieder, nur wird der größte Teil davon vergessen. Wie oft kommt es doch vor, daß einer morgens, wenn er aufsteht, sagt: ›Ich habe heute Nacht einen wundersamen Traum gehabt‹, und daß er erzählt, wie ihm Merkur oder dieser oder jener Philosoph leibhaftig erschienen sei und ihm bald diese bald jene Kunst gelehrt habe, daß ihm aber der Traum dann wieder entfallen sei und er sich nicht mehr daran erinnern könne. – Wem es aber so ergeht, der sollte nach dem Aufstehen seine Kammer nicht verlassen, mit niemandem reden, solange einsam und nüchtern bleiben, bis ihm alles wieder einfällt und er sich seines Traumes entsinnt« (*Jacobi* 1942; S. 145 f; *Sudhoff-Matthiessen* I/14, S. 520).

Diese offene Haltung des Paracelsus allen Erscheinungen gegenüber findet ihre Entsprechung bei Lichtenberg, der sich nicht wie *Lavater* hauptsächlich für charakterologische Idealtypen interessiert, sondern die Bedeutung von Grenzphänomenen des Bewußtseins, beispielsweise von Träumen und Geisteskrankheiten, betont. Er findet: »Aus der Narrheit der Menschen in Bedlam müßte sich mehr schließen lassen, was der Mensch ist, als man bisher gethan hat« (*Lichtenberg* 1801a, S. 108). Er sieht die Bedeutung von *Assoziationen* wenn er gegen *Lavaters* Hypothese von der Analogie der körperlichen und der moralischen Schönheit einwendet: »Ich kenne einen denkenden Kopf, der sich den Teufel als die schönste Person denkt, als einen Engel ohne Flügel. Ich weiß keine Ursache anzugeben, als daß er ein fleißiger Leser des Milton, und aus dem Lande ist, in welchem die meisten, die an den Bettelstab oder den Galgen kommen, durch Engel ohne Flügel dahin gebracht werden. Freylich müssen wir das schöne Gesicht nicht oft bey seinen Teufelsthaten antreffen, sonst wird es sich bald in unsern Augen verteufeln; und wir werden bald einen vorher unbemerkten Zug abscheulich finden. So verhäßlicht uns das Gesicht eines Feindes tausend andere Gesichter, so wie hingegen die Miene einer Geliebten wiederum Reitz über tausende verbreitet. So fanden Cartesius und Swift, und vermuthlich unzählige Unbekannte, das Schielen reitzend; . . . Ideen-Association erklärt eine Menge von Erscheinungen in der Physiognomik, ohne daß man nöthig hätte, zu Schmälerung der Rechte der Vernunft, neue Sinnen anzunehmen, mit denen falsche, bequeme Philosophie und Neuerungsgeist seit jeher sehr freygebig gewesen sind« (*Lichtenberg* 1801, S. 452 ff).

Daß neben Assoziationen auch *Identifikationen* – oder aber simple *Nachahmungen* – die Schwierigkeiten physiognomischer Beurteilungen erhöhen können zeigt Lichtenberg in den folgenden Erörterungen auf: »Ich meine Nachäffung und Bestreben, seine Oberfläche der Oberfläche berühmter, bewunderter und beliebter Menschen ähnlich zu machen, ihre Fehler und lächerliche, ja böse Angewohnheiten nachzuahmen, bringt erstaunliche Revolutionen auf dem Gesicht hervor, die sich gar nicht bis in das Herz oder den Kopf erstrecken. So werden Kopfhängen, hochweises Stirnerunzeln, Lispeln, Stammeln, Gang, Stimme, die horchende Kopfhaltung, das kurzsichtige gelehrte Blinzen, vornehmes Trübsehen, empfindsame Melancholie, leichtfertige Lebhaftigkeit, das bedeutende Augenwinken und die satyrische Miene, andern nachgethan, so gut als das Gähnen; von einigen vorsetzlich und vorm Spiegel studiert, von andern ohne daß sie es wissen. Es giebt Leute, denen die Satyre selbst aus den Augen zu winken und zu spötteln scheint, und die dabey so unschuldig sind, wie die Lämmer, und eben so stumpf« (*Lichtenberg* 1801, S. 484 ff).

Paracelsus hinwiederum betont neben der Wichtigkeit der Träume die Möglichkeit der Erkenntnis ›menschlicher heimlikeit‹, die mit der Kunst der Signaturenlehre erfaßt werden könne. Ein Arzt dürfe nicht ohne diese Einsicht handeln. Es scheint, daß mit dieser immer wieder erwähnten Heimlichkeit des Menschen, die ein Ausschnitt aus der ebenfalls dank der Signaturenlehre und dem natürlichen Licht erkennbaren Heimlichkeit der Natur ist, ungefähr das umrissen wird, was wir heute das Unbewußte nennen, den oft dem freien Willen des einzelnen unerklärlichen Gegenpol des psychischen Geschehens. So zeugt es von seinem Wissen um die Problematik des gegensätzlichen Schattens (*Jung*), wenn er schreibt: »dan es ist ein groß kleinot eines menschen, der sein gegenteil im herzen erkent« (*Paracelsus* 1929, S. 179).

Wie weit nicht nur das Wissen um eine Anzahl großenteils unbewußt verlaufender psychischer Prozesse ging, sondern auch die subtile Beobachtungs- und Beschreibungsgabe Lichtenbergs, zeigen die folgenden, fast dichterisch anmutenden Betrachtungen: »Lange vorher, ehe ich das Porträt des Generals der Amerikanischen Rebellen Lee, gesehen hatte, habe ich mir ein Bild von ihm gemacht, das aus Deserteur und doppeltem e so wunderbar zusammen gesetzt ist, daß ich nie ohne Vergnügen daran denke. Wer über den Ursprung der Wörter nachgedacht hat, wird diese Bemerkung nicht unwichtig finden, und sie leicht an andere anzuketten wissen, die schon mehr ins Reine gebracht sind. Diese subtilen Feinde der Wahrheit, deren eine unzählige Menge in uns liegt, entfliehen bey hell-tagender Vernunft, einzeln, bey den meisten, aller Beobachtung. Kaum hat sich aber auch jener Tag in den Zwischenräumen eines unruhigen Schlafs, in einer Fieberhitze oder schwärmerischen Aussicht auf Restaurator-Ehre zur Dämmerung geneigt, so steigen sie oft zu einem hohen Grad von Klarheit vergrößert hervor, ich habe davon einige mit großem Vergnügen gehascht, und zu künftigem psychologischen Gebrauch in meinem Cabinet aufbewahrt. Jene Frau, die glaubte der Pabst müßte ein Drache, oder ein Berg oder eine Canone seyn, verdient mehr Aufmerksamkeit als Spott. Es geht uns allen so, wenn wir *träumen* und wer will die Gränze zwischen Wachen und Träumen angeben; so wie nicht jeder träumt, der schläft, so schläft auch nicht jeder der träumt« (*Lichtenberg* 1801, S. 494 f).

Von der feinsinnigen Betrachtung der Grenzphänomene zwischen bewußten und aufsteigenden unbewußten psychischen Vorgängen wie Assoziation, Identifikation und Traumwelt ist der Weg nicht mehr allzu weit bis zu dem schon 1846 von *Carus* postulierten Grundsatze: »Der Schlüssel zur Erkenntniss vom Wesen des bewußten Seelenlebens liegt in der Region des Unbewußtseins« (*Carus* 1846, S. 1). Doch vor der Erörterung des Carus'schen Beitrages zur Ausdruckswissenschaft sei im folgenden Abschnitt noch ein kurzer Überblick über die physiognomischen Forschungsbereiche gegeben, wie sie sich als Möglichkeiten gegen Ende des 18. Jahrhunderts präsentierten.

5.5. Lavaters Wünsche an eine zukünftige Erweiterung seiner ›Physiognomischen Fragmente‹

Am Ende seines letzten Bandes der Physiognomischen Fragmente gibt *Lavater* Hinweise für zukünftige ausdruckswissenschaftliche Forschungen. In einer ausführlichen, recht heterogenen Liste entwirft er eine Vielfalt physiognomischer Aspekte, die er einer näheren Untersuchung würdig erachtet. Es finden sich darunter Ausdrucks-Medien und -Subjekte gemischt mit Nebenforschungen einerseits, andererseits vermißt man einige von ihm schon behandelte Themen wie die Handschrift, die Pathognomik und psychologische Fragestellungen überhaupt. Seine Vision von den erweiterten Fragmenten gibt einen so guten Einblick in die Interessenlagen Lavaters und seiner Zeit, daß sie hier im Wortlaut aufgeführt sei:

1) Ich wünschte ein physiognomisches *Wörterbuch* – wo alle Gesichter und Gesichtszüge und Gesichtsformen und Fleisch und Nervenarten bezeichnende Wörter vorkämen, und genau bestimmt würden – alle übersetzbare physiognomische Wörter aus andern Sprachen gesammelt und übersetzt – alle unübersetzbare nationalisirt würden. Besonders gehörten dahin die Menge idiotische, größtentheils pöbelhafte Schweizerwörter, von so treffender specieller Bedeutung, desgleichen alle physiognomische *Sprüchwörter* aus allen Zungen und Völkern.
2) Eine ausführliche Abhandlung vom Lachen, Weinen, von der Stimme, vom Gesang.
3) Eine umständliche Widerlegung des *Helvetius* von der natürlichen Gleichgeschicklichkeit aller Menschen, zu allen Sitten, Fertigkeiten, Künsten.
4) Eine *National-Physiognomik*.
5) Eine *Familien-Physiognomik*.
6) Eine für *Fürsten* besonders. Eine für *Richter* und *Verhörer*.
7) Zeichnungen und Charakterisierung allerley Arten von *Melancholikern, Angefochtenen, Schwärmern*.
8) Eine *Talent-Physiognomik*.
9) *Physiognomik der Dichter*.
10) Für *Herrschaften*; für *Dienstboten*.
11) Eine unermeßliche für *Hofleute*.
12) Eine für *Gelehrte* und *Schriftsteller*.
13) Eine besondere für *Geistliche, Pfarrer, Lehrer*.
14) Eine für Aeltern und Erzieher.
15) Eine besondere für *Mahler* und *Bildhauer*.
16) Für *Patrioten* eine.
17) Eine für *Jünglinge; Jungfrauen; Frauenzimmer*.

18) Eine *Semiotik* und *Temperaments-Physiognomik* für Aerzte.
19) Eine für *Kaufleute.*
20) Eine für *Reisende.*
21) Eine für *Liebende;* für *Freundschaftsbedürftige;* für *Freunde.*
22) Eine für *Menschenfreunde;* für *Gutherzige;* für *Schwache.*
23) Eine für *Kranke.*
24) Eine für *Hartherzige.*
25) Für *Argwöhnische.*
26) Für *Blinde.*
27) Eine *Pantomimik,* oder *Gebärdenlehre.*
28) Eine besondere Abhandlung *von der Statur und Gesichtsform überhaupt.*
29) Eine *Farben-Physiognomik.*
30) Eine *Physiognomik der Augen allein.* Und so aller einzelnen Glieder.
31) *Mathematische Demonstration der Schädelumrißverhältnisse.*
32) *Moralische Regeln* und *-Gebete für verschiedene Classen* von Gesichtern.

Endlich wünschte ich einen bestimmten *Plan zu einer physiognomischen Akademie«* (*Lavater* 1778, S. 482 f).

Die meisten seiner Wünsche wurden nicht erfüllt, und auch er selbst schrieb keine ausführlichere Physiognomik mehr, wie er es ursprünglich beabsichtigte. Die Nachwirkung der Kontroverse mit *Lichtenberg* und die Enttäuschung mit der Phrenologie *Galls* (1758 bis 1828) brachten es mit sich, daß sich nach der Jahrhundertwende nur noch wenige ernsthafte Forscher um ausdruckswissenschaftliche Problemstellungen bemühten.

6. Der ›Romantiker‹ Carus: Der Organismus als Symbol der Idee der Seele; das Unbewußte

6.1. Carl Gustav Carus (1789—1869); Ausgangspunkt seiner Lehre

Einer der wenigen, der sich trotz allgemeiner Rückschläge der Physiognomik mit der Ausdruckswissenschaft befaßte, war der Mediziner *Carl Gustav Carus.* Er beschäftigte sich gleichermaßen mit der Erweiterung der von *Goethe* verfolgten Morphologie wie mit Psychologie und Ausdruckswissenschaft. Im Gegensatz zu den fragmentarischen Ansätzen von *Lavater* und *Lichtenberg* veröffentlichte er mit seiner ›Symbolik der menschlichen Gestalt‹ ein für seine Zeit einmalig klares und umfassendes Werk. Er arbeitete in der Ausdruckswissenschaft selbst das aus, was er in einem frühen Vortrag (1822) von der Naturwissenschaft forderte, weil sie ihm zu einseitig schien: »Betrachten wir aber den gegenwärtigen Stand der Naturwissenschaften, von welcher Seite wir wollen, so ist nicht zu verkennen, daß die philosophische Seite, die Seele derselben, unverhältnismäßig in ihrer Ausbildung hinter der sinnlichen Seite, gleichsam dem Leibe derselben, zurückgeblieben sey. Eine fast unübersehbare Masse einzelner Beschreibungen und Beobachtungen hat sich gesammelt, und unermüdet werden immer neue Formen, immer verwickeltere Erscheinungen aufgesucht. Weit weniger aber sieht man ein ruhiges und klares Bestreben, die Bedeutung der bekanntesten Formen zu erforschen, in der Mannichfaltigkeit der Phänomene die einfachsten, die Ur-Phänomene, zu erkennen, und aus diesen combinatorisch die Vielheit abzuleiten« (*Carus* 1928, S. 12).

6.2. Die Symbolik der menschlichen Gestalt

6.2.1 *Sinn und Geschichte der ›Symbolik‹*

Als eines der Urprinzipien sieht Carus das Ahnen oder Erkennen eines Übersinnlichen hinter einem Sinnlichen, eines Geistigen hinter einem Leiblichen. Es sei die höhere Aufgabe der Symbolik der neueren Zeit, das Sinnbild zu verlassen, »um den *Sinn* und die Bedeutung in der Natur an und für sich selbst zu erfassen. Im höchsten Sinne streben wir jetzt eigentlich dahin, die Welt überhaupt als das Symbol des höchsten ewigen Mysteriums der Gottheit, und den Menschen als das Symbol der göttlichen Idee der Seele anschauen und verstehen zu lernen, und indem in diesem Sinne hier in Wahrheit unermeßliche und unendliche Aufgaben sich herausstellen, zieht die Symbolik eigentlich *das ganze Gebiet des Kosmos* einerseits, wie andererseits *das Gebiet der Morphologie und Physiologie* in ihren Bereich. Man kann sagen, die Symbolik werde auf diese Weise übersinnlicher und sinnlicher zugleich, gegen die der vergangenen Zeiten; denn wenn dem alten Assyrer der geflügelte Löwe das Symbol des zeugenden weltschaffenden Geistes und des männlichen Princips selbst war, sowie der geflügelte Stier das des empfangenden, die Formen zur Wirklichkeit bringenden Aethers und des weiblichen Princips überhaupt, . . . so erkennt das rechte Schauen der Wissenschaft unserer Zeit, in den mystischen Spiralbewegungen der Gestirne an und für sich, das Symbol der Unendlichkeit der Welt, es erkennt in dem Verhältniß von Sonne und Planet ein unmittelbares Symbol der wunderbaren Wechselwirkung eben jener höchsten männlich befruchtenden und begeistigenden, sowie der weiblich empfangenden und gestaltenden Naturkräfte, ihm ist die Pflanze mit ihrer geheimnißvollen Entwicklung das Symbol der unbewußt sich darlebenden Seele, und der Mensch hinwiederum, in der vollen Unergründlichkeit, Weisheit und Unermeßlichkeit seiner Organisation, wird ihm als Mikrokosmos zum Ebenbilde (Symbol) der Welt und der Weltseele überhaupt« (*Carus* 1858, S. 3 f).

Es scheint Carus nicht bekannt gewesen zu sein, wie nahe er sich der Gedankenwelt *Paracelsus'* befand. Jedenfalls billigt er dem Mittelalter nur eine Symbolik zu, die sich in das religiöse Gebiet verlor, und in die das Christentum eine Menge von Sinnbildern einführte, »welche ... zur Erläuterung höherer geistiger und gemüthlicher Anschauungen und Erkenntnisse gebildet wurden« (*Carus* 1858, S. 3). In Abhebung von einer solchen allegorischen Deutungsweise will er eine nicht mit früheren Perioden vergleichbare Symbolik schaffen. Darin ist der Mensch in seinem »Wunderbau ... *die erste That der Seele,* oder vielmehr der Idee, und zwar eine solche, durch welche die Idee zur Seele und zum Geiste sich entfaltet; wir betrachten daher diesen Bau mit Recht als das höchste Zeichen, als *das eigenste Symbol dieser Idee,* und wie *Goethe* als Gleichniß des Lichts sagt: ›Vergebens bemühen wir uns den Charakter eines Menschen zu schildern; man stelle dagegen seine Handlungen, seine Thaten zusammen, und ein Bild des Charakters wird uns entgegentreten‹, so studiren wir das Ergebniß der bildenden Thaten der Idee, *die Organisation,* und zwar hier insbesondere *die gesamte äußere Erscheinung des Menschen,* und das Bild seines innern seelischen Seins, *sein Charakter,* muß uns deutlicher und verständlich daraus entgegentreten« (*Carus* 1858, S. 4).

Von diesen Prämissen ausgehend will Carus die Konstitution, das Temperament und die geistigen Anlagen des Menschen darzulegen und aus der Leibesgestalt zu erkennen versuchen, und zwar mit Hilfe der Organoskopie, der Physiognomik und Pathognomik. Dabei soll die Konstitution sich vor allem durch Zeichen am Stamme und an dessen Gliedmassen kenntlich machen, während die Symbolik der Temperamente vermehrt den Zügen des Antlitzes und die der geistigen Anlagen hauptsächlich dem Baue des Schädels zu entnehmen sein sollen. Gerade dieser letztere Punkt zeigt den Einfluß der Phrenologie von *Gall* auf die Carus'sche Symbolik. Immerhin weist Carus darauf hin, *Gall* und speziell seine Nachfolger hätten den ursprünglich fruchtbaren Ansatz bis zum Extrem verfolgt und so das, was zunächst gut war, zuletzt ins Absurde verkehrt. So sei das ursprünglich Physiologische und Symbolische umgearbeitet worden in eine Organlehre in der das Gehirn zu einem materiellen Fachwerk wurde.

Als weitere Vorläufer seiner Symbolik gibt Carus die nach Proportionsmassen gestalteten Kunstwerke der alten Ägypter an, dann mittelalterliche Bestrebungen, die allerdings oft sehr willkürliche oder auch abergläubische Beziehungen zwischen körperlichem und psychischem Sein aufgesucht haben sollen. Einzig der

Neapolitaner *Porta* trete mit einer merkwürdigen Ahnung einer wirklich philosophischen Richtung hervor, da ihm nicht nur der Parallelismus zwischen den unendlichen Verschiedenheiten der menschlichen Individualität und der ebenso unermeßlichen Mannigfaltigkeit in den Geschlechtern der Tierwelt aufgegangen sei, sondern weil er auch zuerst seine physiognomischen Untersuchungen auf den *gesamten Bau* des Menschen und alle seine äußern Organe verbreitete. – »Jedenfalls verdient er als der erste und, ich darf es wol hinzufügen, bis auf die neueste Zeit einzige betrachtet zu werden, welcher des Gesammtbegriffs Dessen, was ich nun mit einem umfassenden Namen, die *Symbolik der menschlichen Gestalt* genannt habe, wirklich fähig war« (*Carus* 1858, S. 48).

Seine anschließende Schilderung *Lavaters* zeigt Züge dieses Mannes, die auch in unserem Zusammenhang ein recht aufschlußreiches Bild geben: »Von Porta an ist dann eigentlich bis zu den mehrfach schon erwähnten Bestrebungen des enthusiastischen Predigers Joh. Kaspar Lavater, von nennenswerthen Fortschritten in der Symbolik nichts Besonderes aufzuführen, und daß selbst aus diesen Bestrebungen wirklich Großes und Bleibendes nicht hervorgehen konnte, das war in der Individualität dieses Mannes an sich hinreichend begründet. – Lavater nämlich, im Jahre 1741 zu Zürich geboren, wo sein Vater geachteter Arzt war, möchte gar wohl, wenn eine verständige Leitung ihn zeitig entschiedener zu den Naturwissenschaften geführt hätte, Gründlicheres im physiognomischen Fache, zu welchem ihn seine still grübelnde, mystisch schauende Natur immerfort hindrängte, geleistet haben, so aber, wo nicht einmal das classische Alterthum ihm seine Tiefen aufschloß, und ein auch nicht sehr streng verfolgtes theologisches Studium ihn allmälig auf ganz andere Wege führte, mußte freilich eine große Lückenhaftigkeit und Unvollkommenheit seine Werke bezeichnen. Bei alledem wird er immer in der Geschichte der Symbolik einen merkwürdigen Platz einnehmen; jenes Seherhafte, ... über welches ich Goethe's Zeugniß anführte, hat ihm vielfältig doch Anschauungen gegeben, welche wir nicht verfehlen werden im Nachfolgenden oftmals zu benutzen, und was er selbst somit ohne eigentliche Wissenschaftlichkeit gefunden hat, soll doch künftighin der Wissenschaft unverloren bleiben« (*Carus* 1858, S. 49).

Man findet denn auch bei Carus oftmals eingestreute Bemerkungen und Äußerungen *Lavaters*, die ihm als Anknüpfungspunkte dienen.

6.2.2 *Der ›organische Modul‹ als Proportionsmaß der Idealgestalt*

Da Carus davon ausgeht, daß das Verhältnis der Idee zur Erscheinung als das einer Ursache zur Wirkung deutlich erfaßt« (*Carus* 1858, S. 26) werden müsse, gilt es zunächst, die der höchsten Idee des Menschen entsprechende Idealgestalt aufzusuchen. Carus stellt zu diesem Zwecke eine in der morphologischen Bedeutung der Wirbelsäule begründete Proportionenlehre auf, deren Einheitsmaß, der organische Modul, einen Drittel des freien Rückgrats beträgt. Diese Proportionen sollen als Mitte gelten, von der her Abweichungen interpretiert werden können. Die Idealgestalt muß von der Irrationalität der Natur her gesehen rein theoretisch bleiben, da beispielsweise nur schon das scharfe Gesetz der Symmetrie in der lebendigen Natur aufgehoben ist; überdies müßte der geschlechtslos wirkende Idealkörper charakterlos und bedeutungsleer wirken. Zum Studium besonders empfohlen werden demgegenüber die einseitigen Talente: »Diese Naturen sind es auch, an welchen der Symboliker dann die Bedeutung der dieser besonders accentuierten Anlage bestimmten Kennzeichen namentlich zu studiren hat, und woraus die Symbolik selbst eine wesentliche Vervollständigung schöpfen kann . . .« (*Carus* 1858, S. 39 f). Die gewöhnliche Menge ›elementarischer Menschheit‹ zu erforschen wäre wenig ergiebig, hingegen seien die Massen geeignet, »um gewisse größere durch die Beziehung zu den Himmelsstrichen des Planeten gegebene Charaktere der Volksstämme herauszufinden und zu unterscheiden« (*Carus* 1858, S. 40).

Wie bei *Lavater* wird also auch bei Carus ein menschliches Ideal postuliert, an dem die individuelle Einzelgestalt gemessen werden soll. Während aber bei *Lavater* ein polares Verhältnis besteht zwischen Häßlichkeit und Schönheit einerseits und andererseits eine Parallelpolarität zwischen moralischer Häßlichkeit und Schönheit, so finden wir bei Carus gewissermaßen eine zentrale Idee der Schönheit, von der die Häßlichkeit sowohl auf die Minusseite wie auf die Plusseite abweicht. Die Mitte wird so gleichsam zum unerreichbaren Extrem. Carus formuliert sein Axiom folgendermaßen: »Fortan werde ich daher als eine begründete Wahrheit voraussetzen dürfen, *daß die reine Mitte echt menschlicher Bildung und Gestalt, eben darum das Symbol einer hohen göttlichen Idee, eben darum ein zeitliches Ebenbild ewigen göttlichen Wesens, und eben darum auch die schönste aller ähnlichen irdischen Bildungen genannt werden dürfe, weil sie, nach der Art ihrer Gliederung, unter allen uns denkbaren, die mit höchster Weisheit und mit vollendetstem Tiefsinn innerlich und äußerlich construirte und ausgeführte ist«* (*Carus* 1858, S. 70).

In der praktischen Abhandlung geht Carus auf die symbolische Bedeutung der einzelnen Körperteile ein, wobei er von morphologischen Gesichtspunkten ausgeht und betont, wie wichtig auch die physiologische Symbolik sei, die bei früheren Autoren noch vollständig gefehlt habe. In ausführlichen und zum Teil auch heute noch als wertvoll zu bezeichnenden Einzelanalysen werden die Ausdrucksgehalte der Körperregionen dargestellt, wobei Carus betont, die rechte Symbolik menschlicher Gestalt dürfe nie einseitig, sondern müsse »immer nach Übereinstimmung aller Symptome zugleich urtheilen« (*Carus* 1858, S. 200f); auch hier wird also die Forderung nach einer mehrfachen Determiniertheit physiognomischer (i. w. S.) Urteile erhoben.

6.3. Psyche: Grundkonzeptionen einer modernen Tiefenpsychologie und Anthropologie

6.3.1 *Erforschung des Unbewußten als Aufgabe der Psychologie*

Die bei *Carus* zugrundeliegenden fundamentalen psychologischen Prinzipien wurden bereits früher, in dem 1846 erschienenen Werk ›Psyche‹, ausführlich dargelegt. Er geht dabei von dem bereits erwähnten Kernsatz aus, »Der Schlüssel zur Erkenntniss vom Wesen des bewußten Seelenlebens liegt in der Region des Unbewußtseins« (*Carus* 1846, S. 1). Gleichzeitig seine Auffassung von der grundsätzlichen Aufgabe der wissenschaftlichen Psychologie formulierend, fährt er fort: »Alle Schwierigkeit, ja alle scheinbare Unmöglichkeit eines wahren Verständnisses vom Geheimniss der Seele wird von hier aus deutlich. Wäre es eine absolute Unmöglichkeit, im Bewußten das Unbewußte zu finden, so müßte der Mensch verzweifeln zum Erkennen seiner Seele, d. h. zur eigentlichen Selbsterkenntniß zu gelangen. Ist diese Unmöglichkeit nur eine scheinbare, so ist es die erste Aufgabe der Wissenschaft von der Seele, darzulegen, auf welche Weise der Geist des Menschen in diese Tiefen hinabzusteigen vermöge« (*Carus* 1846, S. 1).

6.3.2 *Vorläufer der Theorien vom Vorbewußten (Freud), vom kollektiven Unbewußten und der Synchronizität (Jung)*

Carus entwickelt eine vollständige Psychologie des Unbewußten mit seinen Wechselwirkungen zum Bewußtsein, ohne allerdings eine therapeutische Methode wie die Psychoanalyse zu entwickeln. Nach ihm entsteht aus dem allgemeinen absolut Unbewußten des embryonischen Daseins im späteren Leben das Bewußtsein, die Idee wird wirklich Seele, »aber auch hierbei verbleiben alle Vorgänge des bildenden zerstörenden, und wieder gestaltenden Lebens ganz ohne Theilnahme des Bewußtseins, und ein solches Unbewußtes ist daher nicht mehr ein Allgemeines, sondern nur *ein Partielles*. Dem absoluten oder schlechthin Unbewußten ferner, wie es bald als allgemeines, bald als partielles erkannt wird, steht gegenüber das *relativ Unbewußte,* d. h. jener Bereich eines wirklich schon zum Bewußtsein gekommenen Seelenlebens, welcher jedoch für irgend eine Zeit jetzt wieder unbewußt geworden ist, immer jedoch auch wieder ins Bewußtsein zurückkehrt, ein Bereich, welcher immerfort selbst in der ganz gereiften Seele den größten Theil der Welt des Geistes umfassen wird, weil wir in jedem Augenblick doch immer nur einen verhältnismäßig kleinen Theil von der ganzen Welt unserer Vorstellungen wirklich erfassen und gegenwärtig halten können« (*Carus* 1846, S. 66 f).

In seiner Unterscheidung zwischen dem relativen und dem absoluten Unbewußten — wie es sich zum Beispiel in den Körpervorgängen darlebt — befindet sich Carus sehr nahe der Lehre *Freuds* vom Vorbewußten. Überhaupt mutet seine Lehre vom Unbewußten — vielleicht abgesehen vom ausgesprochen romantischen Einschlag — recht modern an, am besten wohl vergleichbar mit *Jungs* Analytischer Psychologie. So finden wir eine Entsprechung der Lehre vom kollektiven Unbewußten in der Äußerung von Carus, »daß, wenn das Bewußte des Organismus erst die Individualität und zuhöchst die Persönlichkeit und Freiheit erscheinen lasse, das Unbewußte des Organismus dagegen ihn enger an das allgemeine Leben der Welt binde, ihn gleichsam *verallgemeinere,* und daß er daher, als ein Unbewußtes, eigentlich auch von allen Regungen der Welt durchzogen sei und daran Theil habe, ja daß in ihm nicht allein Fernes und Nahes und überhaupt Räumliches, sondern auch Vergangenes und Zukünftiges und überhaupt Zeitliches sich durchdringe und begegne« (*Carus* 1846, S. 219). Durch diese Besonderheit der Dimensionen der Räumlichkeit und Zeitlichkeit im Unbewußten sei es auch erklärbar, weshalb dem Schlafenden Ahnungen und ›Fernsehen‹ — wie es Carus nennt — zugänglich sein können, Phänomene also, die beim späten *Freud* unter dem Namen Telepathie, bei *Jung* unter dem der Synchronizität beschrieben werden.

6.3.3 *Das Prometheische und das Epimetheische*

Die Bemerkung *Jungs,* »daß die Zukunft sich im Unbewußten auf lange Sicht vorbereitet und darum von Hellsichtigen auch schon lange vorher erraten werden kann« (*Jung* 1962, S. 238) findet ihre Entsprechung bei Carus in seiner ausführlich erörterten Lehre vom epimetheischen und prometheischen Charakter des Unbewußten. Das Epimetheische, das Nachgefühl des Vorherdagewesenen, sei beispielsweise wirksam, »wenn das ein Jahrtausend trocken aufbewahrte Samenkorn die Gestalt der Pflanze, von welcher es stammt, mit der Deutlichkeit festhält, daß es dieselbe, so wie Feuchtigkeit, Nahrung und Wärme ihm geboten werden, mit allen Einzelnheiten des mikroskopischen Zellenbaues wieder darzustellen vermag ...« (*Carus* 1846, S. 28). »Wenn andern Theils, während der Embryo noch von der Atmosphäre, in welche er später eintreten soll, nicht die mindeste Ahnung haben zu können scheint, in ihm doch schon mit größter Vollständigkeit das wunderbare Gewebe des Lungengebildes vorbereitet wird, in welches diese Atmosphäre doch erst nach der Geburt eindringen soll, ... wenn die die Eier des Nachtschmetterlings deckenden Absonderungen stärker sich ergießen, so bald ein strengerer Winter bevorsteht, ..., so deutet dies Alles wieder die Macht des Prometeischen und die *Sicherheit* des Unbewußten Vorausschauens auf das Bestimmteste an« (*Carus* 1846, S. 28 f).

6.3.4 *Die Instinktentbundenheit als Voraussetzung der Freiheit; Instinktforschung an Tieren*

Die Beziehungen zwischen dem Bewußten und dem Unbewußten entstehen bei Carus genetisch gesehen schon in der Tierwelt, wobei es Aufgabe einer Tierpsychologie sein müßte, »eine bestimmte Darstellung zu geben des in verschiedenen Gattungen auf so verschiedne Weise aus dem unbewußten Seelenleben hervortretenden und geistig sich offenbarenden bewußten Seelenlebens. Hiebei würde namentlich hervorzuheben sein, daß dieses bewußte Seelenleben sich offenbare, theils auf negative Weise, indem es mehr oder weniger die Nothwendigkeit des unbewußten Seelenlebens ganz aufhebt oder doch bedeutend umändert; theils auf positive Weise, indem ein mehr selbstständig werdender Verstand und Wille und ein deutliches sich kund gebendes Selbstgefühl allmählig wirklich im Thiere hervortritt.

Das erstere, das *negative* Verhalten ist besonders merkwürdig, bisher jedoch als solches weniger beachtet, obwohl es sehr einleuchtend sein muß, daß gerade *da*durch daß ein früherhin Unabänderliches, ein früher unerläßlich Gefordertes, nunmehr wenigstens theilweise auch aufgehoben werden *kann,* entschieden ein Strahl der Freiheit sich geltend macht, welcher wesentlich geeignet sein muß, die erste Morgenröthe vom eigentlichen Reiche des Geistes zu verkünden«(*Carus* 1846, S. 141 f).

Es wird hiemit also bereits das Bewußtsein als Bedingung der Möglichkeit einer Instinktentbundenheit postuliert und zugleich darauf hingewiesen, daß eine Erforschung der unbewußten Naturtriebe beim Tiere auch für den Menschen wesentliche Aufschlüsse ergeben müßte, eine Vermutung, die durch die Ergebnisse der modernen Verhaltensforschung und neuerdings auch der Humanethologie weitgehend bestätigt wurde.

6.3.5 *Das Böse als Resultat einer Dynamik von inneren und äußeren Faktoren*

Die Möglichkeit der Negation wird bei Carus aber auch als Wurzel des Bösen eingesetzt, das nach ihm nur bei einem höheren Selbstbewußtsein auftreten kann, während die zerstörerischen Naturkräfte »in ihrem unbewußten und eben darum doch göttlichen Walten« (*Carus* 1858, S. 20) nicht als dem Prinzip des Bösen zugehörig angesprochen werden könnten. Da jedoch »ein wirkliches bewußtes Böses im menschlichen Geiste wirklich vorkommt, so nöthigt dies uns, es anzuerkennen, daß neben allem Wissen von jenen höchsten Ideen (was wir auch als *Gewissen* bezeichnen) allerdings ein zeitweiliges Verneinen derselben möglich werde, ein Verneinen, welches — eben weil das Wahre zugleich mit gewußt wird — als *Lüge* erscheint und es somit rechtfertigt, die Lüge als das Ur-Böse überhaupt zu betrachten« (*Carus* 1858, S. 20).

Das Böse entsteht somit im Konflikt des Bewußtseins mit dem Unbewußten, durch das seinerseits jede Gefühlsstimmung des Menschen bedingt wird, so auch das »Gefühl *des Glücks,* d. i. des vollen Befriedigtseins, als Gipfelpunkt und daher als stetes Sehnsuchtsziel seines irdischen Daseins ... Die Welt jedoch, ... indem der Mensch in ihre Schlangengewinde eingeht, gibt sie ihm keine Gewährung eines irgend beständigen Glücks; alle Augenblicke sieht er in ihr seine Lebensgüter bedroht, Das, was er sein Glück nennt, gefährdet, und es gilt ihm daher, so lange er noch nicht zum Schauen des höhern Ewigen in allem diesen Zeitlichen innerlich gereift ist, nach außen einen fortwährenden Kampf, um auch gegen die Wechselfälle des Lebens selbst dieses sein Glück sich zu sichern oder zu erstreiten. Alles, was wir nun Sünde, Laster, mit einem Worte *das Böse* nennen, fällt in den Bereich dieses Strebens, dieses Kampfes und des daran sich knüpfenden Hassens oder Verlangens, und findet zugleich in der dadurch gesetzten Unruhe, wie in dem schmerzlichen Gefühl einer Verleugnung bessern Wissens und Gewissens, seine Qual und Strafe« (*Carus* 1858, S. 21).

Aus dieser Konzeption heraus entwickelt Carus eine dynamische Auffassung des Bösen, deren wichtigste Komponenten das Urteilsvermögen und die ›Heftigkeit der Begehrung‹ sind. Es gäbe keine ›Liebe zum Bösen selbst‹ und auch kein ›Naturverlangen nach der Sünde‹; aus diesem Grunde dürfe von der Symbolik nicht gefordert werden, »daß sie Zeichen *davon* aufstelle und nachweise, ob ein Mensch in seinem Innern geradezu *gut* oder *böse* sei, und ob *dies oder jenes Sündhafte ihm angeboren sei* oder nicht ...« (*Carus* 1858, S. 23), sondern es gelte den Grad des Erkenntnis- und Begehrungsvermögens abzuschätzen. Ein schwaches Erkenntnisvermögen könne zu einem falschen Urteil über das vermeintliche, durch eine Handlung zu erreichende Glück führen, was der in der Endlichkeit und Beschränktheit des menschlichen Wesens gegebenen Möglichkeit des Irrtums entspreche, während die heftige Begehrung dieses vermeintlichen Glücks dem eng mit dem Selbsterhaltungstriebe verbundenen Streben nach Wohlbefinden und Glück entstamme. Es seien diese gegebenen Anlagen, »welche unter gewissen Bedingungen des Lebens ihn leichter der Versuchung zu irgend einem Bösen erliegen, oder ihn dieselbe siegreich bekämpfen lassen werden« (*Carus* 1858, S. 23). Mit dieser letzteren Anmerkung führt Carus ein situatives Moment in die ausdruckswissenschaftliche Problemstellung ein; der Mensch wird nicht mehr als ein absolut Handelnder aufgefaßt, sondern in einen Kontext von Interaktionen gestellt, die zwischen ihm und der Außenwelt, letztlich aber auch zwischen innerpsychischen Instanzen stattfinden.

6.3.6 *Der Entheismus*

Weltanschaulich gesehen bekennt sich Carus zum Entheismus, der Erkenntnis des Göttlichen in allem, in strenger Abhebung vom Pantheismus, der die Meinung vertrete, daß vieles einzelne schon eine absolute Gottheit sein könnte. Damit wird ihm die Symbolik – ähnlich wie *Paracelsus* die Signaturenlehre – zu einem Werkzeug der Erkenntnis des verborgenen Göttlichen. Er nennt deshalb die wesentlichste Aufgabe der Symbolik eine divinatorische, »denn sie soll uns weissagen oder wahrsagen von einem Göttlichen, d. i. von der innersten Idee des Menschen, also von demjenigen Unsaglichen und Gedankenhaften, in welchem alles Denken und alles Sagen, wie alles Empfinden und Wollen, ja alles Bilden und alles menschliche Leben, als in einem höchsten Urquell bedingt ist« (*Carus* 1858, S. 10). Es scheint, daß eine dergestalt romantische Weltschau zu einer Zeit des Positivismus und der rationalistisch-materialistischen Naturwissenschaften, wie sie in der Mitte des vorigen Jahrhunderts herrschte, nicht mehr diskutabel war. Jedenfalls wird Carus bei dem wenig später publizierenden, sehr belesenen *Piderit* (1867) bloß als ein »mit einem großen Aufwande von Geist und Gelehrsamkeit die alte Hypothese des *Aristoteles* bis in die kleinsten Details« (*Piderit* 1867, S. 122) auszuführen suchender Autor geschildert, dessen Erörterungen im entschiedensten Widerspruche mit der Erfahrung stünden. Dies, obwohl Carus die Tierwelt allgemein bloß in physiologischer und morphologischer Hinsicht zu Vergleichen heranzieht.

6.3.7 *Leib und Seele*

Carus wendet sich ausgesprochen gegen die gewöhnliche Unterscheidung von Leib und Seele. Denn wie wäre es möglich –

schreibt er in einer Anmerkung zur zweiten Auflage von ›Psyche‹ –, »daß, wenn nicht *das*, was bildend und schaffend in uns wirkt, seinem tiefsten Grunde nach ein und dasselbe wäre mit *dem*, was in uns denkt und fühlt und will, daß selbst ein nicht im Bewußtsein weilendes Geistiges – z. B. alle die nicht gedachten Gedanken – einen so unverkennbaren Einfluß üben könnten auf Gestaltung und Fortbildung des Organismus?« (*Carus* o. J., S. 77 Anm.). Zu recht sieht deshalb *Thure von Uexküll* in Carus und seinen »auch heute noch aktuellen Schriften« (*Uexküll* 1963, S. 275) einen bedeutenden Vorläufer der psychosomatischen Medizin.

Die enge Verknüpfung psychischer und physischer Symptome wird von Carus am Beispiel des ›Buckels‹ dargelegt: »Vieles trifft allerdings in diesen Fällen zusammen: angeborene Skrofeldisposition, unglückliche Gewohnheiten, zuweilen besondere Verletzungen und Körperkrankheiten, dann, die durch diese Verbindungen verschobene Brust, das gehemmte Athmen, der gehinderte Herzschlag, endlich der Verdruß der gestörten verhäßlichten Gestalt, die Erbitterung, oder, im besten Falle, der Humor darüber, Alles dies wirkt erklärend ein; allein Thatsache ist es, daß, sowie diese einzelne und locale Verunstaltung dem ganzen Körper eine gewisse besondere Verschiebung und Umstimmung der Bildung mittheilt, so auch das geistige Leben dieser Personen eine durchaus eigenthümliche Färbung annimmt, und somit einen neuen und sehr schlagenden Beweis liefert, wie merkwürdig zwischen Rückenbildung und Geistesverhalten eine besondere Beziehung bestehe« (*Carus* 1858, S. 274). Man mag hier bereits Ansätze zur späteren Theorie *Adlers* von der Organminderwertigkeit sehen, wie auch an einer andern Stelle bei Carus eine gewisse Ähnlichkeit zur Individualpsychologie aufscheint, wenn er schreibt, »Daß die ganz oder großentheils durch das unbewußte Walten der innern seelischen Lebensidee gegebenen Eigenthümlichkeiten der Constitution und des Temperaments durch eine mit hinreichender Umsicht angewendete organoskopische oder physiognomische Symbolik mit großer Sicherheit ermitteln lassen, ...« (*Carus* 1858, S. 27). Man vergleiche dazu die folgende Stelle bei *Adler:* »Wenn man das Ziel eines Menschen kennt und auch sonst in der Welt halbwegs informiert ist, dann weiß man auch, was seine Ausdrucksbewegungen bedeuten können und kann deren Sinn als eine Vorbereitung für dieses Ziel erfassen. Dann weiß man auch, was für Bewegungen dieser Mensch machen muß, um es zu erreichen, etwa so, wie man den Weg kennt, den ein Stein nehmen muß, wenn man ihn zur Erde fallen läßt« (*Adler* 1966, S. 31 f).

Bei aller Ähnlichkeit in der teleologischen Auffassung des Lebens zeigen die beiden Zitate eine eigenartige inhaltliche Verschiebung; während bei Carus die Lebensidee aus dem organisch bildenden Unbewußten durchtönt, ist das Zielhafte bei *Adler* entweder bewußt oder aber aus ehemals bewußten Einstellungen ins Unbewußte abgesunken. Entsprechend sind auch die Ausdrucksmedien verschieden, bei Carus sind es die Organe und das Physiognomische, bei *Adler* die Ausdrucksbewegungen, also das Pathognomische und Pantomimische.

Carus ist nach seiner Wiederentdeckung um 1920 herum wieder weitgehend in Vergessenheit geraten. Er war schon zu seiner Zeit ein Einzelgänger und Vollender des romantischen Menschenbildes, der von vielen seiner Zeitgenossen, die in einer rein rational-positivistischen Weltanschauung befangen waren, kaum mehr richtig ernst genommen wurde.

7. Die Beschäftigung mit der Mimik: Engel und Piderit

7.1. Johann Jakob Engel (1741—1802)

In Form eines ›Briefromans‹, in vierundvierzig Briefen, gab *Engel* 1785 und 1786 eine Anleitung zur Mimik für Schauspieler heraus. Seine Briefe sind an einen ungenannten Freund gerichtet, was einen an *Lavater* erinnernden Stil ergibt, der allerdings frei ist von dessen Überschwänglichkeiten. Das ganze Werk wirkt recht originell, überlegt und intelligent in seinen Beobachtungen und Argumentationen, Engel erweist sich als sehr belesener Schriftsteller.

Es wird unterschieden zwischen ›Malerei‹ und ›Ausdruck‹ in den Gebärden, wobei Malerei »jede sinnliche Darstellung der Sache selbst (ist), welche die Seele denkt; Ausdruck (ist) jede sinnliche Darstellung der Fassung, der Gesinnung, womit sie sie denkt; des ganzen Zustandes, worinn sie durch ihr Denken versetzt wird« (*Engel* 1785, S. 79). Malerei ist die Darstellung eines Gegenstandes, das Vormachen oder karikieren einer Gebärde, während Ausdruck beispielsweise die Art des Herangehens an einen Gegenstand bezeichnet, oder eine unwillkürliche Erscheinung, wie etwa Erröten oder andere »physische Wirkungen der innern Gemüthsbewegungen . . ., die wir aber in der That nur als Zeichen begreifen; als Zeichen, welche die Natur durch Geheimnisvolle Bande mit den innern Leidenschaften verknüpft hat; damit, sagt *Haller*, im gemeinen Leben ein Mensch den andern nicht leicht betrügen könne« (*Engel* 1785, S. 99).

Engel will diese Einteilung nicht als eine eigentlich logische aufgefaßt wissen, sondern »sie soll nichts als bloße Klassifikation eines Beobachters seyn, der vorläufig die Fakta, aus deren weitern Untersuchung und Vergleichung die wahre Eintheilung vielleicht erst zu finden ist, nur einigermaßen ordnen mögte« (*Engel* 1785,

S. 100). Das ganze Werk ist in solch undogmatischer und klarsichtiger Weise geschrieben; viele ausgezeichnete Beobachtungen ergänzen es. In seiner aufs Praktische ausgerichteten Art ist es jedoch problemgeschichtlich von geringerer Bedeutung.

Immerhin wird darauf hingewiesen, daß der Ausdruck von sozialen und kulturellen Faktoren abhängig ist: »Nur sehen Sie, bitt ich, wenn Sie vollen, kräftigen Ausdruk suchen, nicht auf die vornehmern Stände, nicht auf die sogenannten Leute von Welt, von Lebensart, von Erziehung. Die Erziehung macht den Menschen zu einem zwiefachen Lügner; sie lehrt ihn die eine Art von Empfindungen nach ihrer wahren Stärke verbergen, die andere in einer falschen Stärke erheucheln. Alle lebhaftern Ausdrücke eigennütziger, und eben so, alle schwächern Ausdrücke geselliger Neigungen und Triebe, wie wahr und angemessen sie übrigens seyn mögen, sind wider den Wohlstand. Jene werden daher unter aller Wahrheit niedergehalten; diese über alle Wahrheit hinaufgeschroben« (*Engel* 1785, S. 176 f).

Wie *Lavater* sieht Engel National-, Geschlechts- und Alterscharaktere; ob er sie von ihm übernahm, kann nicht festgestellt werden. Jedenfalls verzichtet Engel bewußt darauf, *Lavaters* Fragmente — die er früher einmal las — zu Rate zu ziehen. »Fremde, nicht schon vorher durchdachte Ideen könnten mir leicht die ganze Folge meiner eignen verwirren« (*Engel* 1785, S. 115). Es entstand so ein recht eigenständiges, vielseitiges Werk mit einer Fülle von Beobachtungen und mit vielen direkten Hinweisen für Schauspieler.

7.2. Theodor Piderit (1826—1912)

7.2.1 *Die Mimik als Grundlage der Physiognomik*

Im Gegensatz zu *Engel* ist *Piderit* ein Systematiker. Ähnlich wie *Carus* — aber aus einem völlig anderen Geiste heraus — versucht er, die Physiognomik auf eine physiologische Basis zu stellen, freilich ohne Einbeziehung des morphologischen Aspekts. Er ist streng rationalistisch-positivistisch eingestellt und meint, wenn die von ihm aufgestellten Regeln richtig seien, »so werden sie dem Künstler ein Mittel an die Hand geben, *einen beliebigen verlangten Gesichtsausdruck gleichsam mit mathematischer Bestimmtheit zu construiren* und in einem Gesichte darzustellen« (*Piderit* 1867, S. 14 f). Er hofft also, wie *Lavater* in seinen späteren ›Fragmenten‹, die Physiognomik zu einer gewissermaßen mathematisch bestimmbaren Wissenschaft zu machen.

Anders als *Paracelsus, Lavater, Lichtenberg* und *Carus* mit ihrer im Grunde phänomenologischen Einstellung zum Leib-Seele-Problem geht Piderit materialistisch-mechanistisch vor, wenn er definiert: »Das Organ des Geistes ist ein Teil des Gehirns, welches zur Unterscheidung von andern Gehirnteilen, das Geisteshirn- oder Seelenhirn genannt wird. Die Tätigkeit dieses Organs wird geweckt und unterhalten durch die ihm zuströmenden Sinneseindrücke. Diese bilden das Material der Geistestätigkeit, und ohne sie würde das Geistesorgan ebenso untätig bleiben wie z. B. das Gesichtsorgan ohne Lichteindrücke« (*Piderit* 1919, S. 50 f). Dieses, der 1909 überarbeiteten dritten Auflage entnommene Zitat mag den Unterschied in der Denkweise veranschaulichen, der Piderit beispielsweise von *Carus* trennt.

Piderit teilt mit *Lichtenberg* die Skepsis gegenüber der Physiognomik im engeren Sinne. Er glaubt nicht an einen Ausdrucksgehalt des Knochenbaus. Organoskopische oder psychosomatische Betrachtungsweisen liegen ihm fern. Sein Leitsatz heißt: »*Physiognomische Merkmale darf man nur an den Theilen suchen, welche unter dem Einflusse der Geistesthätigkeit stehn.* Diese Theile aber sind die *Muskeln* und vorzugsweise die *zahlreichen und beweglichen Muskeln des Gesichts.* Die vorübergehenden, mimischen Bewegungen dieser Muskeln, die *mimischen Züge* werden durch *häufige Wiederholung* zu bleibenden, zu *physiognomischen Zügen,* und ein physiognomischer Ausdruck ist anzusehn als ein habituell gewordener mimischer Ausdruck« (*Piderit* 1867, S. 148 f). Von den organischen Bedingungen der Muskelanordnung und des Muskeltonus ausgehend entwickelt Piderit eine Mimik, die von folgender Theorie ausgeht: Jede Vorstellung, auch die abstrakte, wurzelt in sinnlichen Wahrnehmungen, sie erscheint zumindest als ein Objekt im Raume oder in der Zeit. Daraus ergibt sich nach Piderit der erste ›Fundamentalsatz der Mimik‹: »*Da jede Vorstellung dem Geiste gegenständlich erscheint, so beziehen sich die durch Vorstellungen veranlaßten mimischen Muskelbewegungen auf imaginaere Gegenstände*« (*Piderit* 1867, S. 23).

Da nun Vorstellungen angenehm oder unangenehm sein können, nach dem ›ersten Fundamentalsatze‹ aber zugleich gegenständlich erscheinen müssen, präsentieren sie sich »*dem Geiste wie angenehme oder unangenehme Gegenstände,* d. h. wie Gegenstände, deren Eigenschaften harmonisch oder disharmonisch auf die Sinnesorgane einwirken« (*Piderit* 1867, S. 24). Das hieraus abgeleitete zweite Fundamentalgesetz der Mimik lautet: »*Die durch angenehme oder unangenehme Vorstellungen verursachten mimischen Muskelbewegungen beziehen sich auf imaginaere harmonische (angenehme) oder disharmonische (unangenehme) Sinneseindrücke*« (*Piderit* 1867, S. 25).

In der Zusammenfassung der beiden Fundamentalsätze liege »der Schlüssel zum Verständniß aller mimischen Muskelbewegungen«: »*Die durch Geisteszustände verursachten mimischen Mus-*

kelbewegungen beziehen sich also theils auf imaginaere Gegenstände, theils auf imaginaere Sinneseindrücke« (*Piderit* 1867, S. 25).

Mimische Muskelbewegungen treten nicht immer auf, aber um so eher, je intensiver der Geist durch eine Vorstellung affiziert werde. Die Intensivität sei umso größer, je ausgeprägter der angenehme oder unangenehme Charakter der Vorstellungen sei, und je plötzlicher diese Vorstellungen aufträten.

Diese recht einfache Vorstellungsmechanik dient Piderit wohl mehr als naturwissenschaftliche (im Sinne des ausgehenden 19. Jahrhunderts) Legitimation, denn als Arbeitsgrundlage. In seinen praktischen Ausführungen stützt er sich denn auch auf die physiologischen Erkenntnisse der Anatomie der Gesichtsmuskeln und der Sinnesorgane einerseits, andererseits nimmt er in psychologischer Hinsicht eher das Vorverständnis seiner Leser als seine eigene Theorie in Anspruch. Überhaupt fällt das Fehlen einer echten psychologischen Konzeption auf, so daß letztlich Einzeleigenschaften aneinandergereiht werden, die nie ein Bild einer Person zu ergeben vermögen. Immerhin muß anerkannt werden, daß die Befunde — die sich zumeist auch einem Laien als Eindruckscharakter aufdrängen würden — in einen nun ebenfalls physiologisch-funktionell verstehbaren Rahmen gestellt wurden.

Um einen Begriff von den Piderit'schen Ergebnissen zu vermitteln, seien die Zusammenfassungen der Mimik und der Physiognomik des Mundes im folgenden gegenübergestellt.

Mimik:

»Der Mund

Der bittere Zug erscheint bei sehr unangenehmen (bittern) Vorstellungen; der *süße Zug* bei außergewöhnlich angenehmen (süßen) Vorstellungen. Den *prüfenden Zug* beobachtet man bei Menschen, welche in Gedanken prüfend den Werth oder Unwerth einer Sache untersuchen. Der *verbissene Zug* ist der mimische Ausdruck der Verbissenheit, der Verstocktheit, des Eigensinns, des Trotzes, der Hartnäckigkeit, der Beharrlichkeit. Der *verachtende Zug* drückt hochmüthige Geringschätzung aus. Das *Aufreißen des Mundes* ist ein Zeichen höchsten Erstaunens, gespanntester Aufmerksamkeit.« (*Piderit*, S. 108) *oder*

Physiognomik:

»Mund und Nase

Den *bittern Zug* findet man ausgebildet bei erbitterten oder verbitterten Menschen; den *süßlichen Zug* als Folge süßlichen Wesens; den *prüfenden Zug* bei Gourmands und bei selbstgefälligen Menschen, die sich gern wichtig machen; der *verbissene Zug* verräth Beharrlichkeit oder Eigensinn; der *verachtende Zug* — Hochmuth; der *offenstehende Mund* — Schwerhörigkeit oder geistige Bornirtheit; . . .

(*Piderit* 1867, S. 199)

7.2.2 *Verschiedene Faktoren können am Entstehen eines physiognomischen Zuges beteiligt sein*

Für Piderit haben die physiognomischen Ergebnisse nur nebensächliche Bedeutung, da es in ihrer Natur liege, daß sie unzuverlässig seien. Dies komme vor allem daher, daß die mimischen Muskelbewegungen nicht die einzigen Ursachen seien, die zur Ausbildung physiognomischer Züge Veranlassung geben können.

Diese Bemerkung Piderits ist problemgeschichtlich deshalb interessant, weil sie eine Abkehr von der absoluten und eindeutigen Gültigkeit physiognomischer Befunde einleitet und die Merkmale nicht nur nach ihrer (im Grunde genommen rein eindrucksmäßigen) Bedeutung gelten läßt, sondern auch ihre individuelle, ontogenetische Entstehungsgeschichte mitzuberücksichtigen sucht. Über die Schwierigkeiten dieses Unterfangens meint Piderit:

»Diese Ursachen richtig zu erkennen und zu würdigen, ist nicht immer leicht, aber durchaus erforderlich, ehe man wagen darf, aus der Physiognomie eines Menschen auf seine geistigen Eigenschaften zu schließen. Hierbei müssen zunächst und hauptsächlich *körperliche Leiden und Krankheiten* berücksichtigt werden. ... Alsdann sind es gewisse *äußere Ursachen,* welche zu häufigen Bewegungen der Gesichtsmuskeln und zur Entstehung physiognomischer Züge und Falten Veranlassung geben können. Menschen z. B., welche viel in freier Luft arbeiten, welche von Wind, Staub, Kälte und grellem Sonnenlicht zu leiden haben, Kutscher, Kärrner, Fischer, Schiffer, Jäger, Förster, ... haben gewöhnlich ein sehr runzliges Gesicht. ... Eine andre, allerdings weniger häufige und weniger bedeutende Ursache, durch welche die Physiognomie verändert werden kann, liegt in der *Gewohnheit,* welche einige Menschen haben, *bei ihren Arbeiten Grimassen zu schneiden.* Beim Schreiben, Zeichnen, Malen, ... verzerren manche Menschen ihr Gesicht auf die drolligste Weise, und um so heftiger, je aufmerksamer und je angestrengter sie arbeiten« (*Piderit* 1867, S. 152 f).

Weitere Ursachen sieht Piderit in gewissen Beschäftigungen, die eine einseitige Anstrengung bestimmter Gesichtsmuskeln erfordern, beispielsweise Mikroskopieren oder das Spielen von Blasinstrumenten, sodann im Nachahmungstrieb, den er *Lichtenberg* entnimmt; schließlich fügt er bei, daß auch das Temperament, die Fettigkeit und das Alter eine Rolle spiele. (Der Gedanke, daß die Art des Temperaments die Intensität des Ausdruckes beeinflusse, findet sich bereits bei *Engel.*) Was es mit Fettleibigkeit auf sich hat, erläutert Piderit mit einem Zitat *Lichtenbergs:* »»Es giebt Leute, die so fette Gesichter haben, daß sie unter dem Speck lachen können, daß der größte physiognomische Zauberer nichts davon gewahr wird, da wir arme, winddürre Geschöpfe, denen die

Seele unmittelbar unter der Epidermis sitzt, immer die Sprache sprechen, worin man nicht lügen kann«‹ (*Lichtenberg*, zit. n. *Piderit* 1867, S. 156).

Die vorstehenden Erörterungen mögen zeigen, wie viele interessante Ansätze bei Piderit dadurch verloren gehen, daß er psychologisch nicht weiter zurückfrägt, wie dies zum Teil *Carus* tut. Die Tatsachen der Fettleibigkeit, des Grimassenschneidens oder des Nachahmens werden als solche hingenommen, ohne nach Motiven und Ursachen durchsucht zu werden. Problemgeschichtlich gesehen hat Piderit somit vor allem die Anregungen *Lavaters* — den er auf's heftigste kritisierte — und *Lichtenbergs* systematisch durchgeführt und physiologisch begründet, Anregungen, wie sie beispielsweise in der folgenden Stelle bei *Lichtenberg* zum Ausdruck kommen: »Die pathognomischen Zeichen, oft wiederhohlt, verschwinden nicht allemal völlig wieder, und lassen physiognomische Eindrücke zurück. Daher entsteht zuweilen das Thorheits-Fältchen, durch alles bewundern und nichts verstehen; das scheinheilige Betrüger-Fältchen, die Grübchen in den Wangen, das Eigensinns-Fältchen, und der Himmel weiß, was für Fältchen mehr« (*Lichtenberg* 1801c, S. 481 f).

8. Versuche mit objektiv-empirischen Verfahren

Fast gleichzeitig, von beiden Forschern bereits über längere Zeit vorbereitet, erschienen in der achten Dekade des letzten Jahrhunderts zwei Werke, die vom Inhalt her völlig verschiedene Randgebiete der Ausdruckswissenschaft behandeln: ›The Expression of the emotions in Man and Animals‹ (1872) von *Charles Darwin*, sowie ›Système de Graphologie, l'art de connaître les hommes d'après leur écriture‹ (1875) von *Jean-Hippolyte Michon*.

Bei aller Verschiedenheit sind sie jedoch problemgeschichtlich aus denselben Gründen beachtenswert. Einmal, weil in beiden Werken Themenkreise berührt werden, die erstmals eine ausführliche Darstellung und gewissermaßen wissenschaftliche Grundlegung erfahren. Dann aber auch, weil in beiden Fällen nach objektivierbaren, auch dem fernerstehenden zugänglichen empirischen Methoden gearbeitet wurde, mit Fragebogen im Falle *Darwins*, mit nach charakterlichen Gesichtspunkten klassifiziertem Schriftmaterial bei *Michon*. Diese Tatsache ist deshalb bemerkenswert, weil bisher nie solchermaßen von einem einzelnen Betrachter unabhängige Aussagen möglich waren. Obwohl beispielsweise bei *Carus* immer wieder seine große ärztliche Erfahrung, der man sicherlich wird vertrauen können, durchschimmert, sind seine Aussagen letztlich nur dem mit dieser Sphäre hinreichend Vertrauten einleuchtend. Es geht dabei um ein Phänomen, mit dem nicht nur die Ausdrucksforschung zu kämpfen hat, sondern auch in vielleicht noch größerem Maße die Psychoanalyse: nur wer im ›System‹, in der Gefühls- und Begriffswelt irgend einer Schule über ein Minimum an Erfahrungen verfügt, kann damit überhaupt etwas anfangen, kann überhaupt erst die Empirie dessen erfassen, was ihm vorher eine abstrakte Theorie schien.

8.1. Charles Darwin (1809–1882): ›Der Ausdruck der Gefühle bei Mensch und Tier‹

Um Grundlagenmaterial für sein geplantes Buch über den Ausdruck zu erhalten, wandte sich *Darwin* in einem Fragebogen an Bekannte in aller Welt, an Lehrer, Missionare und Farmer in den Kolonien. Es ging ihm dabei darum, zu erfahren, ob die bekanntesten Ausdruckserscheinungen bei allen Menschen in gleicher Weise anzutreffen seien. *Beer*, der dieses weniger bekannte Werk des großen Abstammungsforschers 1964 neu herausgab, zitiert in seiner Einleitung einige der 16 Fragen, die ein Licht auf die genaue Beobachtungsanleitung werfen, die Darwin seinen fernen ›Mitautoren‹ gab:

»Bewirkt Scham ein Erröten, wenn die Farbe der Haut gestattet, daß dasselbe sichtbar wird? Und besonders: Wie weit am Körper hinab erstreckt sich das Erröten?

Wenn er tief über einen Gegenstand nachdenkt, oder etwas Schwieriges zu verstehen sucht, runzelt er dann die Stirn oder die Haut unter den unteren Augenlidern?

Wenn wir vergnügt sind, funkeln dann die Augen, während sich die Haut rund um dieselben und darunter ein wenig kräuselt und die Mundwinkel etwas zurückgezogen sind?

Wird Verachtung durch ein leichtes Vorstrecken der Lippen und Emporheben der Nase, verbunden mit einem leichten Aushauchen ausgedrückt?

Wenn ein Mensch zu zeigen wünscht, er könne nicht hindern, daß etwas geschieht, oder könne selber etwas nicht tun, zuckt er dann mit den Schultern, richtet die Ellbogen einwärts, streckt die Hände nach außen und öffnet sie, während er gleichzeitig die Augenbrauen hebt?

Wird der Kopf bei einer Bejahung in senkrechter Richtung genickt und bei einer Verneinung seitlich geschüttelt?« (*Darwin*, zit. n. *Beer* 1964, S. 12).

Nach den Fragen präzisiert Darwin ermahnend: »Allgemeine Bemerkungen über den Ausdruck sind von verhältnismäßig geringem Wert, und das Gedächtnis ist so trügerisch, daß ich ernstlich bitte, ihm nicht zu trauen. Eine bestimmte Beschreibung des Ausdrucks bei irgendeiner Erregung oder Stimmung, mit einer

Angabe der Umstände, unter denen er stattfand, würde von großem Wert sein« (*Darwin*, zit. n. *Beer* 1964, S. 13).

Die Resultate dieser sorgfältigen Umfrage sind denn auch wohl das bleibende Wertvolle an Darwins Untersuchung, der eine Fülle von völkerkundlichem und tierpsychologischem Material zu entnehmen ist. Einigermaßen umstritten und zumeist abgelehnt werden jedoch seine drei Prinzipien, unter denen er die Entstehung des Ausdrucks verstanden wissen will:

I. Das Prinzip zweckdienlicher assoziierter Gewohnheiten. Nach Darwin geht es dabei darum, daß eine Bewegung, die normalerweise einen Zustand der Wunscherfüllung herbeiführen kann, auch dann ausgeführt wird, wenn sie im Moment nicht den geringsten Zweck hat; die Macht der Gewohnheit und Zusammengehörigkeit lösen sie aus, sobald eine ähnliche Seelenregung sich antönt. Solche ›Gewohnheiten‹ werden über Generationen hinweg vererbt.

II. Das Prinzip des Gegensatzes.
»Gewisse Seelenzustände führen zu gewissen gewohnheitsmäßigen Tätigkeiten, die nach unserem ersten Prinzip zweckdienlich sind. Stellt sich nun ein direkt entgegengesetzter Seelenzustand ein, so tritt eine starke und unwillkürliche Neigung zu Bewegungen von direkt entgegengesetzter Art ein, obgleich diese nicht zweckentsprechend sind; und solche Bewegungen sind in gewissen Fällen sehr ausdrucksvoll« (*Darwin* 1964, S. 26).

III. »Das Prinzip, daß Tätigkeiten der Verfassung des Nervensystems entstammen, von Anfang an unabhängig vom Willen und bis zu einem gewissen Grade unabhängig von der Gewohnheit sind« (*Darwin* 1964, S. 26).
Darwin befaßt sich hier mit Phänomenen, die er darauf zurückführt, daß sensorische Erregungen Erscheinungen produzieren können, die kaum willentlich oder gewohnheitsmäßig veranlaßt sind. Als Beispiele führt er unter anderen das Muskelzittern an, das Herzklopfen, die Neigung zu zwecklosen Bewegungen bei Freude und die Äußerung von Lauten.

Gerade bei diesem dritten Prinzip zeigt sich, wie an sich richtige Beobachtungen einer Regel subsumiert werden, unter der das Individuum als ein Sklave seines Nervensystems erscheinen muß. Ein Verständnis irgend eines Ausdruckszusammenhanges kann damit nicht erreicht werden. *Krukenberg* bemerkt deshalb zu recht: »Die Bewegungen des dritten Prinzips werden eigentlich überhaupt nicht erklärt. Die direkte Wirkung des Nervensystems ist ein ungeheuer viel und daher auch wenig sagender Begriff. Auf den näheren ursächlichen Zusammenhang und Zweck dieser Bewegungen geht *Darwin* überhaupt nicht ein« (*Krukenberg* 1920, S. 34).

Wohl vor allem aus deszendenztheoretischen Gründen entbrannte auch um dieses Werk Darwins eine heftige Auseinandersetzung, in der man hauptsächlich zwischen milden und kategorischen Gegnern unterscheiden kann. Die ersteren haben das eine oder das andere Prinzip übernommen, wie etwa der oben zitierte *Krukenberg*, der in jener Bemerkung über das dritte Prinzip bemängelt, daß darin nicht auch eine Zweckmäßigkeit der Bewegungen postuliert wird, wie sie ja schon im ersten enthalten ist. Diejenigen Autoren hingegen, die Darwin grundsätzlich ablehnen, stellen sich auf den Standpunkt, daß erstens tierpsychologische Fragestellungen auf den Menschen nicht anwendbar seien und es zweitens überhaupt wenig sinnvoll sei, solche Untersuchungen anzustellen, da eine genetische Erklärung des Ausdrucks an seinem Wesen vorbeiziele. Dieser letzteren Meinung gehört auch *Klages* an, von dem später noch ausführlicher die Rede sein wird.

Am heftigsten kritisiert wurde stets eine Nebenhypothese Darwins, die man heute wohl als falsch annehmen muß, denn sie postuliert im Grunde genommen die *ursprüngliche Bewußtheit* dessen, was wir heute als *Instinktverhalten* bezeichnen würden. Danach erschiene es »wahrscheinlich, daß einige Tätigkeiten, die zuerst mit Bewußtsein ausgeführt wurden, durch Gewohnheit und Assoziation in Reflextätigkeiten umgewandelt worden und nun so sicher befestigt und vererbt sind, daß sie selbst dann ausgeführt werden, wenn sie nicht den geringsten Zweck haben, so oft dieselbe Veranlassung eintritt, die ursprünglich vermöge unserer Willensäußerung die Anregung zu ihnen gab« (*Darwin* 1964, S. 33).

Mag auch diese Annahme von den heutigen Erkenntnissen her kaum mehr aufrechterhalten werden — *Lorenz* sieht ja in den ›Erbtrieben‹ »ebenso feste oder sogar noch festere Merkmale der Art als nur irgendein morphologisches Kennzeichen« (*Lorenz* 1932, S. 109) — so wird durch die genetisch falsche Erklärungsweise dennoch nichts an der Tatsache vererbbarer Bewegungsabläufe geändert. Die wertvollen Beobachtungen Darwins können denn auch heute unter ethologischen Gesichtspunkten recht gut erklärt werden, während wir über die eigentliche Entstehungsgeschichte der Instinkte noch kaum etwas wissen. *Hass*, der problemgeschichtlich gesehen weitgehend auf den Spuren Darwins wandelt, bemerkt zur oben zitierten Stelle dieses Autors: »Für ein tatsächliches Erblichwerden von erworbenen Eigenschaften konnte bisher allerdings kein Nachweis erbracht werden. Dagegen stimmt die heutige Verhaltensforschung mit Darwin darin überein, daß die Ausdrucksbewegungen des Menschen einen ›natürlichen und unabhängigen Ursprung‹ hatten; daß sie also nicht ›willkürlich und bewußt zur Erreichung dieses speziellen Zweckes‹ ausgeführt wurden. Es waren vielmehr bereits vorhandene, durchaus unwillkürliche Bewegungen, aus denen sich über den Weg der Ritualisierung die verschiedenen Signale der menschlichen Mimik entwickelt haben« (*Hass* o. J., S. 130).

Die Annahme der modernen Verhaltensforschung, daß Instinktschemata resistenter seien als Organgestaltungen, führte gewissermaßen zu einer Umkehrung der Darwinschen Theorie, indem nun nicht mehr organische Möglichkeiten durch ›bewußten‹ Gebrauch ausgeschöpft und weitervererbt werden, sondern vielmehr ritualisierte Bewegungsabläufe »auch zur Veränderung oder zur besonderen Ausbildung von Organen (führten), wodurch die Signalwirksamkeit noch erhöht wird« (*Hass* o. J., S. 130). *Hass* geht so weit, daß er aus menschlichen Intentionsbewegungen Rückschlüsse zieht auf Organe, auf die sie sich früher einmal bezogen haben sollen, was er am Beispiel des Zähnefletschens – als einer Vorwarnung des Beißens – erörtert: »Beim Menschen ist dieses Zeichen ein Hinweis darauf, daß es unter unseren Ahnen welche gab, die sich durch Zubeißen verteidigten. Wie schon erwähnt, erhalten sich solche Signale dann oft länger als die Organe, mit denen sie ausgeführt werden. So fletscht der Hirsch heute noch als Drohung die Zähne – obwohl er sich nicht mehr mit ihnen, sondern mit seinem Geweih und seinen Hufen verteidigt. Ganz ähnlich liegen die Dinge auch bei uns. Indem der Mensch im Zorn durch entsprechendes Auseinanderziehen der Lippen gerade die Eckzähne entblößt, unterstreicht er die Bedeutung von Organen, die auch bei uns längst keine Waffen mehr sind. Daraus kann man schließen, daß bei unseren Urvorfahren diese Eckzähne offenbar noch stärker entwickelt waren – wie heute noch beim Gorilla« (*Hass* o. J., S. 126). Hier wie bei Darwin besteht die Gefahr einer Überinterpretation, so etwa wenn letzterer über Pferde argumentiert: »Die Stellung des Schwanzes wird jedoch in gewissen Fällen durch besondere Umstände bestimmt; so senkt ein Pferd, sobald es in vollem Laufe in Galopp fällt, stets seinen Schwanz, damit der Luft so wenig Widerstand als möglich geboten werde« (*Darwin* 1964, S. 82). Es bricht hier die Problematik einer genetisch-kausalen Betrachtungsweise auf, die Gefahr läuft, an Sinn- und Wesensfragen vorbeizusehen, dabei aber gleichzeitig dahin tendiert, unbemerkt in anthropomorphen Gesichtspunkten befangen zu bleiben.

Bei allen Vorbehalten, die an Darwins Erklärungsversuchen anzubringen sind, muß doch darauf hingewiesen werden, daß sich in seiner Arbeit Verhaltensbeobachtungen an Tieren finden, die erst Jahrzehnte später von der Ethologie wieder aufgenommen wurden und die heute noch nichts von ihrer Richtigkeit eingebüßt haben. Seine Erklärungsversuche sind zwar unter ausdruckspsychologischen Gesichtspunkten wenig ergiebig, werden aber von der Verhaltensforschung großenteils heute noch beibehalten — so beispielsweise das erste und zweite Prinzip bei *Hass* (o. J.) —, da sie sich im kausal-genetischen Zusammenhange offensichtlich bewähren. Die Kritiker einer ethologischen Ausdrucksforschung übersehen oft, daß die Ziele dieser Wissenschaft nicht identisch sind mit den Zielen der sogenannten ›Ausdruckskunde‹: Während die erstere phylogenetische Ursprünge und biologisch-naturwissenschaftliche Zwecksinne sucht und dabei letztlich von gattungsmäßigen und historischen Aspekten ausgeht, um zu einer *Erklärung* zu kommen, versucht die letztere den individuellen Menschen in seinem aktuellen Sein zu *verstehen*.

Die Integration dieser beiden Forschungsrichtungen ist eine Aufgabe zukünftiger Psychologie und Anthropologie. Ansätze dazu finden sich schon bei *Carus*, der in seiner Lehre vom Unbewußten auf die Zusammenhänge zwischen menschlicher und tierischer Psyche hinwies, dann aber vor allem in den Jungschen Lehren vom kollektiven Unbewußten und den Archetypen, von denen *Neumann* (o. J.) sagt, sie seien »die Bildformen der Instinkte«.

8.2. Jean-Hippolyte Michon (1806—1881): »System der Graphologie«

Wie *Darwin* hat sich auch *Michon* um ein bisher noch kaum bearbeitetes Gebiet der Ausdruckswissenschaft verdient gemacht. Er hat zwar nicht als erster graphologische Gedanken geäußert, dafür aber wohl die erste brauchbare Anleitung für psychologische Schriftbeurteilungen gegeben. Was ihn abgesehen von der Fülle seiner Ergebnisse auszeichnet, ist die Methode, wie er zu seinen Erkenntnissen kam. *Pophal* schreibt darüber: »Michon hat rund dreißig Jahre lang Handschriften, vor allem von ihm persönlich oder durch andre Weise bekannt gewordenen Menschen, insbesondere auch von historischen Persönlichkeiten, gesammelt und Vergleiche zwischen Schrift und Schreiber angestellt. Er ging dabei so vor, daß er beispielsweise 100 Schriften von exaltierten und weitere 100 von gelassenen Naturen nebeneinanderstellte oder daß er seine Schriftproben in solche gruppierte, deren Urheber als willensschwach, und in andre, deren Urheber als willensstark bekannt waren. Auf diese Weise fand er, daß sich jeweils die eine Gruppe von der andern durch ein besonderes graphisches Merkmal oder einen Merkmalskomplex unterschied. So konnte er graphische Besonderheiten für Intuition und diskursives Denken, für Härte und Weichheit, für Mut und Feigheit, für Geisteskrankheit und Verworrenheit und schließlich für alle nur möglichen primären und sekundären Charakterzüge ermitteln« (*Pophal* 1965, S. XVIII).

Michon selbst sieht sich als den alleinigen Erfinder seines graphologischen Systems und den Entdecker der fünf großen geistigen Gruppen »in die sich psychologisch alle Manifestationen des menschlichen Geistes einordnen lassen« (*Michon* 1965, S. 11). Als seinen großen Vorläufer bezeichnet er den *Abbé Flandrin*, von dem er laut *Crépieux-Jamin* gesagt haben soll: »›Der Abbé Flandrin ist der Vater der Graphologie, die jetzt nicht mehr betrieben wird mittelst eines übernatürlichen, unmittelbaren Seher-Vermögens, sondern auf Grund von vernunftgemäßer Seelenforschung. So also ist Flandrin der Vater der Graphologie ebenso wie in der Naturgeschichte Jussieu der Vater des Einteilungs-Verfahrens der Pflanzen nach Familien ist‹« (*Crépieux-Jamin* o. J., S. 38). Etwas weniger begeistert äußert sich Michon über *Flandrin* in seiner elften Auflage des ›Systems der Graphologie‹; danach hatte *Flandrin* »nicht einmal eine Vorstellung von einem graphologischen System, das heißt, er kannte die Gesetze nicht, die wissenschaftlich erklären, warum jedes graphische Merkmal, das die Hand aufzeichnet, psychologisch und physiologisch der treibenden Kraft, die das Gehirn darstellt, korrespondiert« (*Michon* 1965, S. 13).

Da *Flandrin* nichts publizierte, können die beiden Behauptungen nicht überprüft werden. Fest steht jedoch, daß vor Michon keine auch nur irgendwie vergleichbare Publikationen existierten. Er war es auch, der den Namen ›Graphologie‹ geprägt haben soll und der die Schriftdeutung von einer subjektiv-empirischen zu einer objektiv-empirischen, unter angebbare Regeln gestellten Wissenschaft entwickelte. Er ging materialkritisch vor und verlangte, daß zur Beurteilung nur Spontanschriften vorgelegt werden sollten, und zwar »möglichst vier zu verschiedenen Zeiten erstellte Schriftstücke desselben Schreibers ..., eine Probe aus der Gegenwart, eine, die vor wenigen Monaten geschrieben wurde, eine aus dem laufenden Jahre und eine, die zwei oder drei Jahre zurückliegt« (*Michon* 1965, S. 33).

Zudem gibt er dem Graphologen den folgenden Rat: »Man sollte sich also zur Regel machen, wenn einem eine Schrift vorgelegt wird, die Arbeit mit folgendem Vorbehalt zu beginnen: Wenn die fragliche Schrift die unverstellte, unbemühte, spontane Gebrauchsschrift des Betreffenden ist, sagt sie uns, daß ... usw.«[2] (*Michon* 1965, S. 32). Erst unter diesen Voraussetzungen kann

[2] Eine ähnliche Klausel enthält das ›offizielle Formular der Gesellschaft zur Förderung der Wissenschaftlichen Graphologie‹: »Die nachfolgende graphologische Beurteilung stützt sich auf das zur Verfügung gestellte Schriftmaterial, wobei vorausgesetzt wird, daß dieses unter normalen Umständen entstanden ist«.

die Untersuchung beginnen: »So hat sich die erste Beobachtung auf die Schlaffheit oder Starrheit des Striches zu erstrecken. Die Feststellung ist leicht. Es muß indessen ein für allemal gesagt werden, daß der Graphologe eine Schrift, so leicht lesbar sie auch zu sein scheint, niemals ohne Lupe untersuchen soll. Nur mit ihrer Hilfe habe ich alle meine graphologischen Entdeckungen gemacht. Was das Skalpell in der Anatomie, ist die Lupe in der Graphologie. Sie legt die feinsten Fasern der Schrift bloß. Nichts entgeht ihr, weder die Starre oder Schlaffheit des Striches noch die Verbindungen oder Trennungen der Buchstaben und der Buchstabenglieder, ihre gleichbleibende oder unregelmäßige Höhe usw. Das Studium der Strichbeschaffenheit mit Hilfe der Lupe muß also die erste Untersuchung der Handschrift darstellen« (*Michon* 1965, S. 56).

Diese wenigen Bemerkungen mögen veranschaulichen, daß die landläufige Auffassung von Michon als einem simplistischen ›Zeichendeuter‹, dessen Werk »heute gehaltlich veraltet und erledigt ist« (*Klages* 1929 (!), S. 255), nicht in vollem Umfange zutrifft. Zwar ist gerade die von Michon »für eine weltbewegende Entdeckung« (*Pophal* 1965, S. XIX) gehaltene Klassifikation der psychologischen Manifestationen kaum mehr als eine willkürliche Gruppierung von etwa 379 psychischen Eigenschaften in der Art der biologischen Nomenklatur Linnés, die unter dem Gesichtspunkt einer modernen Psychologie als veraltet betrachtet werden muß. Dafür hat Michon als erster empirische graphologische Forschung getrieben und so eine Unzahl von Merkmalen und Deutungen gefunden, die heute noch bestand haben; er war es, der die Beachtung der Strichqualitäten in die Graphologie einführte (wenn man von einer Bemerkung *Baldo*'s absieht, der 1622 ein graphologisches Traktat veröffentlichte [*Pophal* 1950]) er war es auch, der in den Handschriften die Dominante suchte, »die die dauernde geistige und moralische Verfassung des Schreibers besonders gut wiedergibt« (*Michon* 1965, S. 33).

Der Vorwurf der »blindgläubigen Zeichendeuterei der Michonianer« (*Busse* 1901, S. VII) wurde bereits um die Jahrhundertwende von *Busse*, dem deutschen Herausgeber von *Crépieux-Jamins* ›Handschrift und Charakter‹, erhoben, obwohl bei *Crépieux-Jamin* (o. J.) selbst ähnliche Vorhaltungen fehlen und im Gegenteil die großen Verdienste Michons um die Graphologie hervorgehoben werden. Anlaß zur Kritik gaben die Begriffe vom *signe fixe* und vom *signe négativ*, sowie die Konzepte die hinter ihnen stehen. Zu den Begriffen selbst bemerkt *Pophal* zu recht, »daß das französische ›signe‹ nicht nur mit ›Zeichen‹, sondern ebensogut mit ›Merkmal‹ übersetzt werden kann« (*Pophal* 1965, S. XXI); überhaupt scheint hinter dem ›signe fixe‹ eine längere

Tradition zu bestehen. Es finden sich bereits in *Portas* ›Della Celeste Fisonomia‹ (1616) Äußerungen über ›segni fissi‹, die hier allerdins in astrologischen Zusammenhängen diskutiert werden; es handelt sich dabei um die Sternbilder Stier, Löwe, Skorpion und Wassermann, denen die ›segni mobili‹ (Widder, Krebs, Waage, Steinbock), sowie die ›segni communi‹ (Zwillinge, Jungfrau, Schütze, Fische) zur Seite gestellt werden. Diesen drei Gruppen von Tierkreiszeichen werden je andere Einflüsse auf bestimmte Charaktereigenschaften nachgesagt, was *Porta* mit einigen Zitaten älterer Autoren darlegt. Bei *Paracelsus* finden wir im Rahmen der Signaturenlehre die Rede von ›lineas fixas‹ an einer schon früher zitierten Stelle, ebenfalls in einem astronomischen Kontext: »die stern haben iren lauf und durch denselben werden sie erkennet. in menschen ists auch also, alein mit dem underscheit, das sie dem menschen lineas fixas geben durch die man sicht und erkent wie der lauf ist« (*Paracelsus* 1929, S. 91 f). *Porta* wiederum spricht in seinem anderen Werk, ›Phytognomonica‹ (1591), von festen und beweglichen Zeichen an Pflanzen, die bei der Erfassung der ihnen innewohnenden Kräfte unterschieden werden können: »Diximus, *signis mobilibus & fixis;* nam & fixa, & mobilia esse possunt. Fixa sunt, quae sumuntur ex seminibus, radicibus, & floribus, quae semper eademsunt in omni loco, & caelo; vt in semine echij, & orchidibus: sed mobilia signa sunt odor, sapor, color, forma, hirsuties, laeuitas, quae ad soli, caeli, cultusque mutatione mutantur, vt in urbanis & siluestribus plantis videbimus« (*Porta* 1551, S. 39).

Es ist sehr wohl möglich, daß ein Teil dieser offensichtlichen Tradition bei Michon noch nachwirkte. Jedenfalls hat er den Begriff ›signe‹ nicht mit dem engen Bedeutungsgehalt verwendet, wie es ihm seine Kritiker vorwerfen; seine Betonung der ›fixité‹ der Zeichen oder Merkmale bezieht sich nicht nur auf den Zusammenhang zwischen Zeichen und Bedeutung, im Sinne der testpsychologischen Validität, sondern auch auf die Konstanz, mit der ein Schreiber das bestimmte Merkmal produziert, also auf die Reliabilität. Michon formuliert dementsprechend ein »Doppelgesetz von großer Wichtigkeit, des Inhalts, daß sich einmal *die Schriftmerkmale verändern, wenn sich ein Wandel im geistigen und moralischen Sein vollzieht* und zum andern, daß *die gleichen Merkmale unverändert bleiben, wenn die Seele in demselben Status* ihrer Fähigkeiten, Begabungen, Triebe und dgl. *verharrt«* (*Michon* 1965, S. 27).

Wenn Michon den Satz: *»Niemals bezieht sich ein graphisches Zeichen auf eine Eigenschaft, das der, für die es steht, entgegengesetzt wäre«* (*Michon* 1965, S. 54) gewissermaßen umkehrt und aus dem Fehlen eines bestimmten positiven Merkmals auf das

Nichtvorhandensein einer Charaktereigenart überhaupt oder gar auf die gegenteilige Eigenschaft schließt, vollzieht er eine ähnliche Folgerung wie *Darwin* in seinem zweiten Gesetz des Ausdrucks. Beide Regeln wirken unter der Annahme eines linearen Zusammenhanges zwingend logisch, vermögen aber in Anbetracht der Vielschichtigkeit psycho-logischer Erscheinungen nicht zu befriedigen. Das Problem der Relation zwischen Vorhandensein und Nichtvorhandensein eines Merkmals und der ihm entsprechenden Eigenschaften dürfte schon alt sein; so findet sich bereits bei *Lavater* folgende Äußerung: »*Positive Charaktere in einem Gesichte zeigen etwas positives an.* Aber der Mangel derselben nicht den Mangel correspondierender Eigenschaften *überhaupt* — wohl den Mangel der *besondern* Art, oder der besondern *Anwendung* dieser Eigenschaft« (*Lavater* 1778, S. 460). — Die fragwürdige Theorie Michons wurde denn auch von seinem Schüler und Nachfolger *Crépieux-Jamin* (o. J.) bald schon verworfen, wohingegen *Darwins* Prinzip des Gegensatzes — trotz den Behauptungen von *Piderit*, es sei »nur eine willkürliche, durch nichts bewiesene Voraussetzung . . ., ein Lückenbüßer« (*Piderit* 1919, S. 26), und von *Klages*, der zu den beiden letzten Prinzipien *Darwins* bemerkt, sie seien »längst als Lückenbüßer erkannt« (*Klages* 1964a, S. 210) worden — bei *Hass* zur Erklärung des Ausdrucks des Lächelns »als ›Antithese‹ des menschlichen Gesichtsausdrucks für üble Laune« (*Hass* o. J., S. 147f) herangezogen wird, was er mit Beobachtungen an Schimpansen und Kindern zu belegen sucht.

Es ist unter anderen *Pophals* (1965) Verdienst, auf die wirkliche Bedeutung von Michon hingewiesen zu haben, nachdem dessen Ruf — oftmals durch gedankenloses Kolportieren — immer mehr zu dem eines wissenschaftlichen Kuriosums absank. Dabei sind seine Leistungen offenkundig: Neben der erstmaligen, empirisch-wissenschaftlichen Erkundung der Graphologie war er wohl der erste, der feststellte, daß das Schreiben nicht primär von der Hand abhängt, sondern zentral gesteuert ist, daß es »die Seele selbst . . . ist, die unmittelbar schreibt . . .« (*Michon* 1965, S. 20). Er versuchte, die Dominanten einer Persönlichkeit zu erfassen, und wies darauf hin, daß gewisse sekundäre Merkmale die Bedeutung eines primären verändern können, so daß sich eine neue *Resultante* ergebe, er schuf gewissermaßen Syndrome, die auf kompliziertere oder differenziertere Eigenschaften hinwiesen. Die Grenzen seiner Methode jedoch dürften vor allem in seiner zu linearen, zu wenig psychologisch fundierten Charakterologie und Psychologie liegen.

9. Ludwig Klages (1872–1956): Die zentrale Figur der Ausdruckswissenschaft in der 1. Hälfte unseres Jahrhunderts

9.1. Bemerkungen zur Persönlichkeit

Die zweifellos dominierende Rolle spielte in der Ausdruckswissenschaft der jüngeren Vergangenheit die eigenwillige Gestalt des ursprünglichen Chemikers Dr. *Ludwig Klages.* Zunächst zum Kreis um *Stefan George* gehörend, begann er seine lange Reihe von Veröffentlichungen mit Gedichten (*Kasdorff* 1969), denen bald charakterologische und graphologische Aufsätze folgten, die etwa ab 1910 (Publikation von ›Die Probleme der Graphologie‹ und ›Prinzipien der Charakterologie‹) vermehrt beachtet wurden. Später gesellten sich ausdruckswissenschaftliche und schließlich auch philosophische Schriften hinzu, worunter die von ihm als Hauptwerk angesehenen drei Bände von ›Der Geist als Widersacher der Seele‹ (1929–1932).

Die Beurteilung der ausdruckswissenschaftlichen Leistungen von Klages wird auch heute noch, 15 Jahre nach seinem Tode, erschwert durch die Tatsache, daß fast alle Sekundärliteratur zerfällt in solche von ›Anhängern‹ und solche von ›Gegnern‹. Dies dürfte zum größten Teil in der Artung und im Schrifttum dieser eigenartigen Persönlichkeit begründet liegen. Die in einem apodiktischen Tone geschriebenen Werke, das von Bescheidenheit ungetrübte aristokratische Sendungsbewußtsein, die metaphysisch begründete Gesellschaftskritik u. a. beeinträchtigen fast unweigerlich die Objektivität jeder Begutachtung. Eine Darstellung ›sine ira et studio‹ wird dadurch nahezu verunmöglicht.

Wie *George* sich durch eine besondere Sprachform von der ›unheiligen‹ Masse abschließen wollte (*Grabert, Mulot* 1966), war auch Klages zeitlebens seiner eigengeprägten Sprache treu geblieben. Über die Anfänge einer dieser Launen schreibt er 1926: »Mag es mehr von einer Zeitströmung herrühren oder mehr von einer persönlichen Wandlung, genug, er (*Klages*; Verf.) konnte sein eigenes Buch nicht mehr lesen aus heftigem Widerwillen gegen die Unzahl der darin vorkommenden Fremdwörter« (*Klages* 1926, p. III). So ersetzt er das Wort Assoziation durch ›Vorstellungsvergesellschaftung‹ (*Klages* 1926), dem Worte Psychoanalyse wird — wohl nicht ohne Nebenabsicht — beigefügt: »(= Seelenauflösung)« (*Klages* 1926, S. 217), beim ›Kleinrohr‹ (*Klages* 1964d, S. 42) bleibt der unwissende Leser auf den von Einzellern handelnden Kontext angewiesen, um zur Vermutung zu kommen, es müsse sich um ein Mikroskop handeln, das graphologisch zentrale Formniveau schließlich wird später zu einem ›Formniwo‹

(*Klages* 1964a). (Andererseits gewinnt Klages gerade aus der Sprache viele seiner wertvolleren Einsichten. Mit seinen etymologischen Kenntnissen gelingt es ihm immer wieder, Verbindungen zwischen Ausdrucks- und Sprachgeschichte zu schaffen.)

So überzeugt Klages von seinen Lehren war, so überzeugt scheint er auch von sich selbst gewesen zu sein. Falls das von *Christiansen* und *Carnap* (1964) mit ›Klages‹ bezeichnete Schriftbeispiel zutrifft (es findet sich praktisch in allen ausdruckswissenschaftlichen Werken von Klages), sind folgende Urteile als Selbstdarstellungen zu bezeichnen, die den achtzehn- (*Klages* 1929) oder neunzehnjährigen (*Klages* 1964b, S. 101) Klages betreffen: »Schrift eines Achtzehnjährigen von elementarster Ursprünglichkeit« (*Klages* 1929, S. 76); »mehr rhythmisch perlend als getaktet, ...: das *Seelen*leben herrscht über die Tätigkeit des Geistes; also reiche *Phantasie«* (*Klages* 1929, S. 109); »Schrifturheber ist ein sinnlicher und phantasievoller Mensch« (*Klages* 1964c, S. 49).

Für die Zeilengewölbtheit der »geistig bedeutenden« Schrift des Achtundzwanzigjährigen müsse man »in erster Linie die hemmungslose Einfachheit des Auftretens neben immerhin einiger Willensschwäche in Anschlag bringen« (*Klages* 1929, S. 135). Die eigene Schrift dient aber auch als Beispiel zur Bestimmung des für Klages wesentlichsten Differentialkriteriums, des Formniveaus. »Nicht ganz so hoch, aber kaum mehr als eine halbe Note tiefer« (*Klages* 1929, S.43), steht die Schrift von Klages unter der von *Nietzsche* und *Wilhelm Jordan*, die mit Formniveau 1 die höchste Stufe erreichen. Gleichhoch wie Klages wird *Beethoven* eingestuft, der jedoch hinter jenem »an persönlicher Lebensnähe« zurückbleibt (*Klages* 1929, S. 43). Jedoch soll sich der »Lernende ... z. B. nicht damit aufhalten herauszubringen, ob zwischen Fig. 13 und 55 (*Klages* und *Nietzsche;* Verf.) noch Niveauunterschiede bestehen« (*Klages* 1964b, S. 120). Die Schriftprobe des achtzehnjährigen Klages »bestürmt alle Sinne ohne Einschnitt und Atempause mit der wilden Einförmigkeit der Meeresbrandung. Und wie diese nicht die Deiche achtet von Menschenhand, so achtet die ungezügelte Federbewegung des Schrifturhebers die Vorschrift nicht, schlingt alle Formen, ihre Unterschiede verwischend, in das *eine* breite Rollen ein und rauscht mit unbewußter Mißachtung über die vorgedruckten Linien hin. Hier ist Fülle, Schwere und immerwährendes Strömen der Seele; aber der Geist hat noch die Kraft und die Freiheit nicht, sich solcher Hochflut ungefährdet hinzugeben« (*Klages* 1929, S. 43).

9.2. Geist und Seele, die Antagonisten in der Klages'schen Weltanschauung

Im Gegensatz zu der induktiven Art der Erkenntnisgewinnung eines *Michon* oder auch eines *Darwin*, geht Klages praktisch immer deduktiv vor, wenn er einen neuen Zusammenhang postulieren will. Seine ausdruckswissenschaftlichen Befunde lassen sich kaum verstehen, wenn man ihren metaphysischen Hintergrund nicht kennt. Klages wirft denn auch *Michon* vor, er hätte »sich fragen müssen ... auf welchem Wege die *Übertragung* des Urhebercharakters in den Schriftcharakter geschehe« (*Klages* 1964b, S. 81), denn für ihn scheint es kein heuristisches, nicht in einem philosophischen Grunde fundiertes Wissen zu geben. Die Tatsache, daß *Michon* graphische ›Zeichen‹ fand, »deren Entstehung völlig nebelhaft blieb« (*Klages* 1964a, S. 218), schien ihm einer wissenschaftlichen Disqualifikation gleichzukommen. Im Zusammenhang mit *Darwin* macht er geltend, es gäbe »keinen so großen Forscher und wird keinen geben, der nicht abhängig wäre von einer Metaphysik, und zwar durchweg umso tiefer, je weniger er es weiß. Darwins unbewußte Metaphysik ist der seit der ›Renaissance‹ fast alleinherrschend gewordene ›Rationalismus‹, der die treibenden Mächte des Weltlaufs ableiten zu können meint entweder geradezu aus dem Bewußtsein eines hinterweltlichen Utilitariers oder aus einer genau wie jener sich verhaltenden ›Natur‹« (*Klages* 1964a, S. 212f).

Demgegenüber muß die Klages'sche Metaphysik wohl am ehesten als ›romantizistisch‹ bezeichnet werden. Sie enthält wohl viele romantische Grundzüge und Impulse, es fehlt ihr aber das romantische Bedürfnis nach Harmonie und Ausgleich. Der ›Geist‹ im Sinne von Klages ist weit entfernt vom ›Geiste‹ der Romantik, den *Carus* folgendermaßen sieht:

»Wenn es *das erste* unergründliche Wunder zu nennen ist, daß überhaupt eine Welt wirklich geworden, daß sie entstanden — erschaffen sei, so ist es *das zweite*, ebenso nur überhaupt anzuerkennende, in seinen Folgen zu betrachtende und in seinem Entstehen ebensowenig zu ergründende, *daß es ein Bewußtsein gibt* — daß gewisse Ideen *nicht bloß* als Gedanken eines Höhern, Göttlichen, Ewigen existieren, sondern daß diese Gedanken selbst in sich unter gewissen Bedingungen zur Selbstanschauung, zum Bewußtsein, zum Wissen von der Welt, von sich und von Gott gelangen können, und daß dadurch die *zweite* Welt entstehen, in uns erschaffen werden könne — *eine Welt nach der natürlichen Welt: die Welt des Geistes*« (*Carus* o. J., S. 94). Bei *Carus* erhält die Seele, die sich bis zum klaren Bewußtsein vom eigenen Dasein ausbildet, *»insoweit* sie selbst Selbstbewußtsein erlangt, den Namen des *Geistes*. Beide, Seele und Geist, dürfen daher keineswegs, wie es oft in der Psychologie dargestellt wurde, zwei *neben*einander bestehende Wesen genannt werden, sondern wie die Seele die höher entwickelte Idee, so ist Geist nur die höher entwickelte Seele *als solche«* (*Carus* o. J., S. 98).

Klages, der 1926 selbst eine Neuherausgabe von ›Psyche‹ besorgte, bemerkt zu den beiden oben zitierten Stellen nichts. Erst der folgenden Stelle hängt er eine Anmerkung an: »Mit zunehmendem Weltbewußtsein und ersten Andeutungen des Geistes nimmt auf eine merkwürdige Weise auch der Begriff von der Welt des Tieres zu. Der größte Gesichtskreis und die weiteste Welt für das Tier mag die *Welt des Vogels* sein. Kein Tier jedoch dehnt seine Welt aus, *über die Erde hinaus*, und die größten Himmelskörper, deren Wirkung es empfindet, gehören seiner Vorstellung nach (wie in der Kindheit der Völker) immer nur zur Erdnatur. Auch diese ganze Stufenfolge von immer zunehmender Ausdehnung der Welt mit zunehmender Geistesentwicklung wiederholt sich beim heranwachsenden Kind: auch uns wird die Welt nach und nach immer weiter« (*Carus* o. J., S. 137).

Klages fügt hier unter anderem hinzu: »Das trifft zu für die Welt der *Denkgegenstände* (= gegenständliche Welt), während genau das Gegenteil zutrifft für die Welt der *Erlebnisinhalte* (= Wirklichkeit der Bilder); ... — Mit seinem Hinweis auf die Größenverschiedenheit des animalischen und menschlichen ›Gesichtskreises‹ ist Carus einer Entdeckung auf der Spur, aber auch lediglich auf der Spur! Die Entdeckung selber blieb ihm vorenthalten, weil es ihm zur Unterscheidung von Geist und Leben an einem scharfen Kriterium gebrach. Erst mittels eines solchen läßt sich die Wandlung der Seele angeben, die den Übergang des animalischen in den menschlichen Lebenszustand bezeichnet; da es sich denn erweist, daß die dadurch wirklich allererst möglich werdende Fernschau durchaus unterschieden werden müsse von den ›Spekulationen‹, mit denen sich sehr viel später der *Geist* ihrer zu bemächtigen trachtet« (*Klages* 1926a, S. 308).

Nach Klages bleibt *Carus* »in der Überzeugung befangen, das Bewußtsein *müsse* ›die höchste Blüte der Seele‹ sein« (*Klages* 1926a, S. VII); erst *Nietzsche* habe den Erforscher der vitalen Ermöglichungsgründe des Bewußtseins von der Verpflichtung entbunden, »in die Bewußtseinsbedingungen Wertbedingungen hineinzutragen« (*Klages* 1926a, S. VI).

Wie stellt sich denn nun der Geist bei Klages selbst dar? — Zunächst gibt er eine stark an *Carus* gemahnende Definition in seiner ›Grundlegung der Wissenschaft vom Ausdruck‹: »der Ermöglichungsgrund des Zusammenhängens aller Erlebnisse einunddesselben Wesens, mögen sie im Wachen oder im Schlafen stattfinden, gleichzeitig oder nacheinander, heißt die *Seele*, der

Ermöglichungsgrund ihres Bewußtwerdens heißt der *Geist*« (*Klages* 1964a, S. 22). Ebenfalls an *Carus* erinnert die folgende Stelle, in der aber bereits eine gewisse Skepsis dem ›Geist‹ gegenüber aufschimmert: »Darnach stehen einander entgegen das Fühlen und das Wollen, und der Wille dringt gerade insoweit durch, als er Gefühle *bemeistert*. Zeigt sich in diesen die ›Natur‹, so in jenem der Geist, der dem Menschen denn freilich zur ›zweiten Natur‹ geworden ist« (*Klages* 1929, S. 15). Der hier auftauchende Dualismus zwischen Fühlen und Wollen, zwischen Geist und Seele wird bei Klages zu einem unerbittlichen Antagonismus des Geistes gegen das Leben und die Seele, zu einem Widerstreit in dem Klages »›Dem Leben ein Monument zu errichten‹« (*Klages*, zit. n. *Kasdorff* 1969, S. 182) gedachte, wie er 1915 seine Bestimmung beschrieben haben soll.

Klages sieht in allen Erscheinungen diese Polarität oder ›rhythmische Seitlichkeit‹, wie er sie auch nennt. »Die Polarität von Geburt und Tod, Entstehen und Vergehen, Wachheit und Schlaf umfaßt, im weiteren Sinne verstanden, die ganze organische Welt. ... Größer noch als die Verschiedenheit zwischen dem Götzenbild des Australnegers und einem Gemälde von Rubens ist die der Pflanzengestalt von der des landbewohnenden Säugetiers; und dennoch zeigen sie die nämliche Seitlichkeit! ... Zeitlich rhythmische Wiederkehr und räumlich rhythmische Seitlichkeit sind den Millionenheeren der Erscheinungsformen alles Erdenlebens gemein!« (*Klages* 1929, S. 34). Von dieser Disposition aus entwickelt Klages seine Lehre vom zeitlichen und räumlichen Rhythmus als Lebensäußerung, dem der regelhaft-mechanische Takt als Manifestation des Geistes gegenübersteht, und zwar nicht bloß als Gegensatz, sondern als *feindlicher* Gegensatz: »Rhythmisch ist das Flügelschlagen ziehender Wandervögel, das Traben noch ungebändigter Pferde, das wellenhafte Gleiten der Fische; aber nach dem Takte zu laufen, zu fliegen, zu schwimmen vermögen die Tiere ebensowenig, wie etwa wir es fertigbrächten, nach dem Takte zu atmen. ... *Nietzsche* vergleichnist gelegentlich den Widerstreit mit der geistvollen Bemerkung, dichten heiße ›in Ketten tanzen‹: der Tanz wäre hier der Rhythmus der Sprachbewegung, die Kette das Metrum! Mancher Jünger der Kunstmusik schärft im Anfang sein Taktgefühl durch Zuhilfenahme eines Metronoms; allein das dergestalt Erlernte muß er beizeiten wieder zu *ver*lernen trachten, wenn es nicht heißen soll, sein Spiel sei ›mechanisch‹, seelenlos, tot! Rhythmisch äußert sich und erscheint das *Leben;* mit dem Takte dagegen zwingt den rhythmischen Lebenspulsschlag unter das nur ihm eigentümliche Gesetz der *Geist*« (*Klages* 1929, S. 35).

Der Geist wird so zu einem Hemmschuh in der Entfaltung des

Lebens: »Alles Lebendige ist beseelt; nur aber der Mensch ist außerdem noch begeistet, ja, genauer gesagt, bloß der geschichtliche Mensch, eingerechnet den unmittelbar vorgeschichtlichen Abschnitt seines ungeschichtlichen Daseins. Der Geist steht zum Leben derart in Gegensatz, daß er auf dessen Entfaltung unter allen Umständen mindestens *einschränkend* wirkt« (*Klages* 1927, S. 57). Als im Dienste eines solchermaßen beschränkenden Geistes stehend wird von Klages das Christentum erlebt: »Wenn im vergleichsweise somnambuleren Asien der Buddhismus die Neigungen durch Reizabstumpfung zu töten unternahm, so konnte dem blutvollen Lebensdurst heroischer Völker des fast noch barbarischen Nordens das Christentum nur dadurch beizukommen hoffen, daß es mit Hilfe von *Phantomen* die *Richtung* der Neigungen umdrehte und die Vehemenz der Triebe selber benutzte, um die Seele der Triebe zu morden! Angetan in *Larven des Sinnenscheins* spielte der Molch Geist die Rolle der Bilder, vampyrisch alle Inbrünste ansaugend und sie verkehrend in Orgien der Selbstzerfleischung! Aus der Wollust der Leiber, der Wollust schöpferischer Überschwänge, der Wollust der Schwangerschaften schuf er die *Wollust* am Begierdeabtöten, am Geißeln und Torturieren des Fleisches, an der Knechtung und Erniedrigung der Seele durch den heiligen ›Gehorsam‹, am grausamen Sichverbluten (!), zuletzt an völliger Selbstzernichtung! Daß ferner der damalige Urteilsvollstrecker des Geistes, der führende Priester und Kirchenfürst, auch die Polarität der Geschlechter in den Dienst der Seelenbindung zu stellen wußte, z. B. durch Ausgestaltung des ›himmlischen Bräutigams‹ für die Nonnen (und die Frauen überhaupt), der Göttermutter für die Mönche (und die Männer überhaupt), braucht hier nicht weiter verfolgt zu werden, da es im wesentlichen ›entdeckt‹ ist. Man veranlaßte solcherart absichtslos nebenher das Zwischenspiel jener dem Altertum kaum noch bekannten Lebensverinnerlichung, die zunehmend seit der sog. Renaissance als ausschließende und weltausgeschlossene *Leidenschaft* von Person zu Person auftrat; da wir denn heute auch davon das Ende mitansehen, nachdem auf der ganzen Linie die vorletzte Szene begonnen: der Mensch als Sklave der selbstherrlich gewordenen Willensmaschine auf der einen Seite, der selbstherrlich gewordenen Larve auf der andern und recht häufig der Sklave beider zugleich« (*Klages* 1926, S. 132).

Mit dieser ›christlichen Dolchstoßlegende‹, in der das Christentum im Dienste des Geistes des Verrats an den ›heroischen Völkern des Nordens‹ bezichtigt wird, ist der ›Geist‹ vollends zum rein negativen Dämon geworden. Er gleicht nun jenen Gestalten, die in den damaligen ›Tyrannenfilmen‹ (*Kracauer* 1958) die expressionistische Leinwand bevölkerten — wie auch die oben zitierte Schilderung atmosphärisch erstaunlich der von Klages so verabscheuten Welt des deutschen Kinos jener Zeit entspricht: Der Geist ist nun ein Vampyr wie ›Nosferatu‹, ein machthungriger Despot wie die Doctores Mabuse (ein ›Seelenauflöser!‹) und Caligari, ein Mörder wie der letzterem willfährige Somnambule Cesare; er führt zu einem halbmenschlichen, larvenhaften Dasein wie es ein ›Golem‹ oder ein ›Homunculus‹ verkörperte, er ist schließlich ein Moloch, der die Menschen zu seinen Sklaven macht, wie die allgewaltige Maschine in der Unterwelt des Films ›Metropolis‹, der ein Jahr später (1927) fertiggestellt wurde (Angaben nach *Kracauer* 1958).

Der solchermaßen von Motiven des damaligen Zeitgeistes durchsetzte ›Geist‹ läßt kaum hoffnungsvolle Perspektiven aufkommen: »Wie der Wallfahrtsweg seine Leidensstationen hat, die mit dem Golgatha enden, so hat auch der Weg des Geistes in der europäischen Menschheit seine etwa folgendermaßen markierbaren Hauptabschnitte: Verzwistung von Leib und Seele — Entleibung der Seele oder Verwerfung der Wollust oder Lähmung der Gestaltungskraft — Entseelung des Leibes oder Erblindung des Schauens oder der Leib als Maschine — der Mensch als Vollzieher des Willens zur Macht — anstelle der Seele die Seelenmimikry, das Phantom, die Larve. Sollte es aber jemanden gar zu wundersam dünken, daß ein geistiges Training die Keimzelle treffen und mit der Abfolge der Geschlechter Varietäten herbeiführen könne, so wolle er sich ins Gedächtnis rufen: daß zwar nicht das Bewußtsein, wohl aber der Geist eine metaphysische Macht ist — daß mit jedem Wandel der Menschheit Veränderungen der Wirtschaftsgestaltung einhergehen, die aus ehemals Herrschenden Dienende machen und ein unblutig allmähliches Erlöschen aller herbeiführen, die sich der neuen Fasson nicht anpassen können — endlich aber, daß die Auslese von gleichläufigen Eingriffen blutigster Gewalt befördert und vollendet wird. Wir nennen nur die Abschlachtung der Templer, Stedinger, Hussiten etc., die Inquisition mit ihren Hexenbränden und Autodafés, die Bartholomäusnächte, die grauenvollen Religionskriege, nicht zu reden von der französischen Revolution. Dergleichen Mordfeste sind biologisch bedingt und richten sich vorzugsweise gegen unbekehrbare Träger *alter* Substanzen« (*Klages* 1926, S. 133). (Zu diesem letzten Satze muß allerdings bemerkt werden, daß es sich außer bei den Mordbrennereien der französischen Revolution zumeist um Anschläge gegen *neue* Ideen handelte.)

Es berührt merkwürdig, in einem zeitgenössischen, ebenfalls 1926 erschienen Werke von völlig anderer Zielsetzung den folgenden Passus zu finden, in dem unheimlich ähnliche Problemlagen wie bei Klages, bald in völliger Gegensatz-, bald in unverkennbarer Parallelposition, behandelt werden: »Der Expressionismus will nicht passiv hinnehmen, er will gestalten. Die neue Richtung führt sich ein als eine Attitude des Willens. Aus seinem Weltbild entlassen sich die Formen der Wirklichkeit – nicht aber empfängt er sie aus einem irgendwie photographierbaren Tagesleben. Diese Akzentuierung des Schöpferischen wird zur neuen Form der europäischen Seele. Statt der Reflexion und der Paradoxie des impressionistischen Menschen bildet sich in der Kunst ein neuer Typus heraus, etwa die Maschinenwelt Johannes V. Jensens, die Menschen der neuen Sport- und Freiluftzeit, die Bilder Picassos und die Lyrik Johannes R. Bechers. Nicht mehr ist einfühlende und nachschaffende Psychologie das künstlerische Mittel: das metaphysische Wollen bestimmt die Schöpfung. Diese Einstellung ergreift alle Formen und Räume des gesellschaftlichen Lebens, der konstruktive Geist schafft sich in der ›Organisation‹ das Mittel zum intellektuellen Aufbau der beanspruchten Faktoren: das Gefühlsmäßige des Arbeitsprozesses wird ausgestoßen und durch ›betriebswissenschaftliche‹ Ordnung in übersichtliche Etappen zerlegt und neu gestaltet. Entsprechend verhalten sich die großen wirtschaftlichen Ordnungen, die horizontal und vertikal sich in Kartelle, Syndikate, Trusts zusammenfassen, zu einem zentralistischen Gefüge, in dem ein elektrischer Funke alle Zellen influenziert. Der gleiche Prozeß vollzieht sich im Staatsleben, im politischen Dasein, das sich immer sichtbarer nach privatwirtschaftlicher Kräfteordnung gestaltet. Ob Ford, Lenin oder Mussolini: es ist das gleiche System konstruktiven Aufbaus, wie immer auch die Inhalte sich unterscheiden. Es ist nur eine Ergänzung der Mechanisierung des Lebens nach der gefühlsmäßigen Seite hin, wenn sich gleichzeitig ein neuer Heroenkult etabliert. Die Verherrlichung der Führerpersönlichkeit ist immer Ausdruck eines zentralen Abhängigkeitsbewußtseins der Masse. Sichtbar schafft sich die Betonung des willentlichen Elements der Seele einen weltgeschichtlichen Ausdruck, das seit Beginn des Jahrhunderts seine Tendenz zur bewußten Umgestaltung des Geschichtlich-Gewordenen in zahllosen Versuchen an die Oberfläche getragen hat. Vielleicht ist der Weltkrieg die ungeheuerlichste Erscheinungsform dieser Seele, vielleicht sind ihre Schlacken in diesem fruchtbaren Schmelztiegel verbrannt, vielleicht hat er diesem übersteigerten Wollen sein Gift entrissen. Die Weltgeschichte wird es ausweisen« (*Kurtz* 1926, S. 12).

Beide Texte, sowohl der letztzitierte von Klages wie auch der (nachträglich fast apokalyptisch zu nennende) von *Kurtz*, zeigen den unerbittlichen Drang, die Geschichte auf den Nenner der eigenen, alles erklärenden Metaphysik zu bringen. Bei Klages endet diese Weltschau in einem resignierten Pessimismus; er sieht im amerikanischen Arbeits- und Vergnügungsbetrieb (1926!) »l'homme machine« bereits Ereignis geworden. »Daß daran zuerst die weiße Menschheit zugrunde gehen wird und erst ein paar Pferdelängen später die schwarze und gelbe, scheint heute ja einigen Rassentheoretikern zu dämmern. (Von den Primitiven reden wir nicht; denn die liegen im Sterben!) Indessen bietet das kein sonderlich großes Interesse mehr angesichts der Tatsache, daß schließlich der Untergang aller unausbleiblich ist. Aber nicht das bekümmert uns hier, weil niemand absehen kann, ob die völlig mechanisierte Menschheit nur noch Jahrhunderte oder noch Jahrtausende dauern wird, sondern uns beschäftigt die Mechanisierung selbst. Je weiter sie fortschreitet, umso mehr hat die *Persönlichkeit* ausgespielt. – Es ist das tragische Schicksal des Wissens, wir meinen des echten Wissens und nicht des vermeinten, das bloß das intellektuelle Rüstzeug erstellt für den Techniker und Mechaniker, gleichsam die Trauermusik zu machen, die das Scheiden einer Lebensessenz, um nicht zu sagen ihre Bestattung, begleitet. Wir *wissen* nur, was wir nicht mehr *sind.* Somnium narrare vigilantis est (Seneca). Ähnlich der Geschichtsschreibung, nur unvergleichlich tiefer greifend und hinter den Tagesereignissen ihren verborgenen Quell, hinter den Schaustücken der ›Weltgeschichte‹ die Regieleiter aufweisend, ist es eine Art *Chronik des Gewesenen.* Und so wird denn, wenn wir nicht irren, auch die Grundlegung der Charakterkunde den Anfang ihres – Endes bedeuten, und unsere Nachfolger müssen sich beeilen; sonst werden sie statt der Welt menschlicher Charaktere nur noch die schnell verblassende Erinnerung daran zu fassen bekommen –« (*Klages* 1926, S. 206f).

Dieses Schlußwort der ›Grundlagen der Charakterkunde‹ zeigt drastisch die nach Klages unerbittliche Dominanz des ›Geistes‹, der gegenüber der zentral positive Wert der Lebensfülle in stetem Rückzug begriffen ist. In der Schilderung dieses *›ursprünglichen Lebens‹* treten nun Züge romantischen Erbes bei Klages hervor: »Weiß man, daß Lebensvorgänge Erlebnisvorgänge sind, so weiß man auch, daß lebende Substanz nicht aus unlebender Substanz entstehen kann, und wird sich nicht länger gegen die einzig mögliche Annahme sträuben, daß auch den außerorganischen Vorgangsträgern eine, obschon eigengeartete, Lebendigkeit zukommen müsse. Wäre das Leben als solches nicht kosmisches Leben, so gäbe es weder die lebende Zelle noch Wachstum noch Lebensweitergabe. Lebt aber dergestalt das Einzellebendige nur als vergänglicher Träger des kosmischen Lebens, so bemißt sich der Grad seiner Lebensfülle nach dem Grade der Fassungskraft für das *Leben selbst* oder mit anderen Worten darnach, ob und wieweit er im Hier und Jetzt das Allgeschehen zu bedeuten vermag, oder endlich, mit Beziehung auf den möglichen Mangel an Fülle gesagt, nach dem je und je besonderen Grade der Lebens*vereinzelung*. Dieser universalen Stufung gemäß haben ungleichen Wert verschiedene Menschen, eingerechnet ihre Leistungsergebnisse, verschiedene Tiere, Bäume, Kristalle, Landschaften und so fort. ... Weil, metaphysisch gesehen, alles Mechanische ein Mechanisiertes und das Mechanisierte unter anderm Niederschlag eines Lebensverlustes aus Selbstentzweiung des Lebens ist, so bekommt die Frage nach dem Lebensgehalt für die Erscheinung des Menschen und alles dessen, was menschlichen Einfluß erfahren mußte, den besonderen Sinn nach dem Ausmaß des darin enthaltenen außergeistigen oder *ursprünglichen* Lebens« (Klages 1964a, S. 300).

Im ›Lebensgehalt‹ verkörpert sich in der Klages'schen Philosophie die positive Wirkkraft, die sich der dauernden Übergriffsversuche ihres Widersachers, des Geistes, zu erwehren hat. Da dieser unerbittliche Antagonismus erst mit der ›Selbstentzweiung des Lebens‹ möglich werden konnte, ergibt sich eine Rückwärtswendung in der Blickrichtung, da nur noch in der Vergangenheit ein Zeitalter der Harmonie gemutmaßt werden kann. Es entsteht die Gefahr einer Idealisierung der Vergangenheit, des Heidentums etwa oder anderer Frühzeiten, deren Artung uns unwiederbringlich verloren ging; so könne »insbesondere keine Archaisierung den Nimbus zurückerobern, der um die Schrifthinterlassenschaften größerer Zeiten webt aus Teilhaberschaft ihrer Urheber an einem weitaus seelenvolleren Lebens*verband*« (*Klages* 1929, S. 156f).

9.3. Kritische Anmerkungen zur Geisttheorie von Klages

Die ausführlichen Zitate (sie stammen alle aus ausdruckswissenschaftlichen Schriften) aus den metaphysischen Darlegungen von Klages sollten einerseits einen Einblick in seine Theorie ermöglichen, andererseits waren sie unumgänglich, weil der grundlegende Begriff der Klages'schen Ausdruckskunde, das Formniveau, nur aus seiner Philosophie heraus verstanden werden kann. Wie bei *Paracelsus* und *Carus* beispielsweise die Ausdruckswissenschaft nur einen Teilbereich einer ganzheitlichen philosophischen Weltauffassung darstellt, so besteht bei Klages eine Polarität zwischen Philosophie und Ausdrucksforschung, in der das eine ohne das andere nicht verstanden werden kann. Eine solche Verquickung kann aber methodologisch gesehen nur erlaubt sein, wenn die Philosophie ›richtig‹ ist. Ist sie es nicht, so könnte als Rettung des ausdruckswissenschaftlichen Gebäudes nur noch versucht werden, es auf neue Grundpfeiler zu stellen.

Die wenigen nun folgenden kritischen Gedanken melden einige vor allem *psychologische* Bedenken gegenüber dem Weltbild von Klages an.

9.3.1 *Zum Begriff ›Geist‹*

Es wurde bereits darauf hingewiesen, daß der Geistbegriff bei Klages sich deutlich von jenem der Romantik, beispielsweise bei *Carus*, auf den sich Klages sonst oft stützt, unterscheidet. Klages meint mit Geist einseitig bewußte Überlegung, Berechnung, technisches Machenwollen. Er meint, *ratio*, keineswegs aber *spiritus*. Er meint, wie *Vetter* sagt, einen »voluntaristisch autonomen Intellekt« (*Vetter* 1969, S. 108), nicht aber den biblischen ›Geistbraus‹ (*Buber*), von dem es heißt: ›Der Buchstabe tötet, aber der Geist macht lebendig‹. Eine Diskrepanz zwischen dem metaphysischen Geistbegriff und dem normalen Sprachgebrauch scheint bei Klages zudem da zutage zu treten, wo er von *Freud* sagt, er hätte »keinen überlegenen Geist« (*Klages* 1926, S. 220), oder wo er seine eigene Schrift »geistig bedeutend« (*Klages* 1929, S. 135) nennt.

9.3.2 *Zum Bedeutungsinhalt des Geistbegriffs*

Sucht man die Züge, die den Geistbegriff bei Klages immer wieder bezeichnen und charakterisieren sollen, so findet man Beschreibungen einer fordernden, machthungrigen, frustrierenden Gewalt, die zudem zur Bildung von mechanistischen Systemen neigt und Zwänge ausübt. Das »Joch des Geistes« (*Klages* 1929, S. 26), das man beispielsweise abwerfen könne im Rausch (z. B. durch den Geist des Weines?), der »ungeistiger, willkürloser und naturhafter als die vollbesinnliche Nüchternheit« (*Klages* 1929, S. 27) sei, dieses Joch hat auffallend viele Ähnlichkeiten mit einem — rigorosen Über-Ich. Führt man die Spekulation weiter, so könnte man präzisieren: eines protestantisch-puritanischen Über-Ichs. Es liest sich wie eine Ergänzung zu den Schilderungen des Geistes bei Klages, wenn *Schmidtchen* — der eine ›Über-Ich-Dominanz bei vielen Protestanten‹ feststellte — über den »Strukturierungsdrang« schreibt: »Die Konturlosigkeit des Raumes, in den ein Protestant gestellt ist, zwingt ihn zur Strukturierungstätigkeit. Der Strukturierungsdrang ist gleichsam das übergreifende Motiv, aus dem heraus ... Protestanten ... zu einem politischen Reich, zu systemerzeugenden Ideologien tendieren. Das Gewissenstraining der Protestanten kann in Verbindung mit der grandiosen, fast romantischen Weltweite und auch Weltenleere depressive Symptome erzeugen. Dagegen hilft Ordnungstätigkeit« (*Schmidtchen* 1969, S. 35). Die ›Verwandtschaft‹ des Klages'schen Geistes mit dem strengen Über-Ich würde dessen ›kanalisierende‹ Funktion erklären, seine Leibfeindlichkeit könnte verständlich werden aus Motiven eines viktorianisch-protestantischen ›Zeitgeistes‹ im ausgehenden 19. Jahrhundert, die Ablehnung des Christentums bei Klages könnte gleichzeitig als Versuch gewertet werden, sich — im Gefolge von *Nietzsche* — von diesen Einengungen zu befreien.

Die Hypothese, der Klages'sche Geistbegriff sei psychoanalytisch gesehen eine Über-Ich-Projektion, würde von Klages wohl dergestalt widerlegt werden, daß er argumentieren würde, das Über-Ich sei eben ein typisches Derivat des Geistes. Innerhalb seines philosophischen Systems – das ähnlich dem Kantischen in sich unwiderleglich scheint — wäre diese Erklärung nicht zu entkräften. Es könnte nämlich für Klages selbst mutatis mutandis gelten, was er über die ›Seelenauflöser‹ schreibt: »Wir hoffen, daß keiner unserer Leser auf die absurde Vermutung komme, vorstehender Auslauf über Seelenauflösung sei an die Adresse von Seelenauflösern gerichtet! Einen ›richtigen‹ Psychoanalytiker widerlegt man nicht, man wäre sonst ein Narr, es auch nur zu versuchen. ... Der ›richtige‹ Psychoanalytiker aber, der Mann mit psychoanalytischer ›Weltanschauung‹ ist ein echter Religionsanhänger und als solcher allerdings unangreifbar« (*Klages* 1926, S. 219).

9.4. Das Formniveau (später: Formniwo); der Doppelsinn der Ausdrucksmerkmale

Unmittelbar aus der Metaphysik von Klages leitet sich das zentrale Prinzip seiner ausdruckswissenschaftlichen Forschungen ab: das so genannte Formniveau. Zu seiner Ableitung geht er zunächst von der ausdruckswissenschaftlichen Tatsache aus, daß jede Erscheinung aus verschiedenen Ursachen heraus erklärt werden kann. »Regelmäßig schreibt einmal etwa der nüchterne Bücherwurm, der, ohne von Herzenswünschen sonderlich gestört zu werden, nichts andres weiß, als tagtäglich maschinenmäßig sein ›Pensum‹ erledigen; und regelmäßig schreibt zum andern ein Bismarck, der ein starkes und tiefes Gefühlsleben mit seinem noch mächtigeren Willen bändigt« (*Klages* 1929, S. 15f). Klages folgert daraus ein »Prinzip der analytischen Unerschließbarkeit des Charakters« (*Klages* 1964a, S. 291), das er zusammenfaßt »in die Worte: *jedes Ausdrucksmerkmal hat für jede seiner Bedeutungen einen zuständlichen wie auch eigenschaftlichen Doppelsinn,* (darin sei) ... bereits mitgesagt, daß es durch keine Indizienhäufung seiner Mehrdeutigkeit entkleidet würde« (*Klages* 1964a, S. 291).

Klages weist sodann darauf hin, daß gewisse Charaktere des Anschauungsraumes »Wertgefühle wachzurufen nicht umhin konnten: man denke an das Oben und Unten, Steigen und Sinken, Lasten und Tragen, an das Flache und Tiefe, Helle und Trübe, Lichte und Finstere, an das Sichöffnen und Sichverschließen. Wir untersuchen nicht hier und berühren auch unten nur nebenher, warum die Auffassung der Erscheinungscharaktere niemals getrennt werden kann von einer und sei es verborgen bleibenden Wertung, und begnügen uns mit der Bemerkung: wenn es nun einmal so ist, so hängt die Tiefe der Wesens*auffassung* von der Tiefe der Wesens*wertung* ab, und es wäre der wertbestimmende auch jener sinnerschließende Zug, mit dessen Hilfe wir die Zweideutigkeit der Symptome überwänden und alle Daten auf die Bedeutung des Ganzen bezögen. Das führt uns zum heute völlig verschütteten Problem des Wirklichkeitsgehalts der Erscheinungswerte« (*Klages* 1964a, S. 293). Als nächstes stellt sich die Frage: »... gibt es denn wirkliche Werte, d. i. schlechthin vorhandene oder mit anderen Worten unabhängig vom Wertenden bestehende Werte?« (*Klages* 1964a, S. 294). Klages gibt einen Hinweis: »Sieht jemand einem Kunsterzeugnis Vollkommenheit an, einer Landschaft Erhabenheit, einem Antlitz Lieblichkeit oder hinwieder Seichtheit, Falschheit, Rohheit, so glaubt er, etwas gefunden zu haben an der Erscheinung selbst, und wiese mit Recht die Behauptung zurück, er habe es in die Erscheinung hineinphantasiert« (*Klages* 1964a, S. 294f). In der Folge wehrt sich Klages gegen eine subjektivistische Wertlehre, hinter der nur Skeptizismus und Relativismus stünden; er wehrt sich ebenfalls gegen die von ihm als Formalismus bezeichnete Lehre, die uns glauben machen wolle, »die Werte (...) seien nicht anders bewußtseinsunabhängig ›gegeben‹ wie die Wirklichkeit selbst und ständen gleichsam als ewige Sternbilder an einem transzendentalen Wahrheitshimmel . . .« (*Klages* 1964a, S. 296). Es erweise sich nämlich, »daß die scheinbar einander entgegengesetzten Wunschbilder der Lebensleugner, Allmacht der Willkür und Allmacht der Absolutheit, nur zwei Darstellungsformen des emanzipierten *Geistes* sind« (*Klages* 1964a, S. 296). Deshalb sei gewiß, »daß der Wertgehalt der Erscheinung niemals gesucht werden dürfe in ihrer Angemessenheit an irgendwelche Forderungen des Geistes« (*Klages* 1964a, S. 296). Die — hier nur kurz umrissenen — Darlegungen sollten nach Klages aufweisen, »daß zum Behuf vergleichsweise vollkommener Wesenswahrnehmung nicht nur *die Vorherrschaft* des seelischen Pols erfordert werde, die jeder Schauung zugrunde liegt, nämlich vor dem leiblichen Pol, sondern auch seine Vorherrschaft vor den Forderungen des Geistes und des persönlichen Ichs. Eben darin aber gründet die wirklichkeitsangemessene Wertung« (*Klages* 1964a, S. 297). Anders formuliert: »der wahre Grund aller wirklichkeitstreuen Wertestufung liegt im *Grade der Lebensfülle*« (*Klages* 1964a, S. 299).

Das Formniveau bezeichnet nun bei Klages diesen ›Grad der Fülle‹, der nicht direkt aus der Art oder Stärke einer Äußerung entnommen werden kann, sondern sich erst dem ›Sehen des Gehalts‹ erschließt: »Je nach dem Menschen, in welchem sie stattfindet, wälzt und treibt jede Regung, sei es leises Erzittern, sei es leidenschaftliches Toben, eine andre und stets wieder andre

Lebens*fülle,* und das Rasen des einen kann ärmer sein und geringere Tiefen aufwühlend als gewissermaßen das bloße Atmen des andern! Wer das nun zu schauen und kraft des Geschauten zu fassen weiß, gleichgültig ob er zugrunde legt die Erscheinung des ganzen Menschen oder die seines Fingernagels, das Bild der Persönlichkeit selbst oder das seiner Leistung von ihr wie etwa die Handschrift, er hat in Gestalt oder Werk oder Vorgang wahrgenommen, wodurch Gestalt oder Werk oder Vorgang bald von der Fülle, bald vom Mangel sprechen, und vermag daher von Fall zu Fall zu entscheiden, ob in den Daten z. B. der Schreibbewegung vorwiegend die Stärke einer Regung erscheine oder vorwiegend die Schwäche des zugeordneten Widerstandes« *(Klages* 1964a, S. 301).

Auf solche Weise kann nun nach Klages die Entscheidung getroffen werden, welcher Bedeutungsaspekt eines Merkmals angesetzt werden muß, um es seiner Doppeldeutigkeit zu entheben. Da aber der ›Gehalt an Lebensfülle‹, der ausdruckswissenschaftlich durch die Bestimmung des Formniveaus festgelegt wird, zumeist der erfreulicheren Seite des merkmalsgemäßen Doppelsinnes entspricht, besteht die Gefahr, daß Charaktere schließlich aus nur noch positiven oder nur noch negativen Eigenschaften gezeichnet werden. Dieser Verzerrungsmöglichkeit ist sich Klages bewußt, wenn er ausdrücklich bemerkt, »daß es nicht im Wesen der tabellarisch verzeichneten Züge liegt, sich gegenseitig auszuschließen. Mit der Begeisterung geht oft auch Tatendrang einher, mit der Nüchternheit häufig Engherzigkeit, mit der Schwäche des Wirklichkeitssinnes nicht selten Mangel an Konzentrationsvermögen. Und ebensowenig verbieten einander die *gegensätzlichen* Eigenschaften. Jede ›Tugend‹ hat ihre Gefahr oder Vorzugsschwäche. Dem Begeisterten droht die Illusionenbildung, dem Sachlichen die Trockenheit, dem Unternehmenden der Leichtsinn, dem Rührigen die Ungeduld, dem Leichtblütigen die Flatterhaftigkeit, dem Bedächtigen die Unentschlossenheit, dem Gleichmütigen die Unbeweglichkeit usw. Ein übermittleres Formniveau darf uns nicht dazu verleiten, Licht ohne Schatten, ein untermittleres nicht Schatten ohne Licht zu suchen. Was wir aus dem Eigenartsgrade vom Charakter wirklich erfahren, sind dessen innerlich *bestimmende Mächte.* Stellen wir in Rücksicht auf ein hohes Formniveau fest, daß jemand leidenschaftlich und darum gelegentlich auch haltlos sei, so ist das etwas durchaus andres, als wenn wir in Rücksicht auf ein niederes Formniveau vorherrschende Haltlosigkeit zu erschließen hätten, die immerhin nicht einer leidenschaftlichen Färbung entbehre. Dort wäre die Haltlosigkeit bloß der Nebenerfolg eines positiven Charakterzuges, hier dagegen die bestimmende Eigenschaft, die ihrer Natur eines Mangels nicht dadurch entkleidet würde, daß es daneben nicht völlig gebräche an tieferer Erregbarkeit des Gefühls. Und ebenso steht es in allen ähnlichen Fällen« (*Klages* 1929, S. 66).

9.5. Zu den Gefahren der ›Lebensmetaphysik‹; Exkurs

Hohes Formniveau bezeichnet demnach den grundsätzlich positiven Charakter mit gewissen negativen Einschlüssen, niederes Formniveau dagegen eine bei allen guten Ansätzen letztlich doch mißratene Figur. – Hier drängt sich nun eine Bemerkung auf, die angesichts der jüngsten Gegenwartsgeschichte nicht unterlassen werden kann: Die Ablehnung der biblischen Tradition von Nächstenliebe und Hilfsbereitschaft dem Schwächeren gegenüber – im Gefolge von *Nietzsches* beißender Kritik an diesen ›Institutionen‹ –, zugleich das Finden eines neuen ›absoluten‹ Wertes in einem romantisch-verklärten (weil die negativen Aspekte der Natur ausschließenden) Leben, haben zu einer Geisteshaltung geführt, die es dem ›Wissenden‹ ermöglicht, alles Erscheinende nach seinem Gehalt, nach seinem Wert also, hierarchisch zu ordnen und zu bewerten. So kann Klages schreiben: »Wenn ein noch nicht gänzlich Verbildeter zum erstenmal eine ›futuristische‹ Schmiererei erblickt, so sagt er denn auch keineswegs: das mißfällt mir; sondern er sagt: das ist abscheulich« (*Klages* 1929, S. 18). Oder wir finden erwähnt, »daß die Entartung der ›musikalischen Konstitution‹ den Hysteriker ergibt, die der täterischen aber den Verbrecher« (*Klages* 1929, S. 87). Über die beim Hysteriker endende Dekadenz lesen wir: »Die Geschlechterfolge allerdings wird nicht selten folgende Linie der Entwicklung zeigen: der Vater zwiespältig, der Sohn vielseitig begabt, der Enkel Hysteriker. So läuft die Kurve des Verfalls über Haltestellen von verführerischer Geistigkeit und warnt uns, ›Begabungen‹ ohne weiteres für Lebenswerte zu halten« (*Klages* 1929, S. 88). Von diesen Äußerungen ist der Schritt gering, der zur Rede von ›entarteter Kunst‹, von dekadenten Rassen (zu *Freud* und der Psychoanalyse: »Endlich sei noch bemerkt: die Menschheit zerfällt beileibe nicht etwa in Beginner und Folger, sondern nur eine *bestimmte* Menschenart ist allerdings polarisiert nach ›Meister‹ und ›Jünger‹. Die Zugehörigen der übrigen Menschenarten stehen dieser schon seit drei Jahrtausenden feststellbaren Spielart und ihren absonderen Rechthabereien lediglich als Zuschauer eines gewiß merkwürdigen Stücks Geschichte gegenüber. Wir hätten zu der Frage, wie es eigentlich entstanden sei, wo es (zumal auch rassenmäßig genommen) herkomme und was es bedeute, einiges zu sagen; aber dazu wäre hier nicht der Ort« (*Klages* 1926, S. 220)), und schließlich, da auch die Menschen verschiedenen Wert haben, von ›lebensunwertem Leben‹ führt.

Es mutet an wie ein grausiges Echo auf die enthusiastischen Ideen, die im weiter oben zitierten expressionistischen Text von *Kurtz* geäußert wurden, aber auch auf den Pessimismus von Klages, wenn nun in einem Gedicht plötzlich der Wille auf die Seite des ›Lebens‹ tritt, um dergestalt eine ›neue Aera‹ einzuleiten. Die folgenden Zeilen wurden verfaßt von *Erwin Guido Kolbenheyer* (der unter anderem eine Roman-Triologie über *Paracelsus* schrieb: ›Die Kindheit des Paracelsus‹, ›Das Gestirn des Paracelsus‹, ›Das Dritte Reich des Paracelsus‹, erschienen 1917—1925) und entstammen dem Gedicht »Heil!«, das dem ›Führer‹ gewidmet war:

> Denn Deine Tat rief den gelähmten Willen,
> Und der Geweckte, wissentlich geballt
> In klare Zucht, wuchs auf zur Lebensmacht,
> Macht, die für alle Zeit gebrochen schien,
> Nun aber selbsterlöst die Welt befreit
>
> (*Kolbenheyer* in: Dem Führer. Worte deutscher Dichter; Tornisterschrift des Oberkommandos der Wehrmacht, 1941; zit. n. *Loewy* 1969, S. 260)

Diese einseitige Vergottung des ›Lebens‹ hat Millionen von Menschen das Leben gekostet. Wir sollten damit gewarnt sein vor jeder verabsolutierenden Theorie, die vorgibt, das ›Ziel des Lebens‹ klar, jedermann ersichtlich und einzig wahr erkannt zu haben, aber auch gewarnt sein vor jeder selbstherrlichen Persönlichkeitsbeurteilung, wie sie von einer solchen Theorie her leicht möglich ist. Die Sicherheit, mit der Klages Persönlichkeiten beurteilt und Zensuren verteilt, gemahnt zur Vorsicht. Was dem Großinquisitor der Ketzer, was dem Marxisten der Bourgeois, das ist für Klages der ›Hysteriker‹ (er verwendet den Begriff in leicht abweichender Weise). Er gibt seinen Lesern den Rat, sie sollen »sich hier wie auch sonst im Leben die Analyse nicht verderben . . . (lassen) durch unzeitige Ehrfurcht vor klangvollen und berühmten Namen!« (*Klages* 1929, S. 92). Klages Philosophie hat etwas Elitär-Kühles, untermalt von einem Weltschmerz, der in der Überzeugung gründet, als letzter erratischer Block des Lebens in eine Welt der Dekadenz gestellt zu sein. Wohlwollendes Verständnis scheint sich zu erübrigen, nachdem der Lauf der Welt endlich erkannt wurde durch »die Durchstoßung eines Walles mehrtausendjähriger Vorurteile, wie es Verfasser geleistet zu haben glaubt mit der Lehre vom Willen« (*Klages* 1964a, S. 230). Keinen Platz findet *Picards* Mahnung: »Man darf einen Menschen nur erkennen, wenn der Erkennende die Liebe für den Erkannten bereit hat« (*Picard* 1937, S. 15); es heißt im Gegenteil: »die Liebe aber ist das wahre Element der Täuschung« (*Klages* 1926, S. 34).

9.6. Das Ausdrucksprinzip; Ausdruck und Darstellung

Eine gewisse Analogie zur antagonistischen Metaphysik findet sich bei Klages in seinem Dualismus zwischen der naturwissenschaftlichen Dingauffassung und erscheinungswissenschaftlicher Naturbetrachtung, die er an einer Stelle ›Phänomenologie‹ nennt (*Klages* 1964a), sie aber offenbar doch nicht der Lehre *Husserls* gleichgesetzt wissen will, da er diese im gleichen Werke als »Husserlsche Formalistik« (*Klages* 1964a, S. 364) bezeichnet. Wie etwa *Goethe* in seiner Farbenlehre (die inzwischen auch von naturwissenschaftlicher Seite rehabilitiert wurde, vgl. dazu *Heitler* 1962, sowie das Schlußkapitel dieser Schrift), so fordert auch Klages von der Ausdruckswissenschaft das Eingehen auf die Erscheinungen selbst, nicht auf irgendwelche gedanklichen Derivate derselben. Er sieht die Naturwissenschaft, die sich nur auf eine Dingwelt, nicht auf eine Wesensschau stützt, als eine Ausgeburt des Geistes, der eine Erscheinungswissenschaft gegenübergestellt werden müsse, die in der Erkenntnis des lebendigen Wesens gründen soll. Von diesem Hintergrunde her muß das folgende Zitat verstanden werden, das den eigentlichen Grundsatz der Ausdruckslehre von Klages enthält und erläutert:

»Alle körperlichen Vorgänge der Welt bilden, wie die Naturwissenschaftler es ausdrücken, eine ›geschlossene Kausalkette‹, die für *un*körperliche Glieder nirgendwo Raum läßt. ›Charakter‹ nennen wir die Sonderbeschaffenheit einer persönlichen Seele; Seelen aber kommen nicht in der Welt der Dinge vor und dürfen niemals unter den möglichen Ursachen dinglicher Vorgänge aufgesucht werden. Das Verhältnis der Seele zum Leibe ist ein gänzlich andres und zwar unvergleichlich innigeres als das der Ursache zur Wirkung. Der lebendige Leib ist nämlich die *Erscheinung* der Seele, die Seele der *Sinn* des lebendigen Leibes. Beschränken wir uns bei der Betrachtung des Körpers auf die nach außen tretenden Bewegungsvorgänge, so können wir diese zumal auch den *Ausdruck* der Seele nennen. – Wem es schwer wird, das ihm gewohntere Bild von Ursache und Wirkung zu meiden, der möge sich den Sachverhalt an einem analogen (gleichartigen) Verhältnis vergegenwärtigen, das ihm aus tausendfältiger Erfahrung geläufig ist.

Die *Ursache* jedes Sprachlautes sind Bewegungen des Kehlkopfes, der Zunge und der Lippen, die abermals im Gehirn ihren Ursprung nehmen. Außerdem aber hat der Sprachlaut einen *Sinn*, der auf so innige Weise mit ihm verflochten ist, daß wir weit weniger auf das Wie des Sprechens als auf die Bedeutung des Gesprochenen zu achten pflegen. Genauer gesagt, ist der Sprachlaut das *Zeichen* eines Begriffes, der Begriff das vom Sprachlaut *Bezeichnete*. Jedermann erkennt es, daß Zeichen und Bezeichnetes nicht im Verhältnis von Wirkung und Ursache stehen; jeder erkennt aber auch, daß ein noch innigerer Zusammenhang als zwischen Zeichen und Bezeichnetem schwerlich erdacht werden könne. Gradeso nun, wie der Sprachlaut Zeichen des Begriffes, gradeso ist der lebendige Leib die *Erscheinung* der Seele, und gradeso wie der Sprachkundige den gesprochenen Lauten das Urteil entnimmt, das sie meinen, gradeso entnehmen wir den Vorgängen des lebendigen Leibes die seelische Wallung, die in ihnen *sich äußert*. Nicht nach der Ursache der Bewegungen fragen wir, sondern nach ihrem seelischen Gehalt. Daraus rechtfertigt sich für das Beginnen des Seelenforschers der Name eines *Deutungs*verfahrens« (*Klages* 1929, S. 12f).

Diese eindeutige Stellungnahme für eine rein erscheinungswissenschaftliche Ausdruckskunde, der Klages zeit seines Lebens treu blieb, dürfte mit zu den Ursachen gehören, die zum Bruch mit dem ehemaligen Schüler *Pophal* führten. Einem Brief von Klages an den letzteren entnehmen wir: »Meine Ueberzeugung von der Entbehrlichkeit physiologischer Vermittlungen in der Ausdruckskunde hat sich dahingehend verfestigt, daß wenigstens der Nichtphysiologe vor der Vermengung beider Gebiete zu *warnen* sei. Eine ›physiologische‹ Graphologie gibt es bis auf weiteres *nicht*« (zit. n. *Frauchiger* 1968, S. 367). Seine schroffe Ablehnung jeder naturwissenschaftlichen Forschungsmethodik beschränkte die Offenheit seiner Konzeption der Ausdruckswissenschaft gegenüber neuen Befunden anderer Wissenschaftszweige, führte aber andererseits dazu, daß eine geschlossene, strikte psychologisch argumentierende Lehre entstand. Die Elemente dieser Lehre sind zwar vielfach nicht neu, sie wurden aber doch wohl zum ersten Male in eine umfassende — wenn auch metaphysisch belastete — Form gebracht. So geht der oben zitierte Grundgedanke vom Leib als Erscheinung der Seele unzweifelhaft auf *Carus* zurück, der sagt, die Idee ordne den Leib zur organischen Form, und es sei »diese Form überall *Leib und Seele zugleich*, und nur die Verschiedenheiten dieser Form sind es, die zuweilen fälschlicherweise als Leib und Seele sich entgegengesetzt wurden« (*Carus* o. J., S. 33).

Aus dem allgemeinen Satze, der Leib sei die Erscheinung der Seele, schält Klages in der Folge die erste Fassung seines Ausdrucksprinzips heraus: »Mögen unsre Zustände aus äußeren oder inneren Anlässen stattfinden und mögen wir davon wissen oder nicht, stets neigen die von erhöhter Antriebsbereitschaft zur Häufung und Verstärkung unserer Bewegungen, die von verminderter Antriebsbereitschaft zur Abschwächung und Verkargung unsrer Bewegung, daher wir dem Ausdrucksprinzip inbezug auf Bewegungserscheinungen vorderhand folgende Fassung geben: *jede ausdrückende Körperbewegung verwirklicht das Antriebserlebnis des in ihr ausgedrückten Gefühls*« (*Klages* 1964a, S. 148). Dieser

Ausdrucksgrundsatz dürfte seinen Vorläufer wohl in der prägnanten, fast klassisch einfach anmutenden Bemerkung von *Lavater* finden, die er in der Diskussion mit *Lichtenberg* über Pathognomik und Physiognomik über die erstere fast nebenbei fallen ließ: »*Die Bewegung ist, wie die bewegende Kraft*« (*Lavater* 1778, S. 39); (Kursivdruck v. Verf.; *Lavater*, der sonst mit Druckhervorhebungen nicht gerade zimperlich umging, zeichnete ausgerechnet diesen Satz nicht aus!). Klages gewinnt mit diesem Prinzip ein grundlegendes Kriterium zur Ausdrucksdeutung, das sich wegen seiner allgemeinen Formulierung fast überall anwenden läßt.

Eine etwas ausführlichere Fassung, die nun auch die Stimmungen einbezieht, erläutert Klages folgendermaßen: »Die Antriebsstärke, die – in jedem Gefühl mit einer Stimmung verschmolzen – bald nach der Plusseite, bald nach der Minusseite über die Antriebsstärke der Ruhestimmung hinausgeht, bildet, wie inzwischen ermittelt wurde, nur den graduierbaren Zug einer Antriebs*gestalt*, die im Gegensatz zur bloßen Stärke mit den Stimmungen wechselt und somit uns diese in der Form von Impulsen darbietet. Mag beispielsweise ein Antrieb nach oben schwach oder stark sein, er ist spezifisch verschieden vom schwachen oder starken Antrieb nach unten, und ganz in demselben Ausmaß sind voneinander verschieden die Stimmungen selbst. Es gäbe keine Verständnisbrücke von der Lebensstimmung zum Stimmungsausdruck und dann auch keine von den Gefühlen zu ihrem Sichäußern, wäre nicht jede Stimmung *auch* eine Antriebsgestalt, die zur Erscheinung kommt in einer ihr entsprechenden Bewegungsgestalt. Wir dürfen hinzufügen: es verhält sich notwendig so, insofern die Seele eine Seele des Leibes ist oder, vom Standpunkt des Empfängers gesehen, insofern von jeder Erscheinung (also auch Lichtern, Farben, Düften) der *Sinn* gegenwärtig wird nur durch das Medium innerer Bewegtheit hindurch. Haben wir oben die erste Fassung des Ausdrucksprinzips mit der Bemerkung eingeschränkt, es gelte für den Bewegungsausdruck, so wissen wir jetzt, daß der Einblick in die beliebige Ausdruckserscheinung nur dank vorausgegangenem Einblick in die Antriebsgestalt der Seele erfolgt, und dürfen deshalb allgemein formulieren: *der Ausdruck verwirklicht nach Stärke, Dauer und Richtungenfolge die Gestalt einer seelischen Regung*« (*Klages* 1964a, S. 157).

Im weiteren Verlaufe bringt Klages das Ausdrucksprinzip in die folgende zusammenfassende »Formel, die das Ausdrucksprinzip zum Behuf der Anwendung handlicher mache: *der Ausdruck ist ein Gleichnis der Handlung*« (*Klages* 1964a, S. 179). Gleichnis ist hier verstanden im Sinne einer »Darstellung der Analogie im Bilde« (*Klages* 1964a, S. 180).

Neben solchen Ausdruckserscheinungen, »die sich verstehen lassen als Gleichnis der unmittelbar verständlichen Antriebsbewegung« (*Klages* 1964a, S. 240), sieht Klages eine weitere Kategorie von Ausdruckstatbeständen wesentlichster Art, »nicht für den Ausdruck schlechthin, wohl aber für den Seelenausdruck des Menschen« (*Klages* 1964a, S. 240). Es handelt sich dabei um das, was *Engel* unter der malenden Gebärde verstand, im Gegensatz zur ausdrückenden, und was früher schon *Cicero* unterschieden habe, »wenn er der significatio den gestus scenicus (auch demonstratio genannt) gegenüberstellt« (*Klages* 1964a, S. 240). Klages selbst spricht von diesen beiden Aspekten als von Ausdruck und Darstellung, um den unvorbereiteten Hörer nicht »in erster Linie an, wenn nicht schauspielerische, so doch jedenfalls gewollte Gesten denken zu lassen« (*Klages* 1964a, S. 240). Zur Erläuterung seiner Unterscheidung führt Klages folgendes Beispiel an:

»Die Altertumsforscher belehren uns, der ›Betende Knabe‹ sei unrichtig ergänzt; die Hände hätten mehr nach vorn gewiesen und wären ähnlich erhoben gewesen wie im Faschistengruß. Wie dem auch sei, die Gebärde stilisiert den Ausdruck einer enthusiastischen Huldigung. Vergleichen wir mit ihr die Haltung des christlichen Beters, so spricht zwar unmittelbar von der *ihm* eigentümlichen Demutsstimmung das niedergeschlagene Auge und der geneigte Nacken, keineswegs aber das Falten der Hände. Vielmehr, so erklärt der von Darwin zitierte englische Forscher *Wedgwood*, ›wenn der Bittende kniet und seine Hände mit aneinander gefalteten Handflächen emporhebt, so stellt er einen Gefangenen dar, der seine vollständige Unterwerfung dadurch erweist, daß er seine Hände dem Sieger zum Binden hinhält. Es ist die bildliche *Darstellung* des lateinischen dare manus, das Unterwerfung bedeutet.‹ Beide Betgebärden sind Gesten; die antike hat vornehmlich eine Ausdrucksbewegung, die christliche eine heute vergessene Handlung verwertet, die selbst nicht ohne symbolischen Beigeschmack ist. Daß aber beide zu festen *Zeichen*, die eine des begeisterten, die andre des demütigen Frohsinns, zu werden vermochten, liegt im Darstellungswert begründet, den für den Menschen und allerdings nur für ihn Bewegungen, Linien, Farben, Klänge, Düfte usw. besitzen. Wäre dem nicht so, so gäbe es weder Geste noch Pantomime« (*Klages* 1964a, S. 241).

Der Ermöglichungsgrund des Darstellungsverständnisses liegt nach Klages im spezifisch menschlichen Anschauungsraum, der immer schon werthaltig erlebt wird: »Haben wir aber die Wirksamkeit eines Darstellungsdranges erst in Gesten und Bräuchen erkannt und im Darstellungsdrang wiederum die Wirksamkeit einer Raumanschauung, die dem Tiere fremd ist, so brauchen wir nur denselben Sachverhalt im Unwillkürlichen aufzusuchen, um die Lücken unsrer bisherigen Ausführungen geschlossen zu sehen. Es *kann* Bestandstück des Demuts*ausdrucks* sein, wenn die Augen ohne Wissen und Wollen niedergeschlagen werden; aber das dieser Bewegung entsprechende Antriebsmerkmal fänden wir nicht, außer wir setzten voraus, was hier mit Hilfe eines neuen Prinzips erst begründet werden soll: den Zusammenhang menschlicher Antriebe mit Darstellungswerten der Welterscheinung. Das unwillkürliche Neigen des Nackens, das Senken der Lider, Abwärtswenden des Blickes erhält nämlich seinen Sinn von der schon berührten Wertwahrnehmung, derzufolge im Verhältnis zum räumlichen Unterhalb dem räumlichen Oberhalb die Bedeutung des Machthaltigen, ›Überlegenen‹, seelisch und geistig ›Höheren‹ zukommt. Das Gebeugtsein aus Kummer ist vom Sichbeugen aus Demut nicht nur tatsächlich, sondern außerdem grundsätzlich entstehungsverschieden: dort die Verwirklichung einer Antriebsgestalt, hier die Verwirklichung eines Darstellungsdranges oder, da ja auch der in den Antrieb eingeht, einer Antriebsgestalt, die nur im Hinblick auf richtungsgebende Wertunterschiede des Anschauungsraumes verständlich wird« (*Klages* 1964a, S. 242).

Das, was bei *Engel* eine Klassifikation nach mehr oder weniger pragmatischen Gesichtspunkten darstellte, wird nun bei Klages — seiner deduktiven Geisteshaltung entsprechend — zu einem Grundprinzip der Ausdrucksdeutung. Wie viel die Ausdruckswissenschaft dadurch gewann, erhellen folgende Erläuterungen: »Warum kommt jeder als steigend erlebten Richtung eine Sonderbedeutung in den Ausdrucksbildern des Vergnügtseins und der Freude zu, wie wir es z. B. aus der Wirkung des Eindrucks von emporgezogenen Mundwinkeln entnommen haben (...); warum, so dürften wir weiterhin fragen, nimmt ein von obenher den Nebenmenschen treffender Blick, der durch geeignete Kopfhaltung ja auch der kürzeren gegenüber der längeren Person gelingt, nicht selten am Ausdruck von Zuständen wie Überhebung und Verachtung teil, an Eigenschaften wie Hochmut, Stolz, Anmaßlichkeit? Die Antwort, die uns versagt geblieben wäre nach Kenntnis bloß des Ausdrucksprinzips, ergibt sich aus dem Darstellungsprinzip von selbst und fällt, wie sogleich nicht unerwähnt bleibe, mit der Antwort auf die Frage nach der Herkunft der Namen und Wendungen für die soeben herbeigezogenen und zahlreiche andre Zustände und Eigenschaften zusammen: wir sprechen von Hochmut und Überhebung (...) sowie umgekehrt von Erniedrigung und Unterwerfung, sofern wir das Verhältnis jener zu diesen Wesenszügen wiederzufinden glauben im Verhältnis der Erscheinung des Oben zur Erscheinung des Unten; und eben darin gründen — versteht sich, dem Träger unbewußt — die fraglichen Haltungen. Wirkliche oder vermeinte Überlegenheit *stellt sich dar* unter anderm in einer Blickrichtung, die den Träger wirklicher oder vermeinter Unterlegenheit an tiefer gelegenem Orte zu finden vorgibt. . . . Gleicherweise sucht der Triebantrieb der Verehrung sein Ziel in der Höhe, der des schweifenden Träumens die Ferne, fühlt sich die Freude zur Höhe und Helle gezogen (. . .), kann ein Zurückwerfen des Kopfes Darstellung trotziger Geringschätzung, das Niedersinken des Kopfes unter Umständen Darstellung reuiger Zerknirschung sein« (*Klages* 1964a, S. 243).

Nach Klages ist das Darstellungsprinzip ausschließlich beim Menschen wirksam, der sich nur schon rezeptorisch ursprünglich vom Tiere unterscheide mit »seinem Übergewicht des Schauens über das Empfinden« (*Klages* 1964a, S. 245). Inwieweit diese Behauptung gegenüber den Befunden der Verhaltensforschung wird aufrechterhalten werden können — man denke etwa an die an Symbolhandlungen gemahnenden Rituale bestimmter Tiergattungen — soll hier nicht weiter untersucht werden, da es sich dabei vorwiegend um eine anthropologische und nicht primär ausdruckswissenschaftliche Fragestellung handeln würde. Was die Unterscheidung der beiden Prinzipien betrifft, so kann sie nicht in jedem Falle klar vorgenommen werden: »Erzeugen . . . mehrere Personen, welche gebeten wurden, auf bereitliegenden Blättern Figuren zu entwerfen, die ihnen Frohsinn bedeuten, unabhängig voneinander Linien, welche im Verhältnis zur immer stehend vorgestellten Zeichenfläche jedenfalls ›steigen‹, wie umgekehrt sinken beim Entwurf von Lineamenten der Trauer, so fällt ihre *Darstellung* stimmungsgegensätzlicher Gemütszustände in der Beziehung zusammen mit den Erfolgen von Bewegungen, die denselben Gegensatz *ausdrücken* würden, und wir hätten ohne Kenntnis ihrer Entstehung angesichts der fertigen Gebilde die Wahl zwischen zwei wesentlich verschiedenen Erklärungsarten, hinsichtlich deren es nicht von vornherein feststände, ob sie wie hier immer zur gleichen Deutung zu führen vermöchten« (*Klages* 1964a, S. 256). Es ist also durchaus so, »daß Ausdruckswerte und Darstellungswerte einander gleichsinnig begleiten können« (*Klages* 1964a, S. 253), beispielsweise in einem Schriftstück, dessen Zeilen steigend angeordnet sind (Ausdruck) und in dessen Unterschrift zudem ein auffällig aufwärtsstrebender Schnörkel (Darstellung) zu finden ist. Die »Grundform aller darstellenden Bewegungen« (*Klages* 1964a, S. 265) erblickt Klages in der Gebärde des Hinweisens oder Zeigens, die auch am Ursprung des Denkens stand, das nicht begreifendes, sondern hinweisendes Denken gewesen sein soll.

Damit ein Ausdrucksmedium für darstellende Funktionen überhaupt in Anspruch genommen werden könne, sei es wesentlich, daß es sinnlich *anschaulich* zu werden vermöge, daß also das Ergebnis des Darstellungsantriebes verglichen werden könne, mit dem, was Klages das *persönliche Leitbild* nennt. Klages formuliert: »die willkürbare Bewegung kann vom Darstellungsdrange nur insoweit gemodelt werden, als sie einhergeht mit *unbewußter Erwartung ihres anschaulichen Erfolges*« (*Klages* 1964a, S. 271). Als Hauptbeispiel solcher darstellenden Antriebe in der Schrift weist Klages auf die Stellenbetonung hin, auf bestimmte Schlußzüge und auf auffällige Übergewichte beispielsweise der Unterlängen.

Auf solche Weise gelingt es Klages von wenigen Grundbegriffen her die ganze Ausdruckskunde aufzurollen und zum Teil neuartige Erklärungen zu finden für Ergebnisse, die schon von früheren Autoren gefunden, freilich aber auf andere Art gedeutet wurden. (Wie eine Ausweitung des Ausdrucks- und Darstellungsbegriffs nach Lersch'schen Gesichtspunkten möglich ist zeigt *Fischer* [1955]).

9.7. Klages und die Tradition

> »Es ist Schade, daß man bey Schriftstellern die gelehrten Eingeweide nicht sehen kann, um zu erforschen, was sie gegessen haben.«
>
> (*Lichtenberg* 1801a, S. 331)

Klages hat der Ausdruckswissenschaft unzweifelhaft neue Impulse gegeben, er hat sie aber auch in einem gewissen Sinne ihrer Tradition beraubt, indem er die Leistungen früherer Autoren offensichtlich herabminderte. Dies mag zu einem Teil darin begründet sein, daß er von vornherein eine erscheinungswissenschaftliche Gesamtkonzeption anstreben und sich mit Teilaspekten nicht zufriedengeben wollte. Zur Darstellung seiner Ausdruckstheorie war er zwar angewiesen auf Einzelbefunde seiner Vorgänger, er schien es aber nicht für nötig zu halten, seine Quellen speziell zu erwähnen. Es scheint, daß *Pophal* — der mit Klages zuerst befreundet war, sich dann aber verfeindete — nicht unrecht hat, wenn er in graphologischem Zusammenhange über Klages schreibt: »Mehr und mehr entschwand seinem Bewußtsein, was er von Michon und seinen sonstigen Vorgängern übernommen hatte, und mehr und mehr gelangte er dahin, sich selbst für den Begründer der Graphologie zu halten, aus seiner graphologischen Lehrzeit stammende, heute nur noch schwer zugängliche, mehr positiv gehaltene Auslassungen über Michon und dessen graphologische Verdienste der Verdrängung anheimgebend« (*Pophal* 1965, S. XVII). Ähnlich äußert sich auch *Klara (Goldzieher) Roman*: »there was unfortunately a resistant trait in Klages' character; while he helped give graphology scientific standing, he also found ways of suppressing points of view and investigative traits that ran counter to his own« (*Roman* 1968, S. 176), wobei sie darauf hinweist, daß Klages von den Forschungen mit der Kraepelinschen Schriftwaage nichts wissen wollte.

Schließlich findet sich schon 1925 folgender Passus von *Saudek*: »Klages ist heute in Deutschland unangefochten anerkannt. Die Geschichte vieler wissenschaftlichen Disziplinen belehrt uns, daß sobald irgendein Forschungsgebiet von einer einzigen Autorität beherrscht wurde, ein abfälliges Urteil eben dieser Autorität über die Arbeiten eines anderen Forschers die gesündesten Keime neuer Bestrebungen für eine Zeit zu ersticken vermochte. Auch in der Graphologie. Klages hat mit einer einzigen wegwerfenden Geste alle zeitgenössischen französischen Bemühungen auf diesem Gebiet abgelehnt. Und seitdem ist keines der neueren Werke von Crépieux-Jamin ins Deutsche übersetzt worden, trotzdem seine früheren Bücher zu den populärsten in Deutschland gehörten. Klages' hoher Ruf ist berechtigt, seine Ablehnung der zeitgenössischen französischen Arbeiten ist unberechtigt« (*Saudek* 1926, S. IX f).

Einige Beispiele — die keinerlei Anspruch auf Vollständigkeit erheben — mögen zeigen, wie auch bei Klages Traditionen unausgesprochen fortwirkten: Klages betont in der Graphologie immer wieder die Wichtigkeit der Charakterologie für die Handschriftendeutung. So nennt er denn auch sein graphologisches Hauptwerk ›Handschrift und Charakter‹ ([11]1929), ohne allerdings darin zu erwähnen, daß schon *Crépieux-Jamin* (o. J.) ein Buch mit gleichem Titel veröffentlichte, das um die Jahrhundertwende bereits in zweiter deutscher Auflage erschien und von *H. H. Busse*, dessen Mitarbeiter Klages damals im ›Institut für wissenschaftliche Graphologie‹ und in der ›Deutschen graphologischen Gesellschaft‹ war (*Kasdorff* 1969), herausgegeben wurde. Zudem erschien noch vor der Erstausgabe von ›Handschrift und Charakter‹ im Jahre 1917 ein gleichnamiges Werk von *Schneidemühl* (1911; Angabe in: *Legrün* 1922), auf das Klages ebenfalls keinen Bezug nimmt.

Auch der Begriff der Triebfedern, »eine von L. Klages eingeführte und im neuern seelenkundlichen Schrifttum häufig gebrauchte Bezeichnung für persönliche Strebungen, auch ... Interessen« (*Hehlmann* 1962, S. 548) läßt sich bis zu *Lichtenberg* zurückverfolgen, der den Triebfeder-Begriff bereits im Sinne von Klages als ›Willensursache‹ (*Klages* 1927) verwendet:

»Leibniz hat die christliche Religion verteidigt. Daraus, wie die Theologen tun, geradeweg zu schließen, er sei ein guter Christ gewesen, verrät sehr wenig Weltkenntnis. Eitelkeit, etwas Besseres zu sagen als die Leute von Profession, ist bei einem solchen Manne wie Leibniz, der wenig Festes hatte, eine weit wahrscheinlichere Triebfeder, so etwas zu tun, als Religion. Man greife doch mehr in seinen eigenen Busen, und man wird finden, wie wenig sich etwas von anderen behaupten läßt. Ja, ich getraue mir zu beweisen, daß man zuweilen glaubt, man glaube etwas, und glaubt es doch nicht. Nichts ist unergründlicher, als das System von Triebfedern unserer Handlungen« (*Lichtenberg* 1966, S. 118).

Oder: »... Wem der Beweis für das Dasein eines höchsten Wesens aus der Natur (kosmologischer) zwingend ist, der bleibe dabei; ebenso der, den der theoretische oder der moralische überzeugt. Selbst die, die an neuen Beweisen gegrübelt haben, sind vielleicht durch einen Zwang dazu verleitet worden, den sie sich nicht ganz entwickeln konnten. Statt uns ihre neuen Beweise zu geben, hätten sie uns die Triebfedern entwickeln sollen, die sie nötigten, sie zu suchen, wenn es anders nicht bloß Furcht vor den Konsistorien oder den Regierungen war« (*Lichtenberg* 1966, S. 50 f).

Die Unterscheidung zwischen Trieb und Triebfeder sieht nun Klages folgendermaßen: »Tiere sind Eigenwesen, Menschen (von heute) Ichwesen oder Personen; Eigenwesen haben Triebe, Personen Triebe *und* ›Interessen‹ (= Triebfedern); Triebe sind Ursachen vitaler Bewegungen, Interessen oder Triebfedern sind Willensursachen, genauer Bedingungen der Richtung des Wollens; Triebe wirken sich aus in Antriebsbewegungen, Interessen in Handlungen« (*Klages* 1964a, S. 87). Die Triebfedern sind nach Klages weitaus bedeutungsvoller: »Auch der Mensch, wie bemerkt, hat Triebe; aber sie sind seinen Triebfedern derart untergeordnet, daß sie sich durchweg erst mit deren Hilfe verwirklichen können« (*Klages* 1927, S. 54). Gegen eine solchermaßen ›sublimierende‹ oder ›vergeistete‹ Auffassung der Triebe wenden sich die Geschwister *Mendelssohn:* »Klages sieht entweder die Sexualität nicht – oder er mag nicht von ihr sprechen. Er ignoriert ihre deutlichsten Manifestationen im graphischen Bild und – was schwerwiegender ist – ihre feineren Manifestationen im Seelenleben. Alle Feinheiten der Schriftuntersuchungen, die ganze imponierende Architektonik des Begriffsgebäudes können diesen Mangel nicht ersetzen.

Die Menschen, die Klages zeichnet, haben kein Blut. Sie sind wie die kühlen, mit der Reißfeder gezogenen Akte des Klassizismus. Man braucht nicht Psychoanalytiker zu werden, aber man darf wirklich nicht päpstlicher sein als der Papst. Was selbst die offiziellste Psychologie als grundlegende Tat Freuds anerkannt hat, nämlich die Entdeckung der entscheidenden Rolle, die die Sexualität im Aufbau der gesunden und kranken Seele spielt, das müssen auch wir anerkennen. Eine Analyse, die diese Komponente übersieht, wird leicht am Kern des Menschen vorbeireden« (*Anja Mendelssohn* und *G. Mendelssohn* 1928, S. 4). Diese Rüge an die

Adresse der Klages'schen Triebtheorie hätte sich erübrigt, wenn Klages sich auch im Triebbegriff stärker an *Lichtenberg* angelehnt hätte. Eine treffende Schilderung des Phänomens, das wir heute ›Rationalisierung‹ nennen, demonstriert nämlich die Macht, die *Lichtenberg* dem Triebe zuschreibt:

»Glaubt ihr etwa, eure Überzeugung habe ihre Stärke den Argumenten zu danken? Ihr irrt sicherlich, sonst müßte jeder, der sie hört, überzeugt werden, so gut als ihr. Voltaire ist verblendet, sagen die Theologen; und er sagt: ihr seid verblendet. Da sie aber nicht gerichtlich darthun können, daß sie mehr Vernunft haben, als er, und er mehr Weltkenntniß und Philosophie besitzt, als sie, so ist noch ein Übergewicht auf seiner Seite. Man kann so gut für als wider einen Satz verblendet seyn. Gründe sind meistentheils nur Ausführungen von Ansprüchen, wodurch man etwas, das man in jedem Fall doch gethan haben würde, zu vertheidigen und ihm einen Anstrich von Rechtmäßigkeit und Vernunftsmäßigkeit zu geben sucht. Es scheint, die Natur habe eine so nöthige Sache, als ihr die Überzeugung beym Menschen war, nicht gern auf Vernunftschlüsse allein ankommen lassen wollen, indem diese leicht betrüglich seyn können. Der Trieb kommt uns, dem Himmel sey es gedankt! oft schon über den Hals, wenn wir mit dem Beweis der Nützlichkeit und Nöthigkeit noch nicht zur Hälfte fertig sind« (*Lichtenberg* 1800a, S. 180 ff).

Oder: »Wenn jemand etwas sehr gerne thut, so hat er fast immer etwas in der Sache, was die Sache nicht selbst ist. Dieses ist eine Bemerkung, die eine tiefsinnigere Untersuchung durch den nützlichsten Erfolg belohnen würde« (*Lichtenberg* 1800a, S. 182).

Trotz dieser Fülle von Einsichten — die Klages sicherlich bekannt waren — wird *Lichtenberg* jeweils bloß im Vorbeigehen als Aphoristiker (oder überhaupt nicht) erwähnt. Dabei findet sich doch schon bei *Lichtenberg* ein erster Anstoß zur Klages'schen Geisttheorie, der allerdings — entsprechend dem größeren Vertrauen *Lichtenbergs* in die Natur — noch keine einseitige Wertung enthält: »Der Pöbel ruinirt sich durch das Fleisch, das wider den Geist, und der Gelehrte durch den Geist, den zu sehr wider den Leib gelüstet« (*Lichtenberg* 1844, S. 239).

— Auch *Lavater* kommt bei Klages schlechter weg, als es von der Sache her gerechtfertigt wäre. Klages wirft *Lavater* vor, er schildere Schriftcharaktere und meine den Charakter des Schreibers: »Prüfen wir seine (Lavaters; Verf.) Sätze, so zeigt es sich, daß er Schrift*charaktere* sieht und zwischen ihnen und den Charakteren der Schrifturheber gar keinen Unterschied macht« (*Klages* 1964b, S. 79). Es kommt zwar vor, daß bei *Lavater* Schrift- und Charakterbeschreibung ineinanderfließen, aber gerade die von Klages beigezogenen Beispiele sind in dieser Hinsicht nicht eindeutig. Wenn Klages anführt: »Leicht hingesetzt mit der äußersten Federspitze: Leichtigkeit, Geschmack, Beredsamkeit!« (*Klages* 1964b, S. 79; *Lavater* 1777, S. 116), so ist doch wohl der erste Teil als Schriftbeschreibung — man beachte auch, wie bereits die Schreib*bewegung* in die Betrachtung einbezogen wird — aufzufassen, der zweite als Deutungsversuch. *Lavaters* Äußerung: »Von einem außerordentlich entschlossnen, schnellthätigen anstelligen Manne« (*Lavater* 1777, S. 116; *Klages* 1964b, S. 79) ist nicht als Beschreibung der Schrift, sondern des Charakters des Schrifturhebers gedacht, der *Lavater* ja bekannt war; *Lavater* präsentiert oftmals Vignetten, Silhouetten oder in diesem Falle Handschriften, denen er eine Charakterisierung des Dargestellten beigab, wobei er es dem Leser überließ, die eigentlichen physiognomischen Schlüsse zu ziehen. Sein Bestreben war eine Schulung des Schauens.

Ein letztes Beispiel (das von Klages nicht zitiert wird) möge zeigen, daß *Lavater* zwar Schriftbeschreibung und Deutung zu trennen wußte, diese beiden Elemente der Interpretation jedoch nicht immer konsequent genug unterschied: »Die erste Schrift ist vom Herrn von *Haller*. Nachlässig und hingekleckt scheinen die Buchstaben — aber die Zeilen sind parallel. Das erste ist Phlegma, das zweyte Ordnungsliebe. *Leichtigkeit* und *Reinlichkeit* sind auffallend« (*Lavater* 1777, S. 115). Hier ist der erste Satz eine klare Schriftbeschreibung, der zweite gibt eine Anleitung, wie die gefundenen Merkmale zu deuten sind, während im dritten die Grenzen wiederum etwas verwischt werden, es sich aber doch offensichtlich um eine Charakterisierung des Schriftstückes handelt.

Die Fehlinterpretation der Äußerungen *Lavaters* durch Klages wäre weniger gewichtig, wenn sie nicht im Sinne eines ›autoritativen Prozesses‹ (nach *Sarbin, Taft* und *Bailey* 1960, vergl. 2. Teil dieser Arbeit) von anderen Autoren übernommen worden wäre. So schreiben noch 1965 *Müller* und *Enskat* über *Lavater*: »Wenn er von leidenschaftlichen, feinen, leichttätigen, geschmackvollen, kindlichen, phlegmatischen Zügen spricht, so meint er zwar den Schreiber, beschreibt aber die Schrift« (*Müller* und *Enskat* 1965, S. 546).

Diese wenigen Beispiele mögen genügen, um die eingangs behauptete Einseitigkeit und Verfälschung der ausdruckswissenschaftlichen Geschichtsschreibung durch Klages einigermaßen zu stützen. Viele Errungenschaften der Ausdruckswissenschaft, die heute gerne Klages zugesprochen werden, sind schon viel früher angelegt worden; was Klages gelang, war die erstmalige Eingliederung in ein zwar grandioses, beinahe kosmologisches Konzept (in dieser Hinsicht an *Carus* und *Paracelsus* erinnernd), das aber dermaßen metaphysisch belastet erscheint, daß ein echter Weiterausbau ohne Umwerfung der axiomatischen Grundidee vom ›Geist als Widersacher der Seele‹ kaum möglich sein wird.

Daß bei Klages auch sprachliche Eigenheiten aus der physiognomischen Tradition in seine Werke eingeflossen sind, ist bei seiner unbestreitbaren Belesenheit nicht verwunderlich: so findet sich in ›Ursprünge der Seelenforschung‹ (*Klages* 1964d) das altertümliche Wort ›klärlich‹, das besonders bei *Carus* recht oft anzutreffen ist; die Wendung, ein Beleg ›sei hier nicht unterdrückt‹ ist schon bei *Lichtenberg* festzustellen und schließlich ist die Rede von ›Zugaben‹ (»Es ist daher eine Zugabe, wenn wir zum Schluß . . .«; *Klages* 1964a, S. 76) nur sehr schwer verständlich, wenn man sich nicht daran erinnert, daß *Lavater* in seinem Hauptwerk an die einzelnen Fragmente (= Kapitel) jeweils ›Zugaben‹ anschloß, die einen Spezialaspekt des Themas behandelten, oder zusätzliche Informationen über den zuvor besprochenen Themenkreis lieferten. Wurde demnach Klages von den von ihm angegriffenen und später zusehends totgeschwiegenen älteren Autoren sichtlich beeinflußt, so hat doch auch seine Arbeit selbst der Ausdruckswissenschaft — und innerhalb dieser vor allem der Graphologie — unzählige neue Impulse gegeben, die von Zeitgenossen zum Teil übernommen wurden oder mit denen sie sich zumindest — zum Teil in Abhebung ihrer eigenen Lehre von der Klages'schen — auseinandersetzen mußten.

9.8. Nachfolger und Gegner: Klages als Anreger und Widerpart

Es kann hier nicht darum gehen, die Ausstrahlungen des Werkes von Klages auch nur einigermaßen vollständig zu würdigen. Immerhin soll abschließend ein kleiner Abriß das Echo aufzeigen, das seine Arbeiten vor allem in der ersten Hälfte unseres Jahrhunderts fanden.

In grundwissenschaftlicher Hinsicht, im schulmäßig-philosophischen Bereich, war der Wirkungskreis von Klages wohl am geringsten, da er stets außerhalb der Hauptströmungen des damaligen philosophischen Denkens blieb. Dennoch geht *Max Scheler* in seiner 1928 erstmals erschienenen Schrift »Die Stellung des Menschen im Kosmos« recht ausführlich auf den Klages'schen Ansatz ein, indem er im Anschluß an eine Diskussion über den abendländischen Idealismus und den sog. Naturalismus unter anderem folgendes bemerkt: »Im Gegensatz zu all diesen Theorien hat ein neuerer Schriftsteller, der eigenwillig, aber nicht ohne Tiefe ist, den Menschen (ähnlich wie wir selbst) unter den beiden irreduziblen Grundkategorien von ›Leben und Geist‹ zu verstehen gesucht — ich meine Ludwig *Klages*. Er ist es vor allem, der in Deutschland jene *panromantische* Denkart über das Wesen des Menschen philosophisch fundiert hat, die wir heute bei so vielen

Forschern verschiedenster Wissenschaften antreffen, z. B, bei Edgar Dacqué, Leo Frobenius, C. G. Jung (der zwar ebenfalls die Polarität von Geist und Leben betont, Geist aber niemals im Sinne von Klages versteht; Verf.), Hans Prinzhorn, Theodor Lessing, in einer gewissen Richtung auch bei Oswald Spengler. Die Eigenart dieser Auffassung, ..., besteht vor allem in zwei Punkten. Der Geist wird zwar als ursprünglich angenommen, aber durchaus wie bei den Positivisten und Pragmatisten mit Intelligenz und Wahlfähigkeit gleichgesetzt. Daß der Geist primär nicht nur vergegenständlicht, sondern auch Schau von Ideen und Wesenheiten auf Grund von Entwirklichung ist, wird von Klages nicht anerkannt. Der so seines eigentlichen Wesens und Kernes beraubte Geist wird sodann völlig bei ihm entwertet. Er befindet sich nach Klages mit allem Leben und was zu ihm gehört, mit allem Seelenleben schlichten automatischen ›Ausdrucks‹ in einem ursprünglichen und grundsätzlichen *Kampf*zustand – nicht in einem Verhältnis gegenseitiger Ergänzung. In diesem Kampfzustande erscheint der Geist als das im Ablauf der menschlichen Geschichte Leben und Seele immer tiefer *zerstörende* Prinzip, so daß die menschliche Geschichte als eine décadence, ja als eine fortschreitende Erkrankungserscheinung des im Menschen sich darstellenden Lebens erscheint« (*Scheler* ^{7}1966, S. 84 f). *Scheler* bemerkt sodann, daß Klages, wäre er konsequent, den Beginn dieser ›Tragödie‹ des Lebens schon in die Menschwerdung hineinverlegen müßte.

Was Klages unter Geist verstehe – so meint *Scheler* weiter – sei eine ›Uebersublimierung‹, ein Zustand »übermäßiger Verhirnlichung des Menschen« (*Scheler* ^{7}1966, S. 86). Die eigene Ueberintellektualisierung erzeuge eine Sehnsucht nach ›Jugend und Primitivität‹, aus der heraus auch das Dionysische, wie jede ausdrückliche Triebenthemmung (aber auch die rationale Triebaskese), letztlich von demselben Geiste eingeleitet wird, der ausgeschaltet werden soll.

Wesentlich anders als *Scheler* steht *Prinzhorn* zu Klages. Ebenfalls die Polarität von Leben und Geist betonend, versucht er doch die einseitige Wertung von Klages so gut als möglich zu vermeiden, indem er die tragische Spannung ›Geist-Leben‹ gewissermaßen bejaht und in ihrer Bewältigung (keinesfalls aber in ihrer Beseitigung oder Beschwichtigung) *die* große Möglichkeit für die Kultur sieht (*v. Niederhöffer* 1958). Für ihn gibt sich das ›nurmenschliche Grundprinzip Geist-Wille‹ »friedlicher ... als bei *Klages*. Dadurch wird die Nervosität der Zeitgenossen geschont, die ihren Geist sogleich in die Säue fahren sehen, wenn man dessen Hochmut der Wachstumsfülle des Bios-Reiches gegenüber, aus dem wir alle unsere Wesensgestalt empfangen (und nicht gemacht) haben, ein wenig dämpft oder ihm gar seine Laster und seine Bösartigkeiten vorhält« (*Prinzhorn* 1931, S. 100). *Prinzhorn* findet die metaphysische Leistung von Klages gegenüber der ausdruckswissenschaftlichen und charakterologischen »auf die Dauer von noch weiter reichender Bedeutung. Denn sie besagt nicht mehr und nicht weniger als *die Vollendung des Gerüstes für ein Weltbild, das die Erlösung vom Alpdruck des abendländischen, mechanistischen Intellektualismus böte, wenn die kulturschöpferischen Kräfte sich zeigen würden, die solchen Ausmaßen gewachsen sind*« (*Prinzhorn* 1927, S. 60 f). Für *Prinzhorn* steht Klages als Vollender der neuen Lebenslehre in einer Reihe mit *Goethe, Carus* und *Nietzsche*. Er selbst ist in seinen Äußerungen um eine synthetische Schau bemüht, die unter Abwägen der einzelnen Richtungen gesamthaft recht offen bleibt und in der beispielsweise auch die psychoanalytischen Lehren Platz finden, wobei allerdings eine charakterologische Persönlichkeitslehre im Sinne von Klages das Primat erhält.

Den Hauptanstoß — wenigstens soweit es sich aus heutiger Sicht beurteilen läßt — gab Klages jedoch nicht einer allfälligen metaphysischen oder charakterologischen Lehre, sondern der Sparte der Ausdruckswissenschaft, mit der er sich von allem Anfang an am intensivsten befaßte: der Graphologie.

Bereits um 1903 bemerkt *H. H. Busse* im Hinblick auf die ›Graphologischen Monatshefte‹ und die ›Graphologische Praxis‹: »Zu den Mitarbeitern an diesen Publikationen gehören die ersten Graphologen und Graphologinnen, wie *J. Crépieux-Jamin*, Dr. *Ludwig Klages*, Dr. med. *Georg Meyer, Dolphine Poppée*, Prof. Dr. *W. Preyer*, Baronin *Isabelle von Ungern-Sternberg*« (*Busse* o. J., S. 13). *Meyer* und *Preyer* waren schon damals durch grundlegende Publikationen an die Öffentlichkeit getreten, *Meyer* 1901 mit seinen ›wissenschaftlichen Grundlagen der Graphologie‹ (4. Aufl. 1943), die damals von Klages als »›höchste Stufe wissenschaftlicher Ausbildung‹« (zit. n. *Schneickert* 1943, S. II) bezeichnet wurden, von *Preyer* erschien 1895 die Schrift ›Zur Psychologie des Schreibens‹ (2. Aufl. 1919). Wenige Zeit später folgten die ersten wichtigeren Veröffentlichungen von Klages, dessen Bücher laufend Neuauflagen erlebten und bald schon im Schrifttum Erwähnung fanden. So nimmt *Alois Legrün* (1922) in seiner Abhandlung über die Schülerschrift des öftern bezug auf Klages; die klassische ›Graphologie der Kinderschrift‹ von *Minna Becker* (1949) erhält zu ihrer ersten Auflage 1926 ein Geleitwort von Klages, in dem dieser die Verdienste der Verfasserin würdigt.

Doch zu jener Zeit machen sich bereits auch kritische Stimmen gegenüber Klages bemerkbar. Der schon im letzten Abschnitt angeführte *Saudek* (1925) versuchte, die französische Graphologie (im deutschen Sprachraum) wieder aufzuwerten (er schrieb auch das Vorwort zu den 1927 auf deutsch erschienenen ›Grundlagen der Graphologie‹ von *Crépieux-Jamin)*, feindete aber Klages nicht grundsätzlich an. »Er findet den Wert der Klagesschen Lehre beeinträchtigt durch den Mangel an Beschäftigung mit den Schreibbedingungen fremder Nationen und betont die Wichtigkeit der mechanischen und physischen Voraussetzungen beim Schreiben« (*Anja Mendelssohn* und *G. Mendelssohn* 1928, S. 3). Die eben zitierten *Mendelssohn* selbst wollen die Erkenntnisse der Psychoanalyse für die Graphologie fruchtbar machen und schlagen daher unausweichlich andere Wege als Klages ein. (Ihre Argumentation wurde im letzten Abschnitt bei der Diskussion des Triebbegriffes von Klages angegeben.)

Neben den Werken, die sich positiv oder kritisch zu Klages äußern, finden sich welche, in denen sein Name kaum oder gar nicht erwähnt wird: es handelt sich dabei zumeist um Schriften mit psychiatrisch-psychologischer Ausrichtung. In den eigenwilligen Publikationen von *Magdalene Ivanovic* (1920; o. J.) beispielsweise — sie versuchte etwas wie eine Geometrie der Graphologie herauszufinden und gilt als die Entdeckerin der immateriellen Kurven — wird auf die Arbeiten aus der *Kraepelin*'schen Schule sowie, neben *Michon* und *Crépieux-Jamin*, vor allem auf psychopathologische Untersuchungen hingewiesen; Klages findet darin ebensowenig Erwähnung wie in der Broschüre ›Der Teufel im Tintenfaß‹ des ›Nervenarztes‹ *Lomer*, für den die Handschrift wie bei Klages *»geronnene Gebärde«* (*Lomer* o. J., S. 31; vgl. *Klages* 1964c, S. 34: »... besitze ... gleichsam geronnen ... sein *persönliches Bewegungssystem«*) ist, dem es aber vor allem darum geht, verbrecherische Neigungen — er stützt sich dabei auf die Forschungen von *Schneidemühl* —, Geisteskrankheiten und Symptome körperlicher Erkrankungen aus der Schrift herauszulesen. Schließlich seien noch zwei spätere Werke genannt, in denen Klages aus verschiedenen Gründen nicht angeführt wird: ›Der Wille in der Handschrift‹ von *De Trey* (1946) erschien kurz nach dem Kriege und stand unter sichtlichem Einfluß von *Pulver*, ›Das Strichbild‹ von *Pophal* (1950) behandelt ein Thema, zu dem Klages weniger als andere Graphologen beitrug und wurde zu einer Zeit publiziert, in der wohl die Fehde zwischen *Pophal* und Klages noch akut war; in späteren Werken von *Pophal* (1965a, 1965b) wird jedoch — wenn auch eher knapp — wieder auf Klages hingewiesen.

Der soeben erwähnte *Max Pulver* — wie Klages war auch er zunächst Dichter (z. B. *Pulver* 1917) — zieht nun recht heftig gegen Klages ins Feld. Er findet in seiner 1931 erstmals erschienenen ›Symbolik der Handschrift‹ (*Pulver* [7]1964), Klages habe die Epoche von *Erlenmeyer*, *Preyer* und *Georg Meyer* durch seine Werke abgelöst, »die mit dem psychologischen Werkzeug der Lippsschen Schule beginnend, bereichert durch die von Bachofen über Schuler führende teilweise mündliche Tradition einer okkulten Weltanschauung in einer Persönlichkeitsmetaphysik gipfelt, welche etwa die Mitte hält zwischen derjenigen Nietzsches und den Grundanschauungen des späteren romantischen Pessimismus« (*Pulver* [7]1964, S. 13). Klages und seiner Schule wird vor allem vorgeworfen — wie schon bei *Mendelssohn* (1928) — die tiefenpsychologische Betrachtungsweise werde »aus spekulativen und aus affektiven Gründen abgelehnt. So sinkt das mächtige, vielleicht vier Fünftel des menschlichen Wesens umfassende Gebiet des Unbewußten zum bloßen Vorstadium des Bewußt-Seelischen herab« (*Pulver* [7]1964, S. 14); der Bereich des empirisch Erfahrbaren werde dadurch über Gebühr eingeschränkt. *Pulver* betont den symbolischen Gehalt des Schriftausdruckes. Für ihn zeichnet der schreibende Mensch unbewußt sein Wesen auf. »Bewußtes Schreiben ist unbewußtes Zeichnen, das Zeichnen seiner selbst, Selbstporträt« (*Pulver* 1964, S. 15). Er wendet sich gegen den Ausdruck Formniveau von Klages, da er als obersten Maßstab die bloße Lebendigkeit anerkenne, »wobei dieser Ausdruck freilich so allgemein gefaßt ist, daß Momente *geistigen* Gehaltes sich miteinschleichen« (*Pulver* 1964, S. 36). Als zugleich umfassenderen und neutraleren Begriff will er den ›Wesensgehalt‹ einführen. Durch den Einbezug des Unbewußten in die graphologische Betrachtungsweise kann nicht mehr nur von einer Doppeldeutigkeit der Schriftmerkmale gesprochen werden, sondern es sollte deren Mehrschichtigkeit und Mehrwertigkeit berücksichtigt werden.

Auch *Christiansen und Carnap* (1933) melden gegenüber dem Formniveaubegriff Bedenken an; dem Entweder-Oder der Doppeldeutigkeit stellen sie das Sowohl-als-Auch gegenüber. Sie fordern eine Berücksichtigung der Typologie, der menschlichen Grundgestalten, in der Graphologie und zeichnen damit einen Weg vor, den später auch *Ania Teillard* (die frühere *Anja Mendelssohn*) geht: sie macht in ›Handschriftendeutung auf tiefenpsychologischer Grundlage‹ (2. Aufl. 1963) den Versuch, die psychologischen Typen von *Jung* in die Graphologie einzuführen, wobei sie auch den Manifestationen der Libido, der Komplexe und von Anima und Animus nachgeht.

Neben diesen Klages gegenüber vorwiegend kritischen Schriften sei doch noch kurz auf ein paar Werke verwiesen, die sich als Ergänzungen, Ausführungen oder Weiterführungen der Klages'schen Gedankenwelt verstehen. So stellte *Hans Jacoby* in ›Handschrift und Sexualität‹ (1932) dieses von Klages selbst eher stiefmütterlich behandelte Thema nach dessen Ausdruckslehre dar. *Wittlich* (1951, 2. Aufl.) gibt — ohne dogmatisch zu sein — praktisch eine Auslegung und Zusammenfassung der Klages'schen Graphologie und *Daim* schließlich fühlte sich von Klages so angeregt, daß er in ›Handschrift und Existenz‹ (1950) auf der Grundlage des verhältnismäßig geschlossenen Systems von Klages durch geeignete Erweiterungen neue Freiheitsgrade für die Graphologie zu erringen versuchte.

Daß neben der großen Zahl von Klages befürwortenden oder befehdenden Werken auch gewissermaßen ›neutrale‹ bestehen, möge schließlich nicht unvermerkt bleiben. Sie sind zum Teil Spezialgebieten gewidmet wie etwa die Schriften von *Käthe Tittel* (1934) über die Schreibgeschwindigkeit und von *Wormser* über ›Die Beurteilung der Handschrift in der Psychiatrie‹ (*Wormser* 1947), oder aber es handelt sich bei ihnen um zusammenfassende Darstellungen, die bereits in einer gewissen Distanz zur graphologischen ›Früh- und Kampfzeit‹ stehen, wie etwa *Grünewald*'s ›Graphologische Studien‹ (*Grünewald* 1954) und die ›Graphologische Diagnostik‹ von *Müller und Enskat* (1961).

Schließlich sei zum Abschluß dieser unvollständigen Liste (neben anderen verdienten auch *Robert Heiss* und *Roda Wieser* Erwähnung) noch ein eigenartiges Buch erwähnt, das seit über vierzig Jahren in Anmerkungen und Bemerkungen über die Unterschriften der damaligen Flugpioniere in der Literatur herumgeistert, ohne daß indessen sein übriger Inhalt in die Graphologie integriert werden konnte: es handelt sich um *Schermanns* ›Die Schrift lügt nicht!‹ (*Schermann* 1929), in dem dieser seine ›psychographologischen‹ Experimente schildert. Es gelang ihm dabei, aus intuitiv geschauten graphischen Bildern Aussagen zu machen, die jenseits der Möglichkeiten der Schulgraphologie liegen. Man hat dieses Phänomen mit dem Begriff ›Telepathie‹ belegt und es damit wohl eher klassifiziert als erklärt, obwohl zumindest einige der Ergebnisse, z. B. die Verschreibungen in Komplexwörtern (›Autodiestal‹ bei einem Dieb), auch nach psychoanalytischen Gesichtspunkten deutbar wären. Immerhin bleibt ein unerklärbarer Rest; *Schermanns* Deutungsmethode soll nach *Saudek* »nichts mit wissenschaftlicher Graphologie gemein« (*Saudek* 1926, S. 14 Anm. 6) haben, eine Bemerkung, die nach *Anja* und *G. Mendelssohn* zwar der herrschenden Meinung entspreche, »obwohl es doch richtiger wäre zu sagen: wenn Schermann nicht in unser System paßt, muß das System zu eng sein« (*Anja Mendelssohn, G. Mendelssohn*, 1928, S. 5). Die Geschwister *Mendelssohn* setzen ihr Vertrauen in die Erkenntnismöglichkeiten einer Wissenschaft, der der Intuitive zwar voraneilt, der es aber möglich sein soll, ihn einzuholen.

Seit der damaligen Zeit sind über vierzig Jahre verflossen, Jahre, in denen die Ausdruckswissenschaft durch zahlreiche Einzeluntersuchungen vorangetrieben wurde, in denen sie aber nie wieder die Blüte erreichte, die sie in den Zwanzigerjahren unseres Jahrhunderts erlebte und die sicherlich zu einem nicht geringen Teil der Anregung zu verdanken ist, die das Werk von Klages Gleichgesinnten und Andersdenkenden gab.

II. TEIL

Methodische Probleme der Erkenntnisgewinnung

1. Die Gewinnung von ausdruckswissenschaftlichen Erkenntnissen

A) Die Gewinnung von Erkenntnissen im allgemeinen

Um für unsere Untersuchung ein Grundgerüst zu haben, versuchen wir zunächst uns Klarheit zu verschaffen über die Wege, auf denen wir Erkenntnisse für die Erfassung des Menschen gewinnen können. Von *Sarbin, Taft u. Bailey* (1960) werden dazu in ihrem Werke ›Clinical Inference and Cognitive Theory‹ vier Quellen aufgezeigt:

Induktion, Analogie, Konstruktion, Autorität.

Der Struktur nach geht es um folgendes:

1. *Induktive Prozesse*

Wenn eine erkennende Person mit Ereignissen zu tun hat, die miteinander in einer bestimmten Beziehung stehen, so wird sie gewisse Erwartungswahrscheinlichkeiten aufbauen, etwa »x und y erscheinen in 80% der Fälle zusammen« oder »x ist fast immer gefolgt von y«. In der Praxis besteht dabei oft die Gefahr, daß die Wahrscheinlichkeiten in ein ›Alles-oder-Nichts‹-Prinzip umgeformt werden: Aus z. B. ›Erfolg in einem Beruf steht *häufig* in direktem Zusammenhang mit dem Interesse an diesem Beruf‹ wird: ›Erfolg in einem Beruf steht *immer* in direktem Zusammenhang mit dem Interesse an diesem Beruf‹.

2. *Analogistische Prozesse*

Hier wird eine Gesamtheit behandelt, *als ob* sie ein Mitglied der gleichen Klasse sei, der eine andere Gesamtheit angehört. Nehmen wir an, bei zwei unabhängigen Paaren von Ereignissen bestehen feste Beziehungen zwischen x und y und zwischen z und y. Jetzt haben wir die Gegenüberstellung von zwei unabhängigen Beziehungen mit einem gemeinsamen Prädikat. Verwendet man nun die Analogie als Erkenntnisquelle, so tut man, *als ob* x und z alle Prädikate gemeinsam haben, weil sie y gemeinsam haben. Etwas präziser erscheint hier die Formulierung *Kants,* wonach die Analogie »nicht etwa, wie man das Wort gemeiniglich nimmt, eine unvollkommene Ähnlichkeit zweier Dinge, sondern eine vollkommene Ähnlichkeit zweier Verhältnisse zwischen ganz unähnlichen Dingen bedeutet« (*Kant* 1965, S. 124). In der Immunologie

z. B. werden Meerschweinchen gebraucht, weil sie als dem Menschen analog betrachtet werden. Aus der Psychoanalyse ist *Freuds* Gebrauch der Hydrodynamik als Modell für seine Persönlichkeitstheorie bekannt.

Grundsätzlich kann man also sagen, daß die Analogie mit Modellen arbeitet. In der Psychologie ist das häufigste Analogiemodell das ›Selbst‹ des erkennenden Subjektes, besonders bei der Einfühlung, dem Nacherleben fremden Seelenlebens.

Sarbin, Taft u. Bailey (1960, S. 123) betonen, daß eine Analogie immer als Hypothese aufgefaßt und durch Beobachtung und Experimente nachgeprüft werden muß.

3. *Konstruktive Prozesse*

Wie die Analogie erfordern auch die konstruktiven Prozesse die Verwendung von Annahmen. Ein Beispiel: »erhöhte Häufigkeit von Neurosen in unserer Zeit« und »Strenge der Kindererziehung« können zum generellen Postulat führen: »strenge Kindererziehung produziert Neurosen«. Weiter »frühe Reinlichkeitsdressur ist ein Merkmal strenger Kindererziehung«; daraus kann dann die Hypothese abgeleitet werden: »späte Reinlichkeitsdressur wird Neurosenfreiheit erzeugen«.

Sarbin und seine Mitautoren wenden sich gegen Kliniker, die solchen Konstruktionen eine hundertprozentige Glaubwürdigkeit beimessen, ohne die Ereigniswahrscheinlichkeit auch nur zu prüfen.

4. *Autoritative Prozesse*

Hypothesen oder Prämissen können nicht nur aus erster Hand gebildet werden, sie können auch von einer stellvertretenden Erfahrung übernommen werden. Es wird dann angenommen, daß die Autoritätsperson die Glaubwürdigkeit der Hypothesen überprüft hat. Als Beispiel diene das Verhältnis Student-Professor, wo der Student für eigene Forschungen gewisse Postulate, die von der ›Autorität‹ schon entwickelt und überprüft worden sind, übernimmt. Im Grunde gilt dies von fast aller wissenschaftlichen Erkenntnis, denn die meisten Erkenntnisse und Erfahrungen werden von anderen gemacht und dann vom einzelnen Forscher übernommen.

Aber auch Analogien und Konstruktionen können durch Vermittlung einer Autorität übernommen werden. Wiederum möge der Hinweis auf *Freuds* hydrodynamische Analogie, die von den meisten Analytikern übernommen wurde, genügen.

B) Ausdruckswissenschaftliche Erkenntnis

Versuchen wir nun dieses Schema auf die Möglichkeiten hin zu untersuchen, wie sich ausdruckskundliche Erkenntnisse durch die einzelnen Prozesse gewinnen lassen:

1. *Induktion*

Die Induktion entspricht dem empirischen oder auch statistischen Vorgehen. Eine bestimmte Beziehung wird in einer Anhäufung von Fällen immer wieder bestätigt und schließlich verallgemeinert.

2. *Analogie*

Die Analogie spielte in der Ausdruckskunde seit jeher eine äußerst wichtige Rolle, auf die bereits bei der Behandlung *Lavaters* im ersten Teil dieser Arbeit hingewiesen wurde. Einige weitere Beispiele seien im folgenden angehängt.

So bedient sich *Piderit*, der heftige Kritiker *Lavaters*, in seinem Werk ›Wissenschaftliches System der Mimik und Physiognomik‹ recht häufig der Analogie. Im Abschnitt über das ›offene Auge‹ findet sich: »... Der ungewöhnlich hochstehende Augendeckel läßt alsdann die runde Hornhaut in ihrem ganzen Umfange erkennen, oder es ist doch wenigstens nur ein sehr kleiner Theil derselben von dem Augendeckel bedeckt. Ein solches Auge nennt das Volk sehr richtig ein »offenes Auge«, und dem entsprechend ist die physiognomische Bedeutung des offnen Auges: ein »offner Sinn«, d. h. ein für alle Eindrücke empfänglicher, aufgeweckter Geist« (*Piderit* 1867, S. 174); es wird also der Ausdruck ›offenes Auge‹ der Bedeutung ›offener Geist‹ gleichgesetzt. Wie wenig sich *Piderit* des Unterschieds von Ausdruck und Bedeutung bewußt ist, zeigt die Formulierung: »Der sanfte Blick deutet auf Sanftmüthigkeit« (*Piderit* 1867, S. 163), wobei er zwar versucht, den sanften Blick genauer zu umschreiben: »Bei dem *sanften* Blick ist die Bewegung der Augapfelmuskeln eine ruhige und behagliche. Der Blick haftet ohne Anstrengung und wendet sich ab ohne Eile ...« (*Piderit* 1867, S. 34); es gelingt ihm aber nicht, die Definition von dem ›müden Blick‹ genau zu differenzieren. Er bleibt auf das Vorverständnis des Lesers angewiesen.

Ausdrücklich befaßt sich auch *Klages* mit der Analogie und dem Gleichnis, das er eine bildhafte Analogie nennt. Im Gleichnis wird wie beim Sprichwort ein »abstraktes Urteil ... anschauungsbildlich ... wiedergegeben« (*Klages* 1964a, 8. Aufl., S. 180), so wird zum Beispiel Hesiods »Böses bereitet sich selbst, wer andern Böses bereitet« zu »Wer andern eine Grube gräbt, fällt selbst hinein« (dieses letztere Sprichwort ist allerdings nicht ein deutsches, als das es *Klages* bezeichnet, sondern — wenn man *Klages'* Haltung kennt muß man sagen: ausgerechnet — ein jüdisches; es findet sich in den Apokryphen des Alten Testaments, Sir. 27, 26-27). *Klages* äußert sich folgendermaßen über Gleichnis und Analogie: »Man kann etwa sagen, die Antriebsbewegung kehre im Ausdruck wieder, aber je und je verallgemeinert oder, wie früher schon und eben abermals von uns ausgesprochen wurde, abstrakt, d. i. losgelöst vom gattungsmäßig bestimmbaren Ziel. Wählt man jedoch die aus andern Gründen berühmt gewordene Als-ob-Form, indem man z. B. den von Furcht Ergriffenen so sich verhalten läßt, *als ob* er vor etwas zu fliehen sich veranlaßt sähe, so hat man bereits sein Verhalten »nach Analogie« verstanden. Allein der Name Gleichnis meint noch etwas mehr, nämlich die Darstellung der Analogie im Bilde. Das urwüchsige Gleichnis, indem es Abstraktes im Bilde bietet, schlägt eine Brücke vom vorgeschichtlichen, d. i. dem symbolischen, Denken zum geschichtlichen, d. i. dem sachlogischen, Denken und erinnert uns beständig daran, daß der Urquell des Denkens überhaupt, die Besinnung auf Ähnlichkeiten, bis in die Höhen der Spekulation hinaufreicht mit dem Impuls zur Analogiebildung, dessen völlig nicht einmal das mathematische Denken enträt und der für das wesenswissenschaftliche Lebensbedingung ist« (*Klages* 1964a, 8. Aufl., S. 179f).

Schließlich ist auch jede Symboldeutung auf einer Analogie beruhend. Das Symbol als Sinnbild, das einen bestimmten Inhalt repräsentiert oder in dem sich »in verstehbarer Weise das psychische Leben« (*Hehlmann* 1962, S. 513) abbildet, ist an sich rational nicht verständlich, es ist selbst immer nur »ein Zeichen für etwas« (*Pfanne* 1961, S. 116). Besonders ausgeprägt finden wir die Symboldeutungen in der Graphologie, wo bestimmte Formen symbolisch gedeutet werden, so z. B. soll nach *Pulver* ein Schlußzug, dem wie abgebrochen ein kleines Spitzchen anhängt, ›Sadismus‹ bedeuten (wenn er dann dieses Spitzchen ›Wespenstachel‹ nennt, so gibt er ihm auch noch einen allegorischen Namen).

Zusammenfassend können wir über die Analogie sagen, daß sie eine der wichtigsten Erkenntnisquellen in der Ausdruckswissenschaft darstellt. Wir können ihre Bedeutung für die Entwicklung des Menschen auch daran sehen, wie ungemein häufig sich Primitive und Kinder der Analogie bedienen. »Es ist evident, daß dieser Tendenz zur Analogiefindung, die von gefühlsbetonten Inhalten ausgeht, eine gewaltige Bedeutung für die menschliche Geistesentwicklung zukommt. Wir müssen *Steinthal* durchaus recht geben, wenn er meint, daß dem Wörtchen »gleichwie« eine ganz unerhörte Wichtigkeit für die Entwicklungeschichte des Denkens zugestanden werden müsse. Man kann sich leicht vorstellen, daß die Überleitung der Libido auf Analogien die primitive Menschheit zu einer Reihe der wichtigsten Entdeckungen geführt hat« (*Jung* [4]1952, S. 233). – Es ist ein Teil dieses Weges, den wir – wiederum mit Hilfe der Analogie – zurückgehen müssen, um den Ursprung der Gebärden zu verstehen.

3. *Konstruktion*

Ein charakteristisches Beispiel einer Konstruktion stellt die ›Phrenologie‹ von *F. J. Gall* dar. »Ihr liegen die, wie wir heute wissen, falschen Annahmen zugrunde, daß die einzelnen Seelenvermögen (z. B. Frohsinn, Farbensinn, Zerstörungstrieb usw.) an bestimmten Stellen der Hirnrinde lokalisiert sind (...), daß die Stärke der Ausbildung eines ›Sinnes‹ mit dem Größenwachstum der entsprechenden Hirnpartien korreliert, und daß schließlich der knöcherne Schädel sich dem Gehirn anschmiegt, so daß dessen Unebenheiten Rückschlüsse auf den Charakter gestatten« (*Hofstätter* 1957, S. 43). – Diese Beschreibung von *Hofstätter* zeigt sehr deutlich die einzelnen Stufen der Konstruktion die zur Schlußfolgerung nötig sind. Das Beispiel weist augenfällig darauf hin, wie viele – hier sogar völlig unbewiesene – Annahmen in einer Konstruktion Verwendung finden können. Die einzelnen Elemente der Konstruktionen können Induktionen, Analogien oder von der Autorität übernommen sein.

Konstruktionen sind recht häufig in der graphologischen Interpretation anzutreffen, wo sie sich oft als brauchbar erweisen. Im allgemeinen sind sie jedoch als eher unsicher zu bezeichnen.

4. *Autorität*

Interessanterweise sind autoritative Prozesse in der Ausdruckswissenschaft – im Vergleich zu andern Wissenschaften – recht selten. Dies mag einerseits mit der Eigenart der Forscher zusammenhängen, die sich mit der Ausdruckskunde beschäftigt haben, andererseits damit, daß die Ausdruckskunde eine doch recht umstrittene Wissenschaft ist, in der noch keine eigentliche Tradition herrscht. Seit den frühen aristotelischen Lehrmeinungen, die sich über fast zwei Jahrtausende halten konnten, haben die wenigsten Autoren ihre Ansichten offiziell früheren Werken entnommen; viel eher finden wir das Gegenteil, daß nämlich Verfasser in recht polemischer Art über ihre Vorgänger in der Wissenschaft berichten, wie zum Beispiel *Piderit* über *Lavater*, aber auch *Klages* über *Michon* etc. Die meisten fühlen sich entweder als Beginner oder dann als Vollender der Wissenschaft des Ausdrucks, so *Klages*, wenn er schreibt: »Der in dieser Hinsicht, wie wir gewiß zu sein glauben, entscheidende Schritt blieb dem Verfasser vorbehalten« (*Klages* 1964b, S. 66).

Die ebenfalls kritische Einstellung *Lavaters* zu den Autoritäten geht aus dem folgenden Passus recht deutlich hervor: »Daß *Zeugnisse* und *Autoritäten* selbst in Sachen des Verstandes bey den meisten mehr gelten als Gründe, – ist gewiß. Ich führe also, um die schwächern meiner Leser einigermaßen aufmerksam zu machen, und um den stärkern einige Populargründe für die schwächern in die Hand zu geben, einige mehr und minder wichtige *Zeugnisse* weiser und gelehrter Männer an, in deren Gesellschaft ausgelacht zu werden – ich mir zur Ehre rechne« (*Lavater* 1775, S. 23).

Ein gewisser Unterschied hinsichtlich der Traditionsgebundenheit muß bei der Temperaments- und Typuslehre sowie bei der Graphologie gemacht werden. Recht lange hat sich die Temperamentenlehre vom Choleriker, Melancholiker, Sanguiniker und Phlegmatiker gehalten, die noch aus der Antike stammt und heute teilweise in der Alltagssprache zu finden ist. Sie wurde im psychiatrischen Bereich von der Habituslehre *Kretschmers* abgelöst, während von der Psychoanalyse her den Entwicklungsphasen Charaktertypen zugeordnet wurden, wie zum Beispiel der sadomasochistische Charakter der analen Phase; auch von der Typologie *Jungs* haben sich wenigstens die Einstellungstypen der Introversion und Extraversion in den allgemeinen Sprachgebrauch eingebürgert, während seine vier Funktionen praktisch nur innerhalb seiner Analytischen Psychologie Verwendung finden.

In der Graphologie hingegen finden wir eine recht lineare Entwicklung, die von *Lavater* über *Michon, Crépieux-Jamin, Preyer* und *Meyer* zu *Klages* führt, der fraglos etliches auch von *Michon* übernommen hat.

Wir können unsere Betrachtung über die Sarbin'schen Erkenntnisprozesse abschließen mit der Bemerkung, daß in der Ausdruckskunde vor allem die Analogie als Erkenntnisquelle ausgeschöpft wird. Sie scheint zunächst auch die besten Resultate zu liefern, vor allem, wenn diese die Grundlage bilden für induktive Prozesse, d. h. für empirisch-statistische Untersuchungen, welche die Analogie dann bestätigen oder falsifizieren.

Es stellt sich jedoch in diesem Zusammenhange zusätzlich die Frage, wie es um den von vielen Forschern als ›Intuition‹ bezeichneten Erkenntnisvorgang bestellt sei. Die Art der Deklamation, aber auch die Vielseitigkeit und Sprunghaftigkeit im Werke *Lavaters* beispielsweise, entsprechen Zügen des Intuitiven, der sich gegen den »Charakter des ›Abgeleiteten‹, ›Hervorgebrachten‹ der Gefühls- und Denkinhalte« (*Jung* 1960, S. 481) – aber auch der Wissenschaft – wehrt. Es scheint, daß bis heute der intuitive Charakter von *Lavaters* Werk zu wenig erkannt wurde, und dies, obwohl Teile der ›Physiognomischen Fragmente‹ von einem weit berühmteren Intuitiven geschrieben wurde: von *Goethe*, dessen

Stil sich nicht etwa durch verminderten Gefühlsüberschwang von dem *Lavaters* unterscheidet (cf. *Goethe* 1962, S. 199–215). – *Lavater* gibt sich übrigens selbst Rechenschaft über seine sprunghaft-intuitive Natur: »Und ich will noch etwas beysetzen – das dem Lächler Freude macht: Nichts demüthigt mich mehr, nichts deckt mir das schwache, unständige, gedehnte Wesen in mir so anschaubar auf – als – meine eigne Handschrift!« (*Lavater* 1777, S. 114) und an anderer Stelle, zur Abbildung einer Handschrift: »Von mir – wenn ich sudle. Wer sieht das sanguinisch unständige nicht drinn?« (*Lavater* 1777, S. 118).

Wie die Intuition »nach der Entdeckung von Möglichkeiten im objektiv Gegebenen« (*Jung* 1960, S. 399) strebt, ist auch das Werk *Lavaters* gekennzeichnet durch eine nicht zu unterschätzende Fülle von Einsichten und Anregungen, die zu einem beträchtlichen Teil auch heute noch nichts von ihrer Gültigkeit eingebüßt haben.

Obwohl es sich bei der Intuition um einen der Analogie oft recht nahestehenden Erkenntnisvorgang zu handeln scheint, dürfte er doch vom subjektiven Erleben her wesentlich anders aufgefaßt werden. Wenn es *Sarbin, Taft* und *Bailey* wirklich um eine Systematik der Erkenntnisprozesse geht und nicht bloß um eine Klassifikation formal-logischer Erklärungsmöglichkeiten, dann müßten sie wohl die Intuition in ihr Schema aufnehmen. Mit welcher Begründung sie diese Auslassung vornahmen, soll im nächsten Abschnitt referiert werden, wobei zugleich versucht werden soll, den Rahmen der intuitiven Erkenntnismöglichkeiten innerhalb der Ausdruckswissenschaft abzustecken.

2. Die Intuition als Quelle der Erkenntnis

2.1. Argumente gegen ›Intuitionstheorien‹

Sarbin, Taft u. Bailey (1960) haben die Intuition nicht etwa vergessen, sie haben ihr sogar ein eigenes Kapitel (Kap. 8) gewidmet. Um ihre Ansicht darlegen zu können, müssen wir ein wenig weiter ausholen.

Für *Sarbin* und seine Mitautoren kann die Erfassung eines Menschen verstanden werden als ein Folgerungsprozess, der auf einem Gefüge von ausdrücklichen oder stillschweigenden Voraussetzungen beruht. Die zunächst neutralen Erscheinungen in der Umwelt werden von der erfassenden Person einer Klasse zugeordnet. Diese Klassen sind aber für die Autoren nicht letzte aprioristische kognitive Formen, sondern Produkte und Kombinationen von definierenden Dimensionen. Eine Erscheinung durchläuft dann etwa die folgende Kette von kognitiven Ereignissen:

1. ein neutrales, unklassifiziertes Ereignis in der Umwelt wird
2. physikalisch und physiologisch umgewandelt in den Input, welcher
3. plaziert wird gemäß gewissen kognitiven Dimensionen;
4. die dimensionsmäßigen Charakteristiken sind zugleich definierende Eigenschaften von Klassen. So wird
5. die Erscheinung eingeordnet und
6. die spezifische Voraussetzung (Nebenprämisse) geformt, d. h. wir können dem ökologischen Objekt ein Prädikat zuordnen, z. B. groß oder feindlich.

Ohne im weiteren auf die hier verwendeten Begriffe einzeln einzugehen, wollen wir doch den Input hervorheben; er ist die ›Aktivität der Rezeptoren und der rezeptorverbundenen Nervenbahnen‹. Diejenige Inputeinheit, die bei der Zuordnung wesentlich beteiligt ist, nennen die Autoren *›Cue‹* (Indiz, Zeichen, Wink — der Begriff ist kaum übersetzbar). Der Cue ist als eine spezielle Inputeinheit ein kritisches Glied zwischen den ökologischen Erscheinungen und den kognitiven Organisationen. Diese Cues können nach *Sarbin, Taft u. Bailey* variieren in ihrer ›Zugänglichkeit‹. ›Zugänglich‹ werden solche Cues genannt, die bei einer Zuordnung isoliert werden können und die entweder sprachlich oder mit Gebärden vom Beobachter selbst angegeben werden können. ›Nicht zugängliche‹ *Cues* hingegen widerstehen einer Analyse durch die erfassende Person. Die Autoren fügen hinzu, daß für eine Zuordnung im allgemeinen die gut zugänglichen Cues zuverlässiger seien.

Hier setzen *Sarbin, Taft u. Bailey ihre* Intuitionstheorie an. Sie anerkennen die Intuition nicht als eine selbständige Erkenntnisfunktion, sondern finden, sie könne ohne weiteres jeweils unter eine ihrer vier Kategorien — Induktion, Analogie, Konstruktion und Autorität — eingestuft werden. Denn, so argumentieren sie, die Intuition ist nichts anderes als ein Schlußfolgerungsprozeß, bei dem aber zusätzlich die Cues ›nicht zugänglich‹ sind. Ja, sie werfen sogar denjenigen, die von der Intuition als einem Erkenntnisprozeß sprechen, vor, sie versuchten die Natur ihrer Erkenntnisvorgänge zu verschleiern.

Wir können die Intuition in unser Modell einpassen — schreiben die Autoren —, wenn wir uns von der Idee befreien, daß Objekte, die nicht auf der ›inneren Schaubühne der Bewußtheit‹ erscheinen, nicht existieren. Die Dimensionen der ›Zugänglichkeit‹ ermögliche es, die Intuition als eine Form des Schlußfolgerns zu betrachten. Einige Prämissen seien ›unzugänglich‹ unbewußt, schweigend, unsichtbar oder versteckt, aber sie wirken gleich, wie wenn sie einer Untersuchung zugänglich wären. Die Dauerhaftigkeit des Glaubens an die Intuition als einer speziellen Form des

Wissens stamme zu einem großen Teil aus dem Mangel an systematischer Behandlung von Erkenntnissen, die der folgernden Person unzugänglich sind. Die Autoren stützen sich bei ihrer Theorie der ›unzugänglichen‹ Cues vor allem auf Experimente, die mit unterschwelliger Wahrnehmung gemacht wurden. Die Autoren schließen: Die Ähnlichkeit mit der subliminalen Wahrnehmung, mit ›learning without awareness‹ und zu anderen Konzepten bekräftigen, daß der Dualismus Schlußfolgerung (Inferenz) — Intuition unnötig sei.

Absichtlich haben wir diese kritische Stimme zum Problem der Intuition an den Anfang gestellt. Sie soll uns zeigen, daß die Konzeption der Intuition als genuine Erkenntnisquelle nicht unangefochten ist. Zwei Bemerkungen seien aber doch hinzugefügt:
1. die Analyse von *Sarbin, Taft u. Bailey* ist im großen und ganzen bestechend, erklärt aber den auf der phänomenologischen Ebene vorhandenen Unterschied — wir werden ihn später eingehender besprechen — zwischen dem was ›Intuition‹ genannt wird und dem schlußfolgernden Denken nicht.
2. wenn die Autoren behaupten, daß das Intuieren eine Inferenz sei, bei der einfach einige Komponenten ›unzugänglich‹, versteckt, verstellt, ja sogar »›unconscious‹« (*Sarbin, Taft u. Bailey* 1960, S. 186) seien, so sagen sie damit letztlich nicht mehr und nicht weniger, als daß Intuition ein unbewußter Vorgang sei. Genau das ist es aber, was auch die Vertreter einer Intuitionstheorie betonen.

2.2. Gegner der Intuitionstheorien und ihr Funktionstypus

Obwohl es nicht üblich ist, wissenschaftliche Werke psychologisch zu analysieren, paßt in diesem Falle *Jungs* Beschreibung des extravertierten Denktypus auffällig gut auf die *Sarbin*'sche Theorie: »Dieser Typus verleiht nicht nur sich selber, sondern auch seiner Umgebung gegenüber der objektiven Tatsächlichkeit, resp. ihrer objektiv orientierten intellektuellen Formel die ausschlaggebende Macht. . . . Richtig ist alles, was dieser Formel entspricht, unrichtig, was ihr widerspricht, und zufällig, was indifferent neben ihr herläuft. . . . Sein (des extravertierten Denktypus'; Verf.) Ideal muß unter allen Umständen Wirklichkeit werden, denn es ist, wie es ihm erscheint, reinste Formulierung objektiver Tatsächlichkeit und muß daher auch allgemein gültige Wahrheit sein, unerläßlich zum Heil der Menschheit« (*Jung* [9]1960, S. 376).

Wiewohl recht spitz formuliert zeigt dieser Ausschnitt doch, daß die Autoren *Sarbin, Taft u. Bailey* zum ›Denktypus‹ zu gehören scheinen. Es ist daher eigentlich verständlich, daß ihnen die Intuition so ›fremd‹ vorkam, daß sie sie ohne weiteres in ihr Schema unterbringen zu können glaubten.

Exkurs: Eine historische Auseinandersetzung über die Wissenschaftlichkeit

Das Zusammentreffen der zwei typologisch verschiedenen Wissenschaftsauffassungen kann oft zu peinlichen Auseinanderdersetzungen führen. Das erstaunliche an diesen Auseinandersetzungen ist nur, daß sie immer und immer wieder stattfinden, obwohl beispielsweise bereits *Goethe* erkannt hat, daß es sich dabei gar nicht um eigentlich wissenschaftliche Fragen handelt, sondern um typologische. Er schildert einen solchen Streit, der seiner Beispielhaftigkeit wegen trotz seiner Länge zitiert sei:

»Bei einer Sitzung der Französischen Akademie am 22. Februar dieses Jahres begab sich ein wichtiger Vorfall, der nicht ohne höchst bedeutende Folgen bleiben kann. In diesem Heiligtum der Wissenschaften, wo alles in Gegenwart eines zahlreichen Publikums auf das anständigste vorzugehen pflegt, wo man mit der Mäßigung, ja der Verstellung wohlerzogener Personen sich begegnet, bei Verschiedenheit der Meinungen nur mit Maß erwidert, daß Zweifelhafte eher beseitigt als bestreitet, hier ereignet sich über einen wissenschaftlichen Punkt ein Streit, der persönlich zu werden droht, aber genau besehen weit mehr bedeuten will. Es offenbart sich hier der immer fortwährende Konflikt zwischen den zwei Denkweisen, in die sich die wissenschaftliche Welt schon lange trennt, der sich auch zwischen unsern nachbarlichen Naturforschern immerfort hinschlich, nun aber diesmal merkwürdig heftig sich hervortut und ausbricht.

Zwei vorzügliche Männer, der perpetuierliche Sekretär der Akademie, Baron *Cuvier,* und ein würdiges Mitglied, *Geoffroy de Saint-Hilaire,* treten gegeneinander auf, der erste aller Welt, der zweite den Naturforschern rühmlichst bekannt; seit dreißig Jahren Kollegen an einer Anstalt, lehren sie Naturgeschichte am *Jardin des Plantes,* in dem unübersehbaren Felde beide eifrigst beschäftigt, erst gemeinschaftlich arbeitend, aber nach und nach durch Verschiedenheit der Ansichten getrennt und sich eher ausweichend.

Cuvier arbeitet unermüdlich als Unterscheidender, das Vorliegende genau Beschreibender, und gewinnt sich eine Herrschaft über eine unermeßliche Breite. *Geoffroy de Saint-Hilaire* hingegen ist im stillen um die Analogien der Geschöpfe und ihre geheimnisvollen Verwandtschaften bemüht; jener geht aus dem Einzelnen in ein Ganzes, welches zwar vorausgesetzt, aber als nie erkennbar betrachtet wird; dieser hegt das Ganze im innern Sinne und lebt in der Überzeugung fort, das Einzelne könne daraus nach und nach entwickelt werden. Wichtig aber ist zu bemerken, daß manches, was diesem in der Erfahrung klar und deutlich nachzuweisen gelingt, von jenem dankbar aufgenommen wird; ebenso verschmäht dieser keineswegs, was ihm von dorther einzeln Entschiedenes zukommt, und so treffen sie auf mehreren Punkten zusammen, ohne daß sie sich deshalb eine Wechselwirkung zugestehen. Denn eine Voranschauung, Vorahnung des Einzelnen im Ganzen will der Trennende, Unterscheidende, auf der Erfahrung Beruhende, von ihr Ausgehende nicht zugeben. Dasjenige erkennen und kennen zu wollen, was man nicht mit Augen sieht, was man nicht greifbar darstellen kann, erklärt er nicht undeutlich für eine Anmaßung. Der andere jedoch, auf gewisse Grundsätze haltend, einer hohen Leitung sich überlassend, will die Autorität jener Behandlungsweise nicht gelten lassen.

Nach diesem einleitenden Vortrag wird uns nunmehr wohl niemand verargen, wenn wir das Obengesagte wiederholen: hier sind zwei verschiedene Denkweisen im Spiele, welche sich in dem menschlichen Geschlecht meistens getrennt und dergestalt verteilt finden, daß sie, wie überall, so auch im Wissenschaftlichen schwer zusammen verbunden angetroffen werden und, wie sie getrennt sind, sich nicht wohl vereinigen mögen. Ja, es geht so weit, daß, wenn ein Teil von dem andern auch etwas nutzen kann, er es doch gewissermaßen widerwillig aufnimmt. Haben wir die Geschichte der Wissenschaften und eine eigene lange Erfahrung vor Augen, so möchte man befürchten, die menschliche Natur werde sich von diesem Zwiespalt kaum jemals retten können. Wir führen das Vorhergesagte noch weiter aus.

Der Unterscheidende wendet soviel Scharfsichtigkeit an, er bedarf einer ununterbrochenen Aufmerksamkeit, einer bis ins Kleinste durchdringenden Gewandtheit, die Abweichungen der Gestalten zu bemerken, und zuletzt gleichfalls der entschiedenen Geistesgabe, diese Differenzen zu benennen, daß man es ihm nicht wohl verargen kann, wenn er hierauf stolz ist, wenn er diese Behandlungsweise als die einzig gründliche und richtige schätzen mag. Sieht er nun gar den Ruhm, der ihm deshalb zuteil ward, darauf beruhen, so möchte er nicht leicht über sich gewinnen, die anerkannten Vorzüge mit einem andern zu teilen, der sich, wie es scheint, die Arbeit leichter gemacht hat, ein Ziel zu erreichen, wo eigentlich nur für Fleiß, Mühe, Anhaltsamkeit der Kranz dargeboten werden sollte.

Freilich glaubt derjenige, der von der Idee ausgeht, sich auch etwas einbilden zu dürfen, er, der einen Hauptbegriff zu fassen weiß, dem sich die Erfahrung nach und nach unterordnet, der in sicherer Zuversicht lebt: er werde das, was er hie und da gefunden und schon im ganzen ausgesprochen hat, gewiß in einzelnen Fällen wieder antreffen. Einem so gestellten Manne haben wir wohl auch eine Art von Stolz, ein gewisses inneres Gefühl seiner Vorzüge nachzusehen, wenn er von seiner Seite nicht nachgibt, am wenigsten aber eine gewisse Geringschätzung ertragen kann, die ihm von der Gegenseite öfters, wenn auch auf eine leise, mäßige Art gezeigt wird.

Was aber den Zwiespalt unheilbar macht, dürfte wohl folgendes sein. Da der Unterscheidende durchaus sich mit dem Faßlichen abgibt, das, was er leistet, belegen kann, keine ungewöhnlichen Ansichten fordert, niemals, was paradox erscheinen möchte, vorträgt, so muß er sich ein größeres, ja ein allgemeines Publikum erwerben; dagegen jener sich mehr oder weniger als Eremiten findet, der selbst mit denjenigen, die ihm beipflichten, sich nicht immer zu vereinigen weiß. Schon oft ist in der Wissenschaft dieser Antagonismus hervorgetreten, und es muß sich das Phänomen immer wieder erneuern, da, wie wir eben gesehen, die Elemente hiezu sich immer getrennt nebeneinander fortbilden und, wo sie sich berühren, jederzeit eine Explosion verursachen.« (*Goethe* 1962a, S. 151ff.).

Dieses historische Zwischenspiel zeigt deutlich, daß es wesentlich darauf ankommt, welchem Funktionstypus (nach *Jung*) der Autor einer wissenschaftlichen Abhandlung angehört.

Es wird im folgenden die Intuition vor allem nach *Jung*, der in seinen Darstellungen weder dem Denken noch der Intuition eine Bevorzugung angedeihen zu lassen scheint, dargestellt werden.

2.3. Zeugnisse für die Intuition

In den Beschreibungen der denkpsychologischen Literatur treffen wir immer wieder auf gewisse Unterscheidungen, auf bestimmte Denkstrukturen. Einige Beispiele seien zitiert um uns diesen Tatbestand vor Augen zu halten:

1. »Das ›schöpferische Prinzip‹ der Psyche, von *H. Bergson* als ihr Wesenskern erkannt, offenbart sich jedoch nirgendwo so klar wie in der Hervorbringung von *Einfällen*. Sie haben wir mit gutem Grund vor allem im Auge, wenn wir von der *Produktivität* eines Menschen sprechen. Freilich handelt es sich nicht um Einfälle sinnwidriger Art, die vielmehr Symptome psychischer Störung sind, sondern um sinngerichtete, der gegebenen äußeren oder inneren Aufgabe wenigstens der ungefähren Richtung nach sinngemäße und die Aufgabenlösung fördernde Einfälle. Daß es in dieser Hinsicht gewaltige Unterschiede der Begabung gibt, lehrt schon jede Vergleichung von Menschen im Alltagsleben, und es bedarf keiner langen Erörterung, daß hier eine Möglichkeit höherer Intelligenz offen zu Tage liegt« (*Busemann* ²1955, S. 39).

2. »Es ist oft darauf hingewiesen worden, daß solche Umstrukturierungen beim Denken, beim Lösen von Problemen eine wichtige Rolle spielen. Die entscheidenden Stellen in Denkprozessen, die Stellen des plötzlichen Verstehens, des »Aha«, des Neuen,

sind immer zugleich Stellen, wo so eine plötzliche Umstrukturierung im Denkmaterial geschieht, wo etwas ›kippt‹. ... — Es ist sehr wahrscheinlich, daß die tiefsten Unterschiede zwischen verschiedenen Individuen bezüglich dessen, was man »Denkfähigkeit«, »Intelligenz« nennt, in Unterschieden der Leichtigkeit solcher Umstrukturierungen begründet sind« (*Duncker* 1935, S. 35f). Später finden wir: »... so scheinen viele Menschen ihr Denkmaterial nicht anders präzisieren, überschauen und stabil »beisammenhalten« zu können als »gesteift« und bis zum Kern durchtränkt von anschaulichen Strukturierungen der geschilderten Art« (*Duncker* 1935, S. 135).

3. »Wir könnten diese Kapazität die Fähigkeit der Wesensschau oder *Intuition* oder (mit dem schlichteren Worte E. Bechers) zur Soseinswahrnehmung nennen, wenn diese Worte nicht von vornherein mit den Vorstellungen beladen wären, die ihnen sonst in der psychologisch-philosophischen Fachsprache anhaften. Wir wollen sie daher einfach *K1-Begabung* nennen. Sie ist Voraussetzung für ein *materiales* Denken im anspruchvollsten Sinne, für ein Denken, das nicht wie das gewöhnliche materiale Denken einfach darum so genannt werden muß, weil es sich auf einen anschaulich gegebenen Gegenstand bezieht, ohne daß der anschauliche Vorstellungsinhalt mehr leisten würde, als Träger und Haltepunkt für die Operation des Denkens zu sein, sondern das bei gleichzeitiger Einklammerung des Konkreten das Anschauliche innerlich als Verkörperung des Wesens und Ausdruck des Sinnes erfaßt und umgekehrt Sinngehalte anschaulich zu verkörpern trachtet; für die K1-Begabung stehen also Anschaulichkeit und Gedanke in einer Art psychophysischen Zusammenhanges wie Leib und Seele, hat das Denken in der Anschauung seine Wurzel und sein Ziel, ist das Wahrnehmen ein Wahrnehmen des Wesens, das Herstellen von Sinnzusammenhängen ein Ausdruckschaffen und dadurch Wahrnehmbarmachen. Typische *Vertreter* dieser Fähigkeit zur »Fülle« des materialen Denkens, um den Ausdruck Husserls zu gebrauchen, sind Plato, Goethe, Schopenhauer, Darwin, Nietzsche, Bergson. Die *Mannigfaltigkeit* der Arbeitsgebiete und die *Vielseitigkeit der Interessen* (Kursivdruck vom Verf.) dieser Vertreter weisen schon darauf hin, daß die K1-Begabung auf den verschiedenartigsten Sachgebieten sich geltend machen kann. So entspricht ihr im großen: in der *Naturbetrachtung* die Richtung auf das *Urphänomen,* aus dem die empirischen Phänomene als Abwandlungen unter variablen Bedingungen zu verstehen sind, und für dessen Auffindung die Beachtung der ›Fingerzeige‹ (man vergl. die ›Cues‹ bei *Sarbin, Taft* u. *Bailey*; Verf.), die in der anschaulichen Betrachtung gegeben sind, und das Sehen des ›prägnanten Punktes‹, von dem aus sich alle Mannigfal-

tigkeit ableiten läßt, so wesentlich sind; aber auch das Denken in und an anschaulichen Modellen oder in Kraftlinienfeldern nach dem Vorbild Faradays entspringt einer K1-Begabung« (*Wenzl* [2]1957, S. 35f).

2.4. Die Intuition nach Jung

Was allen diesen Beobachtungen und Betrachtungen zugrunde liegt ist das Phänomen, daß es offenbar eine Art des Erkennens gibt, die von ›Einfällen‹, von ›Umstrukturierungen‹, von einer ›Mannigfaltigkeit der Interessen‹, von einer Fülle des Denkens abhängig ist. Alle diese Eigenschaften können wir nun aber bis zu einem hohen Grade unserem Begriff der Intuition zurechnen, den wir von *Jung* übernehmen: »Die I. (Intuition; Verf.) ist diejenige psychologische Funktion, welche Wahrnehmungen *auf unbewußtem Wege* vermittelt. Gegenstand dieser Wahrnehmung kann alles sein, äußere und innere Objekte oder deren Zusammenhänge. Das Eigentümliche der I. ist, daß sie weder Sinnesempfindung, noch Gefühl, noch intellektueller Schluß ist, obschon sie auch in diesen Formen auftreten kann. Bei der I. präsentiert sich irgend ein Inhalt als fertiges Ganzes, ohne daß wir zunächst fähig wären, anzugeben oder herauszufinden, auf welche Weise dieser Inhalt zustande gekommen ist. Die I. ist eine Art instinktiven Erfassens, gleichviel welcher Inhalte. Sie ist, wie die *Empfindung* (...), eine *irrationale* (...) Wahrnehmungsfunktion. Ihre Inhalte haben, wie die der Empfindung, den Charakter der Gegebenheit, im Gegensatz zu dem Charakter des ›Abgeleiteten‹, ›Hervorgebrachten‹ der Gefühls- und Denkinhalte« (*Jung* [9]1960. S. 480f.).

Jung bezeichnet die Intuition also nicht bloß als auf unbewußtem Wege geschehend, wie das *Sarbin, Taft* u. *Bailey* (1960) auch taten, sondern zugleich als *irrationale* Wahrnehmungsfunktion. Die Bestimmung als *irrationale* Funktion fehlt nun allerdings bei den besagten amerikanischen Autoren, was weiter nicht verwundert, wenn wir ihre Position betrachten: »Our approach is a posititivist one in which the purely metaphysical explanations of person cognition are considered to be both irrelevant and incompatible with a scientific approach to the subject. Our concern is with the development and usage of the relevant cognitive structures in the observer and with the use of cues in knowing the object« (*Sarbin, Taft u. Bailey* 1960, p. 43). — Es kann also nicht allzusehr erstaunen, wenn die Autoren von dieser Warte aus dem Phänomen der Intuition nicht völlig gerecht werden können. Da wir bei ihnen keine Angaben über etwas Irrationales finden, wenden wir uns wieder *Jung* zu, der vom Irrationalen sagt:

»Ich verwende diesen Begriff nicht im Sinne des *Widervernünftigen,* sondern im Sinne des *Außervernünftigen,* nämlich dessen, was mit der Vernunft nicht zu ergründen ist. Dazu gehören die elementaren Tatsachen, z. B. daß die Erde einen Mond hat, daß Chlor ein Element ist, daß Wasser bei 4° C seine größte Dichtigkeit erreicht usw. ... Das I. (Irrationale; Verf.) ist ein Faktor des Seins, der zwar durch Komplikation der vernünftigen Erklärung immer weiter hinausgeschoben werden kann, der aber dadurch die Erklärung schließlich dermaßen kompliziert, daß sie die Fassungskraft des vernünftigen Denkens übersteigt und somit dessen Grenzen erreicht, noch bevor sie das Ganze der Welt mit dem Gesetze der Vernunft umspannt hätte. Eine völlig rationale Erklärung eines wirklich seienden Objektes (also nicht eines bloß gesetzten) ist eine Utopie oder ein Ideal. Nur ein Objekt, das gesetzt wurde, kann rational auch völlig erklärt werden, denn es ist von vornherein nicht mehr darin, als eben durch die Vernunft des Denkens gesetzt wurde. Auch die empirische Wissenschaft setzt rational beschränkte Objekte, indem sie durch beabsichtigten Ausschluß des Zufälligen das wirkliche Objekt als Ganzes nicht in Betracht kommen läßt, sondern immer nur einen für die rationale Betrachtung desselben hervorgehobenen Teil« (*Jung* [9]1960, S. 482).

Die Intuition stellt nun aber nicht »auf eine rational bestimmte Auswahl von Objekten oder Eigenschaften und Beziehungen von Objekten ab, sondern auf zufällig Wahrgenommenes, das am wirklichen Objekt niemals zu fehlen pflegt ...« (*Jung* [9]1960, S. 483). Die Intuition ist — wie die Empfindung — eine psychologische Funktion, »die ihre Vollkommenheit in der *absoluten Wahrnehmung* des überhaupt Geschehenden« (*Jung* [9]1960, S. 483) erreicht.

Dieser Grundzug der ›absoluten Wahrnehmung‹ verbindet sich nun harmonisch mit den bestimmten charakteristischen Eigenschaften, auf die wir in unseren Zitaten aus der denkpsychologischen Literatur (vgl. S. 139f) unser Augenmerk richteten: mit der Fülle des Denkens, mit dem Umstrukturieren und den produktiven Einfällen. Alle diese Merkmale deuten darauf hin, daß es sich beim so gearteten Denken um eines handelt, das Abstand nimmt davon, das Objekt rational zu begrenzen und zu beschränken, also um Intuition.

Gerade diese Nicht-Gerichtetheit, diese Unbegrenztheit der Wahrnehmung ist es aber, was zum Aufbau einer jeden Wissenschaft zunächst gebraucht wird. Erst in einer späteren Phase kann daran gegangen werden, den Bereich dieser Wissenschaft genauer abzustecken, die Objekte zu umgrenzen und die Hypothesen zu überprüfen. In der Ausdruckswissenschaft sind wir aber noch recht eigentlich am Anfang (die Graphologie vielleicht ausgenommen), denn ein vielfältigeres und unbekannteres Objekt als der Mensch, seine Psyche und ihr Ausdruck läßt sich ja kaum denken. Unsere Ansicht wird geteilt von *Wenzl* (1957), der schreibt, einer K1-Begabung (vgl. Zitat 3 auf Seite 140f; sie entspricht faktisch der Intuition) entspringe »in der *Psychologie* die Bevorzugung der »verstehenden« Methode, die Betonung der *inneren Wahrnehmung*, vor allem aber die *Neigung für Physiognomik* (Kursivdruck vom Verf.) im weitesten Sinne« (*Wenzl* ²1957, S. 36).

Fassen wir unsere bisherige Betrachtung über die Intuition zusammen:

Wir haben gesehen, daß in denkpsychologischen Abhandlungen zwischen verschiedenen Arten von Denktätigkeit unterschieden wird. Die eine dieser Arten, die sich auszeichnet durch eine Fülle des Denkens (vgl. Zitat 3 auf Seite 140), durch produktive Einfälle (vgl. Zitat 1 auf Seite 139) und durch die Fähigkeit zur Umstrukturierung (vgl. Zitat 2 auf Seite 139f) entspricht so gut dem *Jung*'schen Begriff der Intuition, daß wir uns in der Folge nach ihm richteten. Somit ist die Intuition eine unbewußte, irrationale Funktion, die auf einer absoluten – im Gegensatz zu einer rational beschränkten – Wahrnehmung beruht. Der anfangs dargelegte Standpunkt von *Sarbin, Taft u. Bailey* (1960), wonach die Intuition ein rationaler Folgerungsprozeß sei, der in gewissen Stadien unbewußt verlaufe, ist zwar dem *Jung*'schen nicht unbedingt entgegengesetzt, er hilft uns in unserer Untersuchung aber nicht weiter, da er letztlich völlig theoretisch und äußerlich bleibt, phänomenologisch gesehen aber der Erlebniswirklichkeit nicht entspricht.

2.5. Die Rolle der Intuition in der Ausdruckswissenschaft

2.5.1 *Die Intuition bei der Theoriebildung*

Es soll nun geprüft werden, welche Rolle der Intuition in der Wissenschaft, speziell in der Ausdruckskunde, zukommt. Nachdem es evident scheint, daß es so etwas wie Intuition auch wirklich gibt (mögen gewisse Kritiker auch anderer Meinung sein), sei ihr Charakter doch noch etwas genauer umrissen:

»Intuition heißt jene Art von intellektueller Einfühlung, kraft deren man sich in das Innere eines Gegenstandes versetzt, um auf das zu treffen, was er an Einzigem und Unausdrückbarem besitzt. Die Analyse dagegen ist das Verfahren, das den Gegenstand auf schon bekannte, also diesem und anderen Gegenständen gemeinsame Elemente zurückführt. Analysieren besteht demnach darin, ein Ding durch etwas auszudrücken, was nicht es selbst ist« (*Bergson* 1964, S. 9). Ist also die Intuition bei *Bergson* intellektuelle Einfühlung, so leistet sie nach *Pulver* folgendes: »Durch ihre innere Anschauung oder besser gesagt Durchschauung erfaßt sie komplexe Beziehungen mit einem Schlag, sei das nun auf künstlerischem, auf wissenschaftlichem Gebiet oder in der Frage des Menschenverständnisses.

Die Einsicht springt auf, ohne daß eine vorgängige Erfahrung sie zwingend herbeigeführt hätte« (*Pulver* 1949, S. 35).

»Die Intuition nimmt ... ›wahr‹, doch weniger durch den bewußten Sinnesapparat als durch die Fähigkeit einer unbewußten ›inneren Wahrnehmung‹ der Möglichkeiten, die in den Dingen liegen. Der Empfindungstypus z. B. wird sich eine geschichtliche Begebenheit in allen Einzelheiten merken, die Zusammenhänge jedoch, in die sie eingebaut ist, nicht beachten; der Intuitive hingegen wird an den Einzelheiten achtlos vorübergehen, aber den inneren Sinn des Geschehens, seine möglichen Zusammenhänge und Auswirkungen ohne Mühe sofort wahrnehmen« (*Jacobi* [4]1959, S. 15). Die Intuition sucht die »Erfassung größter *Möglichkeiten*, weil durch die Anschauung von Möglichkeiten die *Ahnung* am allermeisten befriedigt wird. Die Intuition strebt nach der Entdeckung von Möglichkeiten im objektiv Gegebenen ...« (*Jung* [9]1960, S. 399).

Diese Fähigkeit, die großen Umrisse und die möglichen Zusammenhänge rasch zu überblicken ist nun in der Phase der Theoriebildung unumgänglich. *Wenzl* meint: »Im Grunde kommt ohne solche intuitive Kraft der Theoretiker – es sei daran erinnert, daß Theorie Schau heißt und alle Theorie einen Beitrag zur Welt*anschau*-ung liefern will – ebensowenig aus wie der Künstler, für den die Erfassung des Wesens- und Sinngehaltes aus der Anschauung und der Ausdruck von Gedanken durch die Anschauung selbstverständlich ist, wie der praktisch handelnde und entscheidende Mediziner, Psychologe und Politiker« (*Wenzl* [2]1957, S. 36).

Die gleiche Ansicht vertritt auch in ausgeprägtem Maße *Rapaport* (1959), der ausführlich auf die Zusammenhänge zwischen eigentlicher ›Wissenschaft‹ und Theoriebildung eingeht: »Das Errichten einer Theorie, das heißt, theoretische Fortschritte, beginnen bei der Vertrautheit mit den Erscheinungen und beim Nachdenken über sie (oder über die ihnen zugeordneten Theorien). Weiter geht es mit Einfällen und Spekulationen, wovon einige empirischen Nachprüfungen zugänglich sind; andere, die Beziehungen zwischen Begriffen und Theorien spinnen oder diese restrukturieren und systematisieren, sind solchen Nachprüfungen nicht zugänglich und brauchen es auch nicht zu sein, obwohl sie durchaus zu Schlüssen führen können, die wieder der empirischen Nachprüfung unterworfen werden können und müssen. Die ›wissenschaftliche Methode‹ ist der Kanon, nach dem jene Sammlung von Lehrsätzen unternommen wird, die wir Wissenschaft nennen: die kodifizierte, innerlich aufeinander bezogene

Gesamtheit des überprüften Wissens. Aber sie ist nicht der Kanon, um Entdeckungen zu machen, noch der, um Theorien zu errichten; noch auch ist der Kanon der Wissenschaft einmalig und statisch: er wechselt mit dem Wechsel der Methoden, des Materials und der Ziele der Forschung« (*Rapaport* 1959, S. 147). *Rapaport* zitiert dann den englischen Wissenschaftshistoriker *Dingle,* der die sogenannte ›wissenschaftliche Methode‹ mit folgenden Worten hart kritisiert: »›Eine Disziplin, die zum größten Teil von Logikern betrieben wird, die unvertraut mit der Praxis der Wissenschaft sind, und die hauptsächlich aus einer Reihe von Prinzipien besteht, mit deren Hilfe akzeptierte Schlußfolgerungen am besten von denjenigen gezogen werden können, die sie schon kennen. Vergleichen wir diese Prinzipien mit den Schritten, durch die die Entdeckungen tatsächlich gemacht werden, dann finden wir kaum einen einzigen Fall, wo auch nur die leiseste Ähnlichkeit besteht. Soll uns die Erfahrung überhaupt auch nur im geringsten leiten — und welcher Wissenschaftler könnte anders denken — dann müssen wir zu dem Schluß kommen, daß es nur eine wissenschaftliche Methode gibt: bringe ein Genie hervor und laß es tun was es will . . . das beste, was wir tun können, ist, zu lernen, das natürliche Genie zu erkennen — und es, wenn nötig, mit feurigen Drachen, vor dem Gott des Planens zu bewahren‹« (*Dingle* 1952, S. 38f, zit. nach *Rapaport* 1959, S. 147f).

Wie intensiv anschaulich und für die Theorie fruchtbar eine intuive Erfahrung sein kann (auf eine Art, wie es dem rein logischen Schritt-für-Schritt-Denken unmöglich ist) zeigt das extreme Beispiel des Chemikers *August Kekulé von Stradonitz,* der seine Entdeckung der *ring*förmigen Molekularstruktur des Benzols (1865) auf Traumphantasien zurückführt. »Er schildert das Entstehen der Benzolformel in seinen Traumgestalten folgendermaßen: ›Wieder gaukelten die Atome vor meinen Augen . . . Mein geistiges Auge, durch wiederholte Geschichten ähnlicher Art geschärft, unterschied jetzt größere Gebilde von mannigfacher Gestaltung. Lange Reihen, vielfach dichter zusammengefügt: alles in Bewegung schlangenartig sich wendend und drehend, siehe, was war das? Eine der Schlangen erfaßte den eigenen Schwanz, und höhnisch wirbelte das Gebilde vor meinen Augen. Wie durch einen Blitzstrahl erwache ich . . .‹« (*Bühler* 1962, S. 107).

Was alle unsere Beispiele und Zitate gemeinsam haben ist, daß sie die Intuition an den Anfang jeder Wissenschaft und jeder Entdeckung stellen. Das dürfte auch ihre Hauptaufgabe sein. Wie die Intuition beim Kinde — in der ausdruckshaften, physiognomischen Welterfahrung — eine wesentliche Rolle spielt, ist uns aus der Entwicklungspsychologie bekannt: »Alles, was ihm begegnet, hat ein Gesicht, ist freundlich oder unfreundlich, ist für das Kind in der unmittelbaren Anschauung als etwas Lebendiges gegeben. ›Die Suppe hat Schnupfen‹ oder ›der Breiteller ist ein Paffer‹ (Raucher) sind keinesfalls Deutungen, in denen die Dinge und Vorgänge verlebendigt werden, sondern die Dinge stellen sich dem Kinde ausdruckshaft dar« (*Hetzer* 1961, S. 57). Die Intuition ist aber nach *Jung* (1960) – neben der Empfindung – nicht nur ein Charakteristikum der infantilen, sondern auch der primitiven Psychologie. Die Intuition ist nach ihm »die Mutterstädte, von wo sich Denken und Fühlen als rationale Funktionen entwickeln« (*Jung* [9]1960, S. 481). Die Intuition dürfte somit auch phylogenetisch am Anfang jeder Erkenntnisleistung des Menschen überhaupt stehen. Erst in einer nächsten Phase können in dem von der Intuition gesteckten Rahmen logische und rationale Operationen stattfinden um die Details abzuklären. Die Abklärung der Details wird schließlich erweisen, ob die Theorie gültig und brauchbar ist oder nicht.

Diese unabdingbar notwendige Phase der empirischen Überprüfung und Erforschung wollen wir in diesem Zusammenhang überspringen und ihr das nächste Kapitel widmen.

2.5.2 *Die Intuition in der angewandten Ausdruckspsychologie*

Angenommen wir hätten nun aber eine Ausdruckskunde, die sich als eigentliche Wissenschaft etabliert hat und die die Stadien von Theoriebildung und Verifikation so weit durchlaufen hat, daß wir daran denken können, sie in der Praxis zu verwenden: dann kommt sie wieder in eine Phase, in der wir ohne eine gewisse Intuition nicht auskommen.

Denn in der praktischen Anwendung der Ausdruckskunde haben wir es meistens mit einem einzelnen Menschen zu tun. Wir können nun aber nicht den ganzen Untersuchungsapparat, der zur Wissenschaftsentwicklung notwendig war, über ihn ergehen lassen, sondern wir werden gezwungen sein, sein Verhalten nach unserem besten Wissen und Gewissen selbst zu beurteilen. Wir sind hier an einem Punkt, der bereits die Konstitutionsbiologen beschäftigt, obwohl sie es ja im Grunde mit statischen und somit meßbaren Elementen zu tun haben. Dennoch sind »viele Maßverhältnisse an lebenden Menschen nur ungenau und annäherungsweise zu gewinnen« (*Kretschmer* [25]1967, S. 6). *Kretschmer* schreibt: »Man wird sich z. B. durch die Erfahrung bald überzeugen, daß etwa ein leichter Turmschädel, der für jeden Beobachter auf den ersten Blick klar zu erkennen ist, in ein paar einfachen Band- und Tasterzirkelmassen öfters nur schwach zum Ausdruck kommt« (*Kretschmer* 1967, S. 6).

Um zu zeigen, daß es möglich ist, die Sinnesorgane zu zuverlässigen ›Meßinstrumenten‹ zu schulen, zitiert *Kretschmer* Beispiele, die er *Sheldon* entnimmt. Er referiert: »Er (*Sheldon;* Verf.) bringt auch gute Beispiele, wie die Experten für Warenbeurteilung in Handel und Industrie oder bei der Punktbewertung in Tierzuchtausstellungen ihre Sinnesorgane so weit geschult haben, daß ihre angeblich ›subjektiven‹ Urteile in Wirklichkeit bis in die feinsten Nuancen und Schattierungen hinein übereinstimmen. Bei der Weinbeurteilung z. B. setzt bekanntlich die Sicherheit, mit der geschulte Fachleute genau übereinstimmende Urteile abgeben, immer wieder in Erstaunen – Treffsicherheit bis zu den kleinsten Spuren von Chemismen« (*Kretschmer* ^{25}1967, S. 6). Die Beispiele – so verblüffend sie letztlich sind – ließen sich beliebig vermehren; man denke nur an die hohe Übereinstimmung der unbeeinflußten Jury-Mitglieder bei Leichtathletik- oder Tanzmeisterschaften. *Kretschmer* findet deshalb: »Auf eine vollkommen künstlerische, sichere Schulung unseres Auges kommt nämlich alles an« (*Kretschmer* ^{25}1967, S. 7).

Was schon für die Bestimmung der Körperkonstitution gilt, gilt umso mehr in der psychiatrischen Interviewsituation. Von ihr sagt *Sullivan* (1954) man komme zum Schluß, »that the data of psychiatry arise only in participant observation. In other words, the psychiatrist cannot stand off to one side and apply his sense organs, however they may be refined by the use of apparatus, to noticing what someone else does, without becoming personally implicated in the operation. His principal instrument of observation is his self – his personality, *him* as a person« (*Sullivan* 1954, S. 3). Wir sehen also, daß hier eine weitere Komplikation hinzukommt, nämlich die Hineinziehung des Beobachters in die Untersuchungssituation auf eine Art, wie sie bei der reinen Untersuchung der Körperkonstitution – die ja ein statisches, stabiles Element ist – noch nicht hineinspielt. In fast jeder Situation hingegen, in der Ausdrucksphänomene betrachtet werden sollen, muß man mit dieser Art der Übertragung und Gegenübertragung – wie man in der Psychoanalyse sagen würde – rechnen. Dies gilt vor allem auch für Experimente, denn es muß immer damit gerechnet werden, daß die Experimentalsituation selbst als Störfaktor wirkt; die einzige Möglichkeit, diesen Störfaktor zu umgehen ist die, daß man Leute beobachtet, ohne daß sie es wissen, also sie zum Beispiel ›aus dem Hinterhalt‹ mit einem Teleobjektiv filmt. In diesem Falle fehlt dann aber die eigentliche Experimentalsituation, d. h. man kann das Experiment nicht exakt wiederholen, da die Versuchspersonen ja nicht direkt nach bestimmten Kriterien ausgelesen werden können.

2.5.3 *Die ›geschulte‹ Intuition*

Was man in der Forschung durch verstecktes Photographieren noch umgehen kann, ist unvermeidbarer Faktor in der persönlichen Konfrontation. Wer also in der Ausdruckspsychologie tätig ist, muß sich stets klar sein, was für Übertragungsvorgänge sich von Augenblick zu Augenblick zwischen ihm und der untersuchten Person abspielen. Zu diesem Zwecke ist es unerläßlich, die Intuition auch in dieser Hinsicht zu sensibilisieren und zu schulen.

Es mag zunächst erstaunen, daß eine Schulung der Intuition gefordert wird. Die Intuition wird ja häufig charakterisiert als eine Erkenntnisleistung »which occurs without the intervention of previously acquired cognitions« (*Sarbin, Taft* u. *Bailey* 1960, S. 182). *Sarbin, Taft* u. *Bailey* behaupten sogar: »The postulate that knowledge arises without the mediation of prior knowledge is the philosophical underpinning of intuition« (*Sarbin, Taft* u. *Bailey* 1960, S. 184). Dem ist aber nicht so; alle schöpferisch-intuitiven Forscher haben sich ausgiebig mit ihrem Thema befaßt. Die Beschäftigung mit einem bestimmten Gebiet innerhalb bestimmter – wenn auch weit gefaßter – Grenzen ist sogar notwendig, denn die »Gefahr der Intuition ist das Überwuchern ins Spekulative bei schwacher Realitätskontrolle, oder das Abgleiten ins Archaisch-Wahnhafte bei einer Sprengung der Ich-Struktur« (*Biäsch* 1957, S. 4). Diese mangelnde Realitätskontrolle finden wir am ausgeprägtesten bei Kindern: wenn ein kleines Mädchen ein Auto mit einem rund gewölbten Kofferraumdeckel sieht und fragt, ob es dann auch ein Junges haben dürfe, dann sehen wir, daß es den Begriff ›Fortpflanzungsfähigkeit‹ noch nicht mit dem Begriff ›Lebewesen‹ verbindet. Das fehlende Wissen schwächt also die Realitätskontrolle.

Die Intuition bedarf demnach immer einer Grundlage des Wissens, auf die sie bauen kann. Dem Charakter der Intuition gemäß muß aber diese Grundlage möglichst breit sein, denn die Offenheit und Unbegrenztheit der Wahrnehmung muß gewährleistet bleiben. Der Intuitive muß auch immer wieder angehalten werden, seine eigenen Ansichten zu überprüfen, ja sie sogar zu widerlegen versuchen. Erst wenn die Erkenntnis sich durch diese Prüfungen hindurch bewährt hat, kann sie als Hypothese Verwendung finden. – Daß auch große Geister nicht gefeit sind vor einer Tendenz zur intuitiven Übersteigerung zeigt eine Briefstelle *Darwins*: »Ich muß mich aber bemühen, nicht in meinen gewöhnlichen Fehler zu verfallen, zu spekulativ zu werden« (*Darwin*, zit. nach *Beer* 1964, S. 13).

Erst die Wissensgrundlage und die genügende Selbstkritik machen aus der naiven Intuition die geschulte. Während die naive Intuition häufig auf Stereotypen aufbaut und entsprechend getäuscht werden kann, soll die geschulte Intuition hinter das Stereotyp sehen können. Dabei kann es allerdings auch wichtig sein, das Stereotyp als solches zu erkennen, denn *daß* eine Person sich nach einem *Stereotyp verhält* kann äußerst aufschlußreich sein, ähnlich wie es in der Graphologie wichtig ist zu bemerken, daß eine Schrift zum Beispiel ›auf den ersten Blick‹ viel regelmäßiger erscheint als sie in Wirklichkeit ist.

Zusammenfassung

Wir haben gesehen, daß wir im Aufbau einer Wissenschaft drei Phasen unterscheiden können:

1. Die Theoriebildung
2. Die empirische Bestätigung der Theorie
3. Die Anwendung

Von diesen drei Stufen sind es die erste und die letzte, die auf die Anwendung der Intuition angewiesen sind. Diese Intuition darf aber nicht einfach naiv behaupten, sondern muß geschult sein.

Da die drei Aufbauphasen nicht nur strukturell zu unterscheiden sind, sondern auch zeitlich – wobei die dritte Phase die späteste ist – ist es nicht verwunderlich, daß ihre Probleme in der ausdruckswissenschaftlichen Literatur bisher kaum behandelt wurden.

Wir haben die Betrachtung über die Intuition bisher vor allem vom Aspekt der Wissenschaft her behandelt. Es soll deshalb zum Abschluß gezeigt werden, wie sich das schöpferische Denken für den Denker selbst darstellt. *Delay und Pichot* (1966) unterscheiden vier Stufen, die sie wie folgt charakterisieren:

»1. *Die Vorbereitung.* Alle schöpferischen Menschen bestätigen auf Grund ihrer Selbstbeobachtung einstimmig, daß eine Problemlösung erst nach einer langen Lernphase möglich ist, in der die für die Lösung notwendigen Kenntnisse und informatorischen Daten erworben wurden.

2. *Die latente Entwicklung.* Über das Wesen dieser Phase besitzen wir nur geringe Kenntnis. Dies ist wahrscheinlich dadurch bedingt, daß die Organisation der in der Vorbereitungsphase erworbenen Elemente unbewußt abläuft. Der betreffende Mensch scheint in diesem Stadium keinerlei Fortschritte zu machen und betätigt sich auch oft anderweitig. Das Stadium der latenten Entwicklung entspricht weitgehend den Reifungsstufen, die im Verlaufe von Lernprozessen zu beobachten sind.

3. *Der Einfall* (Inspiration, Intuition, ›insight‹). Es ist die Phase, in der plötzlich die Lösung entdeckt wird. Besonders frappierend sind diejenigen Entdeckungen, die dem Betreffenden im Schlafe kommen (Descartes' Entdeckung der Axiome der analytischen Geometrie und Kekules Entdeckung des Benzolringes). Für die Reorganisation der Problemelemente in ein strukturiertes Ganzes

ist das imaginative Denken ebenso wichtig wie das realistische Denken. In Zuständen relativ herabgesetzten Bewußtseins können deshalb zum Teil günstige Voraussetzungen für das Aufkommen von Einfällen gegeben sein, wenn die dafür notwendigen Elemente durch eine ausreichende Vorbereitungs- und Entwicklungsphase verfügbar sind. Dies gilt auch für das künstlerische Schaffen.

4. *Die Verifikation.* Das vierte Stadium des schöpferischen Denkens besteht in der Verifikation, d. h. in der Bestätigung der gefundenen Lösung. Die Art dieser Verifikation hängt von dem jeweiligen Problem ab. Handelt es sich um ein praktisches Problem, so wird sie objektiver Art sein, und in der Feststellung des Erfolges bestehen. In anderen Fällen mag alleine die innere Stimmigkeit der Lösung eine Verifikation darstellen« (*Delay, Pichot* 1966, S. 223 f.).

3. Die empirisch-quantitative Methode

Wenn im folgenden die empirischen Methoden verhältnismäßig kurz erörtert werden, soll dies keineswegs eine Geringschätzung ausdrücken. Es ist aber heute doch so, daß die quantitativen Methoden so im Brennpunkt der Forschung stehen, daß es offene Türen einrennen hieße, wollte man ihre Bedeutung für die Wissenschaft noch unterstreichen.

Dieses Kapitel ist deshalb eher als Besinnung und Beurteilung aufzufassen denn als eine grundlegende Darstellung.

Zunächst scheint es zwei Anlagen von Experimenten zu geben:

1. die Kumulation von Einzelfällen
2. die streng experimentell-quantitative Untersuchung.

3.1. Die Kumulation von Einzelfällen

Die kumulative Methode ist die in der Ausdruckskunde und verwandten Wissenschaften bisher übliche Methode. Sie liegt *Darwins* ›Der Ausdruck der Gefühle bei Mensch und Tier‹ (1964) zugrunde, ebenso wie den Untersuchungen der Verhaltensforscher. Die Psychoanalyse ist vollständig auf ihr aufgebaut, die Graphologie zum Teil.

Die Kumulation von Einzelfällen unterscheidet sich von einer rein experimentellen Untersuchung dadurch, daß die Versuchssituation nicht präzise standardisiert ist, der Versuch ist somit nicht im streng experimentellen Sinne wiederholbar. Dafür hat die Kumulation die folgenden Vorteile: Die Versuchsperson wird durch die Situation praktisch nicht beirrt, da sie häufig von der

Untersuchung gar nichts weiß, wie zum Beispiel in der Psychotherapie oder gar wenn sie mit einer versteckten Kamera in einer Alltagssituation gefilmt wird, wie das *Hass* und *Eibl-Eibesfeldt* (1966) taten. Zudem kann die Kumulation bereits zur Theoriebildung verwendet werden, wie es in der Psychoanalyse geschah. Schließlich können sich bei dieser Methode im Laufe der Untersuchungen noch Erkenntnisse ergeben, die gar nicht vorauszusehen waren und die bei einem reinen Experiment durch die Maschen der Untersuchung durchgefallen wären.

Die Kumulation von Einzelfällen wird aber immer dem Vorwurf der ›Unwissenschaftlichkeit‹ ausgesetzt bleiben; dagegen läßt sich nicht viel sagen, außer, daß die Methode außergewöhnliche Erfolge — man denke an die ganze Psychologie des Unbewußten — aufzuweisen hat.

3.2. Die experimentell-quantitative Untersuchung

Ein Experiment besteht aus einer Beobachtung, die die willkürliche Einwirkung des Beobachters auf das Untersuchungsobjekt betrachtet. Das Experiment muß variierbar und wiederholbar sein.

In der ausdruckswissenschaftlichen Forschung von besonderem Wert ist das Verfahren, das versucht zu zeigen, »daß die Träger des Merkmalskomplexes Y sich in einer bestimmten Situation anders verhalten werden als die Träger des Merkmalskomplexes Z, gegenüber der Behauptung, daß die beiden Personengruppen sich nicht voneinander unterscheiden werden« (*Hofstätter* 1957, S. 101), das also auf die Zurückweisung der Null-Hypothese ausgeht. Dieses Verfahren wird zusammen mit der Faktorenanalyse bereits in der Graphometrie verwendet.

In jeder experimentellen Untersuchung der zweiten Art ist das größte Problem das des Quantifizierens. Denn in der Psychologie haben wir es nicht mit einem dimensionalen System wie in der Physik zu tun, wo alles in der Längen-, Zeit- und Masseneinheit ausgedrückt werden kann. Wir müssen praktisch für jedes Experiment eine eigene Maßeinheit erfinden.

Rapaport äußert sich folgendermaßen zu diesem Fehlen von dimensionalen Massen: »Selbst die scheinbar genaue Wiederholung eines Experimentes kann Resultate erbringen, die von den ursprünglichen abweichen. Da die entscheidenden Dimensionen nicht bekannt sind, beeinflußen unbemerkte ›kleine‹ Variationen in der Experimentalsituation die Resultate. Mit anderen Worten: ohne die beteiligten Dimensionen zu kennen, ist es unmöglich vorauszusagen, welche Veränderungen zu hierarchischen Differenzen führen werden und für welche Art von Subjekten die objektiv ›genaue‹ Wiederholung des Experimentes eine radikal veränderte Experimentalsituation bedeutet« (*Rapaport* 1959, S. 103).

Rapaport räumt dann allerdings ein, daß es möglich wäre, »daß die dimensionale Quantifizierung in der Psychologie *undurchführbar* wäre« (*Rapaport* 1959, S. 103). Zudem bemerkt er, daß das »bewußt von anderen Disziplinen übernommene methodologische Raffinement, wie sehr es auch sonst dazu beitragen kann, die Psychologie rascher zu entwickeln, doch nicht den langen und zeitraubenden Prozeß umgehen kann, den jede Wissenschaft durchgemacht hat« (*Rapaport* 1959, S. 41). Der Entwicklungsprozeß, den das Wechselspiel zwischen Beobachtungen und Theorien hervorbringt, sei immer ein langsamer. Schließlich warnt er: »Quantifizierung und Methodik sind späte Produkte jeder Wissenschaft und sollten als solche Ziele auf weite Sicht sein: sie für unmittelbare Aufgaben zu halten, kann eine Wissenschaft ihrer Potenz berauben« (*Rapaport* 1959, S. 41).

Die Gefahr voreiligen Messens und Quantifizierens wird aber auch von anderen Autoren heraufbeschworen; einige solcher Stellen seien angeführt. Der Psychiater *Müller-Eckhard* (1964) führt die moderne Form der ›Wissenschaftlichkeit‹ auf *Kant* zurück: »Von Kant stammt jene nahezu pedantische und juristisch anmutende Manieriertheit, die Grenzen menschlichen Wissens abstekken zu wollen. Kant hat den Wissenschaften immer wieder die Flucht in die Empirie angeraten, da außerhalb der sinnlichen Wahrnehmung keine Sicherheit, keine Exaktheit des Erkennens bestünde. Welche Widersprüchlichkeit: die ganze Untersuchung Kants (Kritik der reinen Vernunft), die doch wohl richtige Erkenntnis gewinnen wollte, war ja jenseits jeglicher äußeren sinnlichen Erfahrung! Seine Absicht also war mit der Voraussetzung unvereinbar, da er die Zuverlässigkeit der gleichen Erkenntniskraft, die ihm für seine philosophische Untersuchung zur Verfügung stand, *verneinte«* (*Müller-Eckhard* 1964, S. 19).

Auch *Graber* (o. J.) wendet sich gegen eine einseitig empirische Form der Wissenschaftlichkeit: »Ich wiederhole hier, daß die Empiriker, die nur das als Wissenschaft anerkennen wollen, was aus der äußeren Wahrnehmung erkannt werden kann, mindestens zur Hälfte als Forscher blind sind, denn sie haben nicht verstanden, daß Wahrnehmungen und Induktion nur eine Seite allen Forschens ist, während die andere aus Intuition in unbewußt-innerseelische Vorgänge, in der Natur innewohnende Gesetze, deduktiv erschlossen wird. Nur da, wo beide Arbeitsweisen ineinandergreifen, ist ein ganzheitlich-wissenschaftliches Forschen möglich« (*Graber* o. J., S. 74).

Auch *Kretschmer* (1967) fordert: »Erst sehen, dann zählen und messen«. Und er fügt hinzu: »Daß ich zuerst einmal lebendige Menschenbilder in ihrer vollen Plastizität erkannte – nur dies hat mir den Forschungsansatz gezeigt, das heißt wo eine fruchtbare experimentelle und statistische Arbeit begonnen werden kann. Daraus ergab sich der weitere Forschungsweg« (*Kretschmer* [25]1967, S. X). Vom Messen und Zählen sagt er: »Jedenfalls ist es ein grober Irrtum zu glauben, daß nur auf dem Weg von Maß und Zahl ›allgemein-verbindliche‹ und ›exakte‹ Resultate gewonnen werden könnten. ... Die Zahl allein ist stumm; sie sagt uns weder, ob unsere Fragestellung richtig, noch, ob die gewählte mathematische Methodik dem empirischen Tatbestand adäquat war; ... die Deutung der gewonnenen Zahl endlich ist etwas exquisit Subjektives und häufig nur auf Grund der anschaulichen Feinbeobachtung möglich« (*Kretschmer* [25]1967, S. 6 f).

Wie ›zufällig‹ eine Wissenschaft – hier die Psychoanalyse – im Anfang oft vorgehen muß, zeigt eine Stelle aus einer 1910 von *Jung* erstmals veröffentlichten Arbeit: »Die nun folgenden Mitteilungen müssen leider auf eine zusammenhängende Darstellung verzichten, denn es sind Anekdoten, die ein einmaliges Erlebnis aus einem ganzen Zyklus von ähnlichen schildern und die darum nicht wissenschaftlich systematisch, sondern novellistisch beschreiben; ein Darstellungsmodus, dessen wir bei dem gegenwärtigen Stand unserer Psychologie noch nicht entraten können; denn *noch sind wir weit entfernt davon, in allen Fällen das Kuriose vom Typischen mit unfehlbarer Sicherheit sondern zu können*« (*Jung* 1946, S. 93 f).

Schließlich hat sich auch schon *Aristoteles* mit dem Grad der Exaktheit, der in einer Wissenschaft überhaupt gefordert werden darf, befaßt. Was er über die Ethik sagt gilt – mutatis mutandis – auch für die Ausdruckskunde: »Die Darlegung wird dann befriedigen, wenn sie jenen Klarheitsgrad erreicht, den der gegebene Stoff gestattet. Der Exaktheitsanspruch darf nämlich nicht bei allen wissenschaftlichen Problemen in gleicher Weise erhoben werden, genau so wenig wie bei handwerklich-künstlerischer Produktion. ... Man muß sich also damit bescheiden, bei einem solchen Thema und bei solchen Prämissen die Wahrheit nur grob und umrißhaft anzudeuten ...« (*Aristoteles* 1967, S. 6). Später kommt er noch einmal mit Nachdruck auf dieses Thema zurück: »Doch wollen wir uns auch der früher ausgesprochenen Warnung erinnern und Genauigkeit nicht in gleicher Weise bei allen Gegenständen anstreben, sondern in jedem Fall nur so, wie der gegebene Stoff es gestattet und bis an die Grenze hin, die dem Gang der wissenschaftlichen Untersuchung gemäß ist« (*Aristoteles* 1967, S. 15).

So sehr wir jeder Messung und jedem Experiment kritisch gegenüberstehen müssen, so sehr ist es auch zu begrüßen, wenn es jemand gelingt, ein sauberes Experiment durchzuführen, das eine klare Aussage – sei sie nun negativ oder positiv – gestattet. Hier ist beizufügen, daß auch Irrtümer publikationswürdig sein können, denn sie enthalten – wie bereits *Mach* erkannte – meist eine »unzureichende Beachtung der Umstände der Beobachtung« (*Mach* 1906, S. 116). Ein Fehlschlag in einem Experiment kann nämlich auf drastische Weise die Inadäquatheit der grundlegenden Annahmen aufzeigen, wie dies beim berühmten Hawthorne-Experiment von *Mayo* und *Roethlisberger* in ausgezeichneter Weise der Fall war (*Brown* 1954). *Mach* formulierte: »Der klar erkannte Irrtum ist als Korrektiv ebenso erkenntnisfördernd wie die positive Erkenntnis« (*Mach* 1906, S. 116).

Zum Experimentieren stehen uns nun dank der modernen Technik Hilfsmittel bereit, die in der Ausdruckswissenschaft noch kaum ausgeschöpft sind. Wir wollen deshalb im nächsten Abschnitt auf sie eingehen.

4. Technische Hilfsmittel der Ausdruckswissenschaft

Wenn man an technische Hilfsmittel für die experimentelle (und auch kumulative) Forschung denkt, so richten sich die Gedanken zumeist auf Meßgeräte, möglicherweise noch auf Computer. Es scheint aber *drei* Arten von technischen Hilfsmitteln zu geben:

1. Meßgeräte
2. Aufzeichnungsgeräte
3. Zähl- und Verarbeitungsgeräte

4.1. Meßgeräte

4.1.1 Zu den einfachsten Meßvorrichtungen gehört der *Maßstab*, der z. B. in der Graphologie zur Bestimmung von Größe, Weite und Längenunterschiedlichkeit verwendet wird. Im mikroskopischen Bereich können noch Meßlupe und Mikroskop zu den längenmessenden Geräten gezählt werden.

4.1.2 Ein ebenso einfaches – diesmal geometrisches – Hilfsmittel ist der *Transporteur*, auch er findet in der Graphologie Verwendung zum Bestimmen der Schriftlage.

4.1.3 Ein drittes Instrument das schon von seiner Konstruktion her nur in der Graphologie gebraucht werden kann ist die *Schriftwaage* nach *Kraepelin* und *Steinwachs*. Im Bereiche der Messung von Schreibdruck und Griffdruck sind einige Entwicklungen im Gange; wir wollen aber in diesem allgemein ausdruckskundlichen Zusammenhange nicht näher auf sie eingehen.

4.1.4 Die moderne Technik hat uns aber auch Meßinstrumente zur Verfügung gestellt, deren Anwendungsmöglichkeiten nicht ohne weiteres überblickbar sind. Eines dieser Geräte ist der Kathodenstrahl-*Oszillograph*. Mit ihm ließen sich zum Beispiel Charakteristiken von Stimmen untersuchen, möglicherweise auch Untersuchungen des Ganges u. ä. vornehmen. Ein ähnliches Gerät ist der Spectrograph auf dem das ›Voiceprint‹-Verfahren beruht. Auch mit ihm kann die Stimme untersucht werden; das Verfahren wird bis heute vor allem zur Identifikation von Stimmen verwendet, denn es wird gesagt, die Stimme jedes Individuums sei so einzigartig wie seine Fingerabdrücke. Es heißt sogar: »Whispering, muffling the voice, changing its pitch, or even mimicking another voice will not alter the basic voiceprint pattern« (*Time* 1967, S. 64). Es läßt sich vermuten, daß diese ›Voiceprints‹ auch so klassifiziert werden könnten, daß daraus ausdruckspsychologisch wertvolle Ergebnisse resultieren würden.

4.2. Aufzeichnungsgeräte

Eigentlich bedeutsamer als die Meßinstrumente sind die *Aufzeichnungsgeräte*, die uns neuerdings zur Verfügung stehen. Sie führten aber bis heute ein eigentliches Schattendasein. Dies verwundert umso mehr, als gerade das fortgeschrittenste Gebiet der Ausdruckswissenschaft, die Graphologie, als ein Verfahren bezeichnet werden könnte, das die Aufzeichnung einer in gewissem Rahmen normierten Bewegung interpretiert. So formuliert auch *Klages*: »Nehme ich den Codex Atlanticus vor, so vermag ich Seite um Seite, Zeile um Zeile, Wort für Wort die Bewegungen anzugeben, die vor mehr als vier Jahrhunderten die Griffelspitze in der Hand eines Leonardo durchmaß, und besitze solcherweise gleichsam geronnen von diesem Genius sein *persönliches Bewegungssystem*« (*Klages* 1964c, S. 34). Man könnte also sagen, die Feder oder der Schreibstift sei das erste Aufzeichnungsgerät menschlicher Bewegungen gewesen.

Die Entwicklung der Photographie hat uns nun zwei Aufzeichnungsarten zur Verfügung gestellt, die man bis heute kaum aufzuschöpfen begonnen hat. Die eine ist die schon über hundert Jahre alte ›Standbild‹-Photographie, die andere die etwas jüngere ›Kinematographie‹, der Film.

4.2.1 Die *Photographie* ist in künstlerischer Hinsicht »a dynamic process of giving form to ideas and of explaining man to man« (*Steichen* 1955, S. 4). Betrachtet man eine Fotosammlung wie ›The Family of Man‹ oder ›Weltausstellung der Photographie‹ so wird man geradezu erschlagen von der Ausdrucksfülle, die allein schon in einer einzigen Photographie liegen kann. Wir müssen uns deshalb fragen, ob wir etwas von diesem Ausdrucksgehalt wissenschaftlich verwerten können.

Der Ausdrucksgehalt einer Photographie hat *zwei Quellen:* die eine liegt im abgebildeten Objekt selbst, die andere in der Umgebung, in die das Objekt gestellt ist sowie in der bildhaften Gestaltung. Der letztere Aspekt wurde bisher praktisch nur von den mit der Photographie arbeitenden Künstlern und Handwerkern beachtet, während sich die Wissenschaft der Photographie praktisch nur zu Illustrationszwecken – und auch das recht selten – bediente.

Betrachten wir zunächst die Photographie als Abbildung eines Objektes: ihr immenser Vorteil ist, daß sie beliebig vervielfältigt werden kann. Der Ausdruck einer Person kann so nach fünf, nach zehn Jahren immer noch am genau gleichen Interpretationsstück ergründet werden. Ebenso ist es möglich, gleichzeitig auf der ganzen Welt die gleiche Photo interpretieren zu lassen, was wichtige Rückschlüsse geben könnte auf die Art wie fremde Sozietäten Ausdrücke einstufen. Vielleicht könnte man so auch feststellen, welche Funktion z. B. ein Schönheitsideal hat, denn es wird allgemein gesagt, daß beispielsweise eine für uns hübsche Japanerin in Japan gar nicht als solche angesehen wird. (*Lavater* und *Klages* sind in diesem Punkte anderer Auffassung.)

Neben der Abbildung der ›Statik‹ eines Körper- oder Gesichtsausdrucks ist es der Photographie aber erstmals auch möglich eine einzelne Bewegungsphase naturgetreu abzubilden. Wir haben uns schon so an die Photographie gewöhnt, daß wir fast genötigt sind alte Betrachtungen über die Kunst des Photographierens zu konsultieren um zu erfahren, welche Umwälzungen die Photographie im Gebiete der Erfassung von Bewegungsabläufen gebracht hat. So legt *Warstat* 1919 (2. Aufl.) dar: »Gerade die Photographie hat auf die allgemeine künstlerische Auffassung und Darstellung der Bewegung, auf die Art der Bewegungsgestaltung auch in anderen Künsten einen ziemlich tiefgehenden Einfluß ausgeübt. Die Momentphotographie und vor allem die Kinematographie sind es gewesen, die zuerst neben die bisherigen *künstlerischen* Darstellungen der Bewegung die Bewegung der *Wirklichkeit* setzten, die es uns erst erlaubten, die Bewegung der Wirklichkeit, . . ., überhaupt erst zu sehen. . . . Erst seit die Photographie uns jenen Vergleich ermöglicht, haben wir einen richtigen Einblick in die *Gesetze künstlerischer Bewegungsgestaltung* gewonnen. Es zeigt sich jetzt für uns ganz deutlich, daß kaum jemals natürliche Bewegungsbilder zur künstlerischen Darstellung benutzt werden . . .« (*Warstat* 1919, S. 68).

Aus dem Fluß der Bewegungen heraus hat nun die Photographie die Möglichkeit, einen bestimmten Augenblick willkürlich herauszugreifen. Handle es sich um eine Gemütsbewegung oder um eine bestimmte Gebärde, sie kann durch die Photographie im

Höhepunkt erfaßt und danach zum Studium beliebig lange betrachtet werden. Die Photographie ermöglicht es, den typischen Moment einer Bewegung aufzuzeichnen.

4.2.2 Was den *Film* von der Photographie unterscheidet ist, daß er nicht nur einen Augenblick aus einem Bewegungsablauf herausgreift, sondern die ganze Bewegung reproduziert. Auch beim Film spielt für den Ausdrucksgehalt einerseits das Objekt als solches eine Rolle, andererseits die Umwelt und die formale Gestaltung; dazu kommt aber noch ein wesentliches Drittes: der Zusammenhang mit dem unmittelbar vorhergehenden ›Bild‹.

Dieses Zusammenfügen von einzelnen Filmstreifen wird als wesentlichstes Element des Films vor allem von der russischen Schule betont. Sie nennen es Montage, während im übrigen Europa und in den USA vor allem die Bezeichnung ›Schnitt‹ gebräuchlich ist. Zur Montage schreibt der Regisseur und Filmtheoretiker *Serge Eisenstein:* »Werden zwei beliebige Stücke aneinandergefügt, so vereinigen sie sich unweigerlich zu einer neuen Vorstellung, die aus dieser Gegenüberstellung als neue Qualität hervorgeht« (*Eisenstein* o. J., S. 240). Ein später in die Filmgeschichte eingegangenes Beispiel von *Pudowkin* illustriert diesen Satz: »Kuleschow machte mit mir (*Pudowkin;* Verf.) zusammen einen interessanten Versuch. Wir entnahmen irgendeinem Film verschiedene Großaufnahmen des bekannten russischen Schauspielers Mosjukhin. Wir wählten Aufnahmen, die *keinen besonderen Ausdruck* hatten, Großaufnahmen des unbewegten, ruhigen Antlitzes. Diese Aufnahmen, die einander sehr ähnlich waren, montierten wir mit anderen Filmstücken in drei verschiedenen Kombinationen. In der ersten Kombination folgte auf die Großaufnahme des Schauspielers die Aufnahme eines Tellers Suppe auf einem Tisch. Ganz offensichtlich schaute Mosjukhin die Suppe an. In der zweiten Kombination wurden dem Bild Mosjukhins die Aufnahme eines Sargs mit der Leiche einer Frau beigefügt; in der dritten folgte auf die Großaufnahme die Aufnahme eines kleinen Mädchens, das mit einem Teddybär spielt. Als wir die drei Kombinationen dem Publikum, dem wir unser Geheimnis nicht verraten hatten, vorführten, war die Wirkung ungeheuer. Das Publikum war *von der schauspielerischen Leistung* Mosjukhins hingerissen. Man wies auf die tiefe Nachdenklichkeit seiner Stimmung über der vergessenen Suppe hin, man war gerührt und bewegt über die Trauer seines Antlitzes angesichts der Toten und bewunderte das sanfte, glückliche Lächeln, mit dem er dem spielenden Mädchen zuschaute. Nur wir wußten, daß *in allen Fällen* der *Gesichtsausdruck der nämliche* gewesen war« (*Pudowkin* 1961, S. 198f; Kursivdruck vom Verf.).

Wenn wir hier diese künstlerische Perspektive des Films besonders hervorheben, so deshalb, weil sie eindrücklich zeigt, wie die Wahrnehmung von Umgebungseinflüssen, vom ›effect of context‹ (*Sarbin, Taft* u. *Bailey* 1960) abhängt. Es ist dies ein Faktor, der in der Wahrnehmungslehre bisher kaum genügende Beachtung fand. Mit Hilfe des Films könnten zu diesem Aspekt recht interessante Experimente veranstaltet werden.

Doch zurück zum Film als Aufzeichnungsmittel. Auch bei ihm ist die beliebige Duplikationsfähigkeit ein für die Wissenschaft unschätzbarer Vorteil. Was ihn aber besonders auszeichnet ist seine Möglichkeit, Bewegungen in ihrem genauen Ablauf nachzubilden. Dabei können die Techniken der Zeitlupe und des Zeitraffers Bewegungen feststellen, die dem Menschen durch gewöhnliche Beobachtungen unzugänglich wären (*Eibl-Eibesfeldt, Hass* 1966). In dieser Hinsicht bestehen für Ausdrucksforscher kaum technische Hindernisse, denn es gibt heute schon Zeitlupenkameras, die 300.000 Bilder/sec. aufnehmen können (*Elle* 1961), was in der Projektion dann eine 12.500-fache Verlangsamung ergibt; andererseits wurden bereits elektronisch gesteuerte Zeitraffer-Apparaturen entwickelt, die automatisch dafür sorgen, daß immer in genauen Intervallen das nächste Bild aufgenommen wird (*Lier* 1961).

Beide photographischen Aufzeichnungsmethoden geben dem Wissenschafter die Möglichkeit in die Hand, Ausdrucksdaten zu objektivieren, zu analysieren. Photographien und Filmbilder lassen sich ausmessen, nebeneinander- und aufeinanderkopieren, je nach dem Effekt, der gewünscht wird. Daneben eignen sich Photographie, Diapositiv und Film ausgezeichnet, in einem Experiment eine bestimmte Situation oder Konstellation in zeitlichem oder räumlichen Abstand wiederholt genau gleich abzuspielen; solche Versuche könnten beachtenswerte Resultate zur Konstitution von Wahrnehmungen geben.

Ein weiterer Vorteil, den uns die Photographie bietet, ist der, daß wir erstklassiges, ausdruckskundliches Lehrmaterial herstellen könnten. Eine Filmaufnahme lenkt die Versuchsperson meistens weniger ab als z. B. ein Auditorium voller Studenten. Zudem kann die Filmaufnahme auch ohne Wissen der Versuchsperson hergestellt werden. Filmaufnahmen wären auch besonders zu empfehlen bei psychiatrischen Vorlesungen. Es ließen sich über Jahre und Kontinente hinweg die lehrreichsten Fälle zusammenstellen. Für ausdruckskundliche Zwecke hervorzuheben ist auch die spezifisch filmische Möglichkeit der Nahaufnahme; mit ihr lassen sich Details aufzeigen, die dem bloßen Auge sonst entgehen würden.

Die Bedeutung von Film und Photographie als *Beweismittel*

wird von *Hediger* (1954) unterstrichen. Da die Anwesenheit von fremden Menschen die Verhaltensweise von Versuchstieren beeinträchtigen kann, ist es oft unmöglich, im Zoo oder auf Kongressen tierpsychologische Tatbestände zu demonstrieren. »Vorsichtige Tierpsychologen pflegen daher die durch die ungewohnte Anwesenheit von Zuschauern veränderte Lage sorgfältig einzukalkulieren. Im übrigen gibt es ja noch andere Belege als die Zeugenschaft zugezogener Beobachter, vor allem die Photographie und Kinematographie. Diesen Hilfsinstrumenten kommt in der Tierpsychologie eine hervorragende Bedeutung zu: So wie etwa der Histologe durch zahlreiche Präparate von Gewebeschnitten seine Beobachtungen belegt, so muß auch der Tierpsychologe in der Lage sein, seine Beobachtungen durch objektive Bilddokumente zu belegen« (*Hediger* 1954, S. 10f).

4.2.3 Das *Tonbandgerät* ist ein weiteres Aufzeichnungsgerät, das uns die moderne Technik zur Verfügung stellt. Zusammen mit Verfahren wie dem Voiceprint-System (vgl. 4.1.4, S. 155) ließen sich wahrscheinlich Untersuchungen über die Mikromotorik der Stimme anstellen, die unter Umständen ebenso bemerkenswerte Ergebnisse zeitigen könnten wie die Experimente mit der Schriftwaage. Einen Hinweis in welcher Richtung mit Stimmaufzeichnungen gearbeitet werden könnte, finden wir bei *Lange-Eichbaum* (1967): Hitler's »entscheidendes Machtmittel war die Sprache. Der Klang seiner Stimme trieb ihn und die Masse in Wut und Ekstase. Prof. Steer von der Purdue-Universität in Indiana hat H.'s Stimme analysiert und stellte dabei fest, daß in einem typischen Satz H.'s die Tonfrequenz 228 Schwingungen pro Sekunde betrug. Die normale Frequenz bei Wutausbrüchen liegt bei 200 Schwingungen pro Sekunde. ›Diese hohe Tonlage und die damit verbundene Erregung versetzt die Zuhörerschaft in einen Zustand der Passivität‹ (*Steer*)« (*Lange-Eichbaum-Kurth* [6]1967, S. 386).

Ein von *Anna Luise Müller* (1960) durchgeführtes Experiment untersuchte die Beziehungen von Lautstärke und Sprechgeschwindigkeit zur Darstellung von Gefühlen in der Stimme. Für die Lautstärkemessungen benutzte sie einen Pegelschreiber, der auf einem laufenden Wachspapierstreifen die Lautstärkeschwankungen des auf dem Tonband registrierten Schalles in Dezibel aufzeichnete. Es konnten dann auch »signifikante Veränderungen der Geschwindigkeit und der Lautstärke des Sprechens nachgewiesen werden, die die Annahme zulassen, daß sie begründet sind in der unterschiedlichen Emotionalität der verschiedenartigen inneren Zustände, die darzustellen waren« (*Müller* 1960, S. 99).

Das Tonbandgerät hat den Vorteil, daß es einfacher zu bedienen ist als eine Filmapparatur und daß die Aufzeichnungen billiger kommen als auf Filmmaterial. Für die Ausdrucksforschung ist es wichtig zu bemerken, daß wir mit Hilfe des Tonbandgerätes den Ausdrucksgehalt der Stimme *unter Absehung* von der sie in der Realität immer begleitenden *Mimik* feststellen können. Allerdings ist zu bemerken, daß die meisten Mikrophone in gewissen Frequenzbereichen gedämpft sind, was sich vor allem bei Sprachaufnahmen auswirkt.

4.2.4 In neuerer Zeit sind im Handel *Bildaufzeichnungsgeräte* (Videocorder) erschienen. Aufgezeichnet wird wie bei einem Tonband auf einem Plastikband, das magnetisiert wird. Die Wiedergabe erfolgt auf einem Bildschirm wie bei einem Fernsehgerät. Es ist zu vermuten, daß die Anschaffungskosten dieser Geräte höher sein werden als bei der entsprechenden Filmausrüstung, dafür werden die Betriebskosten geringer sein, denn Magnetbänder sind viel einfacher herzustellen. Solche Geräte ließen sich wahrscheinlich auch an Infrarot-Bildumwandler anschließen und würden so ein völlig neues Spektrum von Untersuchungsmöglichkeiten eröffnen (z. B. Sichtbarmachung der Wärmeverteilung des menschlichen Körpers).

4.3. Zähl- und Verarbeitungsgeräte

Unter den Zähl- und Verarbeitungsgeräten ist vor allem der *Computer* zu einer schnellen Beliebtheit gelangt. Es wäre eine soziologische Studie wert, weshalb in der Wissenschaft ausgerechnet dieses jüngste und kostspieligste Gerät eine solche Bedeutung erlangt hat, während der Film in wissenschaftlicher Hinsicht ein unverdientes Aschenbrödeldasein führt.

Da der Computer fast nur in der statistischen Auswertung von Experimenten verwendet wird und darüber eine reiche Spezialliteratur besteht, wollen wir nicht weiter in das Gebiet der Datenverarbeitung eindringen.

Zusammenfassung

Es scheint zwei Arten von empirischen Verfahren zu geben, die Kumulation von Einzelfällen und das reine Experiment. Beide haben ihre Berechtigung: Was der Kumulation an Genauigkeit abgeht, gewinnt sie wieder durch Lebensechtheit, beim reinen Experiment dagegen ist es gerade umgekehrt. Für beide Verfahren gibt es eine Reihe von technischen Hilfsmitteln. Wichtig sind dabei vor allem die Aufzeichnungsverfahren wie Photographie, Film, Tonbandgerät. Mit ihrer Hilfe läßt sich eine Situation orts- und zeitunabhängig wiederholen. Der vermehrte Gebrauch von Aufzeichnungsgeräten würde für die Forschung und die Lehrtätigkeit befruchtend wirken.

Meß- und Datenverarbeitungsgeräte sind in der Wissenschaft hinlänglich bekannt, so daß auf eine eingehendere Erörterung verzichtet werden konnte.

5. Das Zusammenspiel zwischen Intuition und empirischer Methode

Bisher wurden Intuition und empirische Methode als völlig getrennte Gesichtspunkte behandelt. In Wirklichkeit sind sie aber eng ineinander verflochten, denn es ist ebenso unmöglich ein gutes Experiment durchzuführen ohne sich auf intuitive Einsichten zu stützen, wie es auch wissenschaftlich unhaltbar ist eine Theorie ohne logisch-diskursives Denken aus ›reiner Intuition‹ aufzubauen.

Intuition und logisch-empirisches Vorgehen liegen in der gleichen Dimension, sie sind als Extremfälle nur die beiden Pole. »Sie polarisieren sich immer wieder als gegenläufige psychische Vorgänge aus und erzwingen eben dadurch ihre gegenseitige Ergänzung, Korrektur und Weiterentwicklung« (*Biäsch* o. J., S. 41). Das Denken das näher dem Pole der Intuition steht wird sich vor allem mit der Theoriebildung befassen, dann auch mit der praktischen Anwendung. In diesem Sinne schreibt *Lorenz* folgendes im Zusammenhang mit der Gestaltwahrnehmung, die etwa dem entspricht, was wir Intuition nennen: »Ich komme zu dem Schlusse, daß die Wahrnehmung komplexer Gestalten eine völlig unentbehrliche Teilfunktion im Systemganzen aller Leistungen ist, aus deren Zusammenspiel sich unser stets unvollkommenes Bild der außersubjektiven Wirklichkeit aufbaut. Sie ist damit eine ebenso legitime Quelle wissenschaftlicher Erkenntnis wie jede andere an diesem System beteiligte Leistung. Sie ist sogar, in jeglicher Reihe von Schritten, die zu einer Erkenntnis führen, der Anfang und das Ende, das Alpha und das Omega, allerdings nur im ganz buchstäblichen Sinne, denn zwischen diesen beiden Lettern liegt das ganze Alphabet der anderen, ›apriorischen‹, Formen unseres Denkens und unserer Anschauung, in dessen Chiffren die Phänomene geschrieben sein müssen, sollen wir imstande sein, sie als Erfahrungen zu lesen« (*Lorenz* 1959, S. 299 f).

Zwischen diesem Alpha und Omega liegt die empirische Forschung, die die Aufgabe hat, die in der Theorie entstandenen Hypothesen zu überprüfen. »Das Experiment hat ... den Sinn, verbindliche Aussagen darüber zu ermöglichen, wieweit sich eine theoretische Annahme empirisch bestätigt hat; *experimentelles Vorgehen ist das wirksamste Verfahren zur Eindämmung der*

Beliebigkeit des Annehmens und Verwerfens von Feststellungen über reale Verhältnisse« (*Holzkamp* 1965, S. 41).

Das Experimentieren ist eine unabdingbare Notwendigkeit, ebenso notwendig ist es aber auch, die Experimente in irgendeinen Zusammenhang zu stellen. Diesen Zusammenhang kann aber nur die Theorie schaffen. Es ist also offensichtlich, daß sowohl die Intuition wie auch das Experimentieren in der Wissenschaft ihren Platz haben. Dennoch wird die Geltung der Intuition heute von vielen ›reinen Experimentalisten‹ bestritten. Es ist wiederum *Lorenz,* der sich dazu äußert:

»Die ungeheure Diskrepanz der Meinungen über den Wert und selbst über die wissenschaftliche Legitimität der Gestaltwahrnehmung beruht, neben offensichtlich kulturellen und geistesgeschichtlichen Faktoren, sicherlich auch zu sehr großem Teile auf jenen typologischen Verschiedenheiten der Forscher, die den einen dieser, den anderen jener Disziplin sich zuwenden lassen. Der zoologische und botanische Phylognetiker, der medizinische Kliniker und der Humanpsychologe europäischer Prägung sind wohl diejenigen, die sich dieses Wertes am meisten bewußt sind und die sie systematisch benutzen. Das andere Extrem sind die Behavioristen, die der Gestaltwahrnehmung — und damit der Beobachtung der Organismen in ihrem natürlichen Lebensraum — jeglichen Wert, ja den Charakter der Wissenschaftlichkeit aberkennen. Einen recht erheiternden Kompromiß zwischen beiden Extremen bilden Forscher, die sich zwar unbewußt von der eigenen Gestaltwahrnehmung leiten lassen, dies aber im psychoanalytischen Sinn ›verdrängen‹ und empört ableugnen« (*Lorenz* 1959, S. 296).

Es kann in der Wissenschaft kein entweder-oder zwischen Intuition und rein logischem Denken geben, es ist vielmehr ein ›sowohl-als auch‹ erforderlich. Wie es in der Physik eine theoretische *und* eine Experimental-Physik nebeneinander gibt, so sollte es auch in der Ausdruckswissenschaft möglich sein, eine theoriebildende und die Ergebnisse der Experimente in die Theorie integrierende Wissenschaft neben einer rein experimentellen zu haben. Beide sind unabdingbar notwendig, denn was nützen Hunderte von Experimenten, wenn sie beziehungslos nebeneinanderstehen? Wozu ist eine Theorie gut, wenn wir keinen Hinweis auf ihren Wahrheitsgehalt haben?

Es scheint nun allerdings, daß die Ausdruckswissenschaft vor allem intuitive Geister anzuziehen scheint, wie dies schon im Zitat von Wenzl (vgl. S. 143) zum Ausdruck kam. Dies wiederum erschwert den ›Denktypen‹ und Experimentalisten den Zugang zum Gebiete der Ausdruckskunde. So muß denn *Frijda* (1965) feststellen: »Auf beiden Gebieten, dem des Zustandsausdrucks und dem des Persönlichkeitsausdrucks, macht sich der Mangel an empirischen Untersuchungen über das tatsächliche Vorkommen der verschiedenen Ausdrucksformen wie über die Verifikation von Deutungen sehr bemerkbar. Es fehlt hier noch sehr an Erkenntnissen, die für die theoretische Weiterentwicklung und für die praktische Deutungsarbeit unerläßlich wären: Ein weites Feld zukünftiger Forschung!« (*Frijda* 1965, S. 415).

In welche Bereiche dieses Forschungsfeld gegliedert werden kann, soll im dritten Teil dieser Arbeit dargelegt werden.

III. TEIL

Systematische Probleme: Wissenschaftsbereiche, aus denen Erkenntnisse gewonnen werden müssen

Einleitung

Eine mögliche Gliederung der Ausdruckspsychologie in Grundwissenschaften

Vorbild für die folgenden Betrachtungen sei uns wiederum die Graphologie, die entwickeltste Sparte der Ausdruckswissenschaft: »Im Grunde beruht ja die Analyse einer Handschrift darauf, daß man die Abweichungen vom ›Normalen‹ betrachtet. So ist z. B. die dänische Handschrift sehr eng; nur wenn diese Enge noch enger als die Schulvorlage, die man deshalb kennen muß, ist, können die ›Bedeutungen‹ der Enge angewendet werden« (*Victor* 1964, S. 15).

Die Verhältnisse sind aber noch wesentlich komplizierter. Der Anteil der vier zur Schreibhandlung gehörenden Grundkomponenten – Form, Bewegung, Raum und Zeit – ist »von Epoche zu Epoche, von Kulturkreis zu Kulturkreis, aber auch von Individuum zu Individuum verschieden, wie sich sofort zeigt, wenn man Handschriften derselben Epoche und desselben Kulturkreises nebeneinanderlegt. Das Individuelle wird durch Epoche und Kulturkreis für den nicht dieser Epoche und diesem Kulturkreis Angehörenden zunächst verdeckt und tritt erst wieder hervor, sobald man sich mit Epoche und Kulturkreis vertraut macht. (...)

Damit wird bereits deutlich, daß zum Erkennen des Epochal- und Kulturanteiles einer Handschrift die Kenntnis der jeweiligen Schulvorlage nicht ausreicht. Wie groß der Einfluß der Schulvorlage ist und wie lange er andauert, wäre noch zu untersuchen. Auch ohne genauere Untersuchung sagt uns aber unsere Erfahrung, daß zwar mancher vorlagegetreuer und mancher vorlageunabhängiger schreibt, niemand aber die Schulvorlage abweichungsfrei kopiert. Wir müssen also, um zu erkennen, was individuell und was zeit- oder kulturtypisch ist, außer der Schulvorlage den jeweiligen zeit- und kulturtypischen Duktus kennen. Diese Kenntnis läßt sich durch Vergleich mit Schriften von Zeit- und Kulturgenossen der zu beurteilenden Persönlichkeit gewinnen. Aber damit nicht genug. Von Epoche zu Epoche verschieden ist auch das innere Verhältnis zum Schreiben« (*Müller/Enskat* 1965, S. 540).

Analog, aber noch ungleich komplexer sind die Verhältnisse in der allgemeinen Ausdruckskunde. Zunächst gibt es einmal keinen genau umgrenzten, bewußten Lehrgang für den Ausdruck, wie wir das beim Schreiben haben: jeder Schüler lernt in einem bestimmten Alter und in einer bestimmten Zeitdauer nach der gleichen Schulschreibvorlage schreiben. Beim Ausdruck dagegen beginnt das Lernen praktisch mit dem ersten Tag, wobei die ›Vorlage‹ nur zum geringsten Teil bewußt ist; deshalb ist es beim Menschen beinahe unmöglich zu unterscheiden, was angelernter, soziokultureller Ausdruck, was dagegen genuine, evtl. angeborene Äußerung ist, und davon wäre dann erst noch der spezifisch individuelle Ausdruck zu unterscheiden. Dennoch muß die Ausdruckswissenschaft versuchen, diesen einzelnen Aspekten so intensiv wie möglich nachzugehen. Es soll deshalb im folgenden gezeigt werden, in den Bereich *welcher* Wissenschaften die Gesichtspunkte fallen, die die Ausdruckskunde zur Ausdrucks-Interpretation heranziehen muß. Es wird sich handeln um:

Anthropologie, Medizin und Psychosomatik
Verhaltens- und Instinktforschung
Soziologie
Wahrnehmungslehre
und schließlich um die *Ausdruckswissenschaft* selbst.

1. Anthropologie, Medizin und Psychosomatik

Der Ausdruckswissenschafter kann schwer in die Irre gehen, wenn er einen Gesichtsausdruck unbesehen interpretiert. Weiß er denn, ob nicht irgend ein pathologischer Einfluß im Ausdruck ihn zu seiner Deutung verleitet hat? – Es muß sich deshalb ein wichtiger Zweig der Ausdruckswissenschaft mit den krankhaften und außergewöhnlichen Erscheinungen des Ausdrucks befassen.

Zu den außergewöhnlichen Erscheinungen müssen wir zunächst den Ausdruck von uns fremden Völkern oder Rassen zählen. Menschen aus uns unvertrauten Kulturkreisen drücken sich anders aus oder meinen mit dem gleichen Ausdruck etwas anderes, als wir es gewohnt sind. Es dürften vor allem soziokulturelle Einflüsse sein, die hier eine Rolle spielen. – Ungleich komplizierter werden die Probleme, wenn die Menschen einer anderen Rasse angehören. Denn: der Fremdrassige kann sowohl in einer uns bekannten als auch unbekannten Kultur aufgewachsen sein. So oder so ergeben sich schließlich recht komplexe Probleme.

Der Rassenbegriff ist heute geschichtlich so belastet, daß es zutrifft, was *Hofstätter* (1959) sagt: »Der Rassenbegriff ist eigentlich niemals in der Atmosphäre reiner Sachlichkeit untersucht worden« (*Hofstätter* 1959, S. 48). Es ist deshalb nicht allzu verwunderlich, wenn *Kiener* (1965) argumentiert: »Die *Rasse* besitzt anscheinend für die Physiognomik nicht die Bedeutung, die man ihr vielleicht im ersten Augenblick zuerkennen möchte. Wohl hat man in den USA schon im ersten Weltkrieg bei Rekrutenuntersuchungen nach dem Army-Alpha-Test festgestellt, daß die Neger den Weißen signifikant an Leistungen nachstehen, aber man glaubte, diesen Unterschied als umweltbedingt erklären zu können« (*Kiener* 1965, S. 493). Und später: »Die Wissenschaft neigt nach der Meinung von Schwidetzky-Roesing dazu, unter dem Eindruck der Unergiebigkeit bei den Intelligenz-Untersuchungen die rassenpsychologische Fragestellung theoretisch und praktisch für bedeutungslos zu halten. Der Gewinn, den die Physiognomik aus den bisherigen Ergebnissen der Rassenpsychologie ziehen kann, geht nur wenig über das hinaus, was bereits die Konstitutionslehre geboten hat« (*Kiener* 1965, S. 494).

Verwunderlich sind diese Äußerungen deshalb, weil aus dem negativen Ergebnis einer Untersuchung begründet wird, daß dann die Konsequenzen auf einem anderen Gebiet — der Physiognomik — klein seien. Wir sind hier an einem methodischen Problem, zu dem *Goerttler* (1965) — teilweise *Bleuler* referierend — meint: »Für die Wissenschaft gibt es keine negativen Ergebnisse — und die positiven stürzen auch nicht immer unser wissenschaftliches Weltbild um (*Bleuler*). Es ist für die wissenschaftliche Erkenntnis ebenso wichtig festzustellen, daß ein Tbc-Stamm mit einem bestimmten Verfahren keine nachweisbaren Toxine bildet, wie das Gegenteil; daß das Blutbild keine Rückschlüsse auf die Konstitution gestattet oder daß dies möglich ist« (*Goerttler* 1965, S. 34). Den Gedankengang weiterführend können wir sagen: es ist genauso bedeutsam, festzustellen, daß es zwischen den Rassen psychologisch keine Unterschiede gibt, wie, daß sie sich psychisch unterscheiden. Trifft nun — wie *Kiener* annimmt — das erstere zu, so ist das ein für die Physiognomik recht bedeutsamer Befund. Denn da sich die Rassen durch »Hautfarbe, Körperbau und Konstitutionsbild« (*Hehlmann* 1962, S. 427) unterscheiden, durch physiognomische Merkmale also, muß es sehr bedeutsam sein, wenn offenbar festgestellt wird, daß diesen Unterschieden keine psychischen Merkmale entsprechen! — Es dürfte gar nicht so leicht sein, diesen Befund (sofern er umfassend genug ist, was dem Verfasser zweifelhaft erscheint) physiognomisch richtig zu interpretieren.

Spielt also offenbar die Rasse, das wird wohl heißen die erbbedingten Körpermerkmale überhaupt, keine entscheidende Rolle für die psychische Artung des Menschen, so wird es wichtig sein, festzustellen, welche ausdruckshaften Körpermerkmale vererbbar sind. So soll z. B. das vorstehende Kinn und die charakteristische breite Unterlippe Karls V. ein Erbmerkmal sein, das man bei allen Habsburgern wiederfinde (*Lamy* 1961). Hat man solche Erbmerkmale festgestellt, so bleibt zu untersuchen, ob bestimmte Charaktermerkmale mit ihnen korrelieren.

Die heute gesichertsten Ergebnisse von Zusammenhängen zwischen Körpermerkmalen und Charaktereigenschaften ergaben die Untersuchungen von *Sheldon* (*Kiener* 1965) und *Kretschmer* (1967).

Sind wir bisher von den erbbiologisch gegebenen Grundphänomenen ausgegangen, so wollen wir uns nun den krankhaften Veränderungen des Ausdrucksgeschehens zuwenden. »Systematische Ausdrucksanalyse am kranken Menschen führt in die Pathologie des Ausdrucks. Sie läßt erkennen, daß durch die Krankheit das Funktionieren der Ausdrucksorganisation bedroht, die Erscheinung seelischer Inhalte und Vorgänge behindert, verhindert, beschränkt oder verändert und verfälscht sein kann« (*Hertl* 1965, S. 309).

Für den Ausdruckswissenschafter sind zwei Aspekte der Pathologie des Ausdrucks grundlegend:

1. das Erkennen der Störung und damit verbunden die richtige Umdeutung des erhaltenen Eindrucks.
2. das Wissen um die Herkunft der Störung, es ist also ihre diagnostische Bedeutung zu erfassen.

1.1. Das Erkennen der Störung

Hertl (1965) unterteilt die Krankheitszeichen in autochthone und gesteuerte. Den *autochthonen Krankheitszeichen* »liegen lokale Prozesse im Ausdrucksgelände zugrunde, und ihre Wirkung ist zunächst auch nur von lokaler Bedeutung« (*Hertl* 1965, S. 315). Sie können aber die Einheit und die Harmonie des Gesichtes stören, ja sogar das Gesicht als Ausdrucksmedium vollständig entwerten. Der Ausdruckswissenschafter muß in jedem Falle bemüht sein, sich von der Wirkung des Krankheitsprozesses nicht allzusehr beeinflussen oder irritieren zu lassen, sondern stets versuchen, »daneben noch den Ausdruck der seelischen Situation des Mitmenschen« (*Hertl* 1965, S. 315) zu erkennen.

Obwohl die autochthonen Krankheitszeichen keinen Rückschluß auf seelische Inhalte erlauben, können sie Auswirkungen in den seelischen Bereich haben, was sich dann als Schmerz, Besorgnis etc. ausdrücken kann.

Die *gesteuerten Krankheitszeichen* »sagen aus, daß sich eine Krankheit oder ein krankhafter Zustand auf den ganzen Menschen auswirkt. Nervale und humorale Faktoren bewirken diese Veränderungen. Der Begriff Humores, Körpersäfte, schließt dabei als wichtigste Gruppe die Hormone ein, umfaßt darüber hinaus aber weit mehr, was im Blut- und Gewebesaftstrom des Körpers ans Ausdrucksgelände herankommt. Wir denken an die Wirkungen von bakteriellen und anderen Giftstoffen, von pathologischen

Stoffwechselprodukten und von Wasser-, Salz- und Eiweißveränderungen im Körper« (*Hertl* 1965, S. 316). Von diesen Störungen sind einige solcher Art, daß sie ein pathologisches, pseudomimisches Bild (z. B. Wundstarrkrampf) ergeben oder ein Gesichtsbild, das einen Ausdruck zu vermitteln scheint (Wilsonsche Krankheit).

Unter *Werkzeugstörungen* versteht *Hertl* Störungen im Ausdrucksapparat. Dazu gehören zum Beispiel Lähmungen oder Spannungen der mimischen Muskulatur (Facialis-Lähmung und Facialis-Spasmus), Farbänderungen der Haut (z. B. Fieberröte, Ekzeme, anhaltende Blässe bei Blutarmut), Veränderungen im Unterhautzellgewebe, die die Gesichtslinien stören und die mimische Muskulatur behindern sowie Veränderungen am Skelett wie z. B. durch Rachitis oder bei Geschwülsten.

Im weiteren unterscheidet *Hertl seelisch unfundierte, pseudoexpressive Erscheinungen.* Sie sind dadurch charakterisiert, daß sie wirken wie Ausdrucksphänomene, daß ihnen aber der entsprechende seelische Hintergrund fehlt. »So verbindet sich mit ausgedehnten Oedemen der Eindruck geringer seelischer Bewegtheit, mit der beidseitigen Lähmung der Gesichtsnerven und der dadurch gegebenen Schlaffheit der Gesichtshaut noch zusätzlich ein gewisser depressiver Zug« (*Hertl* 1965, S. 335). Im Bereiche der Mimik sehr wichtig ist das Schielen: es zeigt, welche Bedeutung die Augen im Ausdrucksgeschehen haben (*Hertl*).

Sodann gehören zu den pseudoexpressiven Erscheinungen Abweichungen des Bewegungsablaufes (z. B. Hyperkinesen), zerebrale Krampfanfälle (z. B. Tic-Bewegungen, Krampfanfälle der Muskulatur), Hormonstörungen (z. B. Basedowsche Krankheit) und schließlich noch vegetative Anfälle, die sich in erster Linie am Gefäßsystem abspielen (z. B. Durchblutungsänderungen).

Es ist ohne weiteres klar, daß der Kranke in seiner Situation seinen Ausdruck entsprechend ändert. Sein Gesicht wird eher den Ausdruck der Abspannung, der Müdigkeit, der Appetitlosigkeit, der Verdrießlichkeit usw. zeigen; auch kann seine Ausdrucksgeneigtheit sich wandeln. Im allgemeinen ist auch beim kranken Menschen die Beziehung von Innen und Außen gegeben; dabei ist es aber wichtig zu erkennen, »wie die Krankheit das Ausdruckswerkzeug verändert und dadurch den Ausdruck seelischer Inhalte behindert« (*Hertl* 1965, S. 344). Schließlich darf nicht übersehen werden, daß gewisse krankhafte Störungen Ausdruck vortäuschen, der seelisch gar nicht gegeben ist.

1.2. Die diagnostische Bedeutung der Störung

Hat man einmal festgestellt, daß einem bestimmten Ausdrucksbild eine Krankheit zugrunde liegen muß, so ist die Frage nicht mehr allzu weit, um welche Störung es sich denn handle. Es scheint dem Verfasser durchaus möglich, daß es in nicht allzu ferner Zukunft gelingen sollte, ausdruckspsychologische Grobdiagnosen zu stellen. Indirekt wird dies von *Hertl* bestätigt: »Durch alle diese Bedingungen (pathologische, nervale und humorale Steuerungsfaktoren, zusammen mit seelischen Inhalten und Vorgängen in der Krankheit, die auf dem normalen Ausdrucksweg zum Ausdruck gelangen; Verf.) entsteht die große Zahl jener *Gesichtstypen*, mit der man es in der Krankheit zu tun hat: das Gesicht der hormonellen Störungen, der Nierenerkrankungen, der Stoffwechselkrankheiten, des hohen Blutdrucks, der Herzkrankheiten, der schweren Schmerzzustände und der Allgemeininfektion«. Und er fährt fort: »Nicht alles ist genannt; aber schon diese stichwortartige Aufstellung verdeutlicht, in wie mannigfacher Weise die gestaltenden Faktoren am Gesicht angreifen können« (*Hertl* 1965, S. 316). Weiter unten finden wir: »Als Dauererscheinung prägt sich das Gesicht der hormonellen Störung. Nach gleichem Prinzip – aber mehr vegetativ-nerval und humoral außerhalb der Hormone bedingt – entsteht das Gesicht bei anhaltender Erkrankung der Lungen, des Herzens, des Verdauungskanals, der Leber und der Nieren« (*Hertl* 1965, S. 316).

Es sollte das Ziel einer ausdruckspsychologischen Diagnostik sein, eine Syndromatik aufzustellen, die es dem Ausdruckswissenschafter ermöglichen würde, dem Arzte anzugeben, in welchem Organ die Krankheit vermutlich lokalisiert ist und in welcher Richtung der Arzt seine weitere diagnostische Untersuchung zu führen habe.

Wie sich krankhafte Veränderungen des Körperhaushalts im Ausdruck manifestieren können, so können auch psychische Störungen das körperliche Geschehen beeinflussen. So hat die »Unfähigkeit zur Anpassung an die geistige Umwelt, in der der Mensch leben soll, ... bei den Erwachsenen nicht nur schwere psychische Folgen, sondern sie löst auch, auf dem Wege über Gemütsstörungen, vegetative Störungen aus, die Ausgangspunkt für konkrete organische Veränderungen werden können« (*Kourilsky* 1961, S. 15).

Der Beachtung der psychischen Einflüsse auf das körperliche Geschehen hat sich die Psychosomatik verschrieben. »Es handelt sich nicht um eine Spezialwissenschaft, sondern eher um eine besondere Betrachtungsweise, die alle Zweige der Medizin, einschließlich der Chirurgie, betrifft. ›Psychosomatisch‹ bedeutet nicht, den Körper weniger, sondern nur, die Seele mehr erforschen« (*Weiss, English* 1957, zit. n. *Uexküll* 1963, S. 275). Doch dieses verstärkte Erforschen hat bisher Ergebnisse gezeitigt, die in erstaunlichem Maße zeigen, auf wie vielfältige Art die Psyche auf den Körper Einfluß nehmen kann. Es ist nur verständlich, wenn dann in der Geschichte der Psychosomatik zunächst fast jedes körperliche Symptom als ›Symbol‹ interpretiert wurde. »Wenn also zunächst das Psychische zu kurz gekommen war, so kam jetzt das Physische zu schlecht weg. Trotzdem war damit ein wichtiger Schritt vorwärts getan, denn das Seelische wurde hier zum erstenmal ernst genommen. Auch die Tatsache, daß Körperliches Ausdruck und Symbol von Seelischem sein kann, stellt eine wichtige Wiederentdeckung dar. Nur schoß man, wie bereits erwähnt, über das Ziel hinaus ...« (*Uexküll* 1963, S. 85).

Diese Spannung und Auseinandersetzung zwischen der positivistischen Medizin und der Psychosomatik kann für die Ausdruckswissenschaft nur fruchtbar sein. Denn für sie ist es wichtig zu wissen, ob eine Erscheinung ›rein physisch‹ bedingt ist, oder ob es eine psychogene Störung ist, ob z. B. ein Tic ein zerebraler Krampfanfall ist (*Hertl* 1965) oder ob er häufig seelisch bedingt ist (*Hehlmann* 1962). Solange diese Fragen nicht einigermaßen geklärt sind, muß der Ausdruckswissenschafter mit seinen Urteilen in dieser Hinsicht recht zurückhaltend sein.

Immerhin ist festzuhalten, daß aus dieser Dialektik zwischen physischer Bedingtheit und Psychogenität der Störungen auch neue, für die Ausdruckskunde wichtige Erkenntnisse abfallen können. So wäre es beispielsweise durchaus möglich, daß sich eine leichte Störung, eine Funktion, die sich nicht richtig im Gleichgewicht befindet, durch psychische Vorgänge soweit aufschaukelt, bis eine manifeste Störung entsteht. Wiederholt sich dann einmal die schwache Störung, so entsteht Angst, der ganze Vorgang könne sich wiederholen, worauf dies dann häufig auch geschieht. Solche Vorgänge sind bereits bekannt: Das Erröten, die Hyperventilationstetanie sind Beispiele. Es wäre nun zu prüfen, ob nicht ähnliche Vorgänge sich über längere Zeitdauer erstrecken könnten, über Jahre oder Jahrzehnte. Vielleicht ließen sich auf diese Art einige der Zusammenhänge zwischen ›Körperbau und Charakter‹, auch zwischen psychischen Eigentümlichkeiten und bestimmten körperlichen Erkrankungen (Schizophrenie und Tuberkulose, ›Managerkrankheit‹) erklären.

Dieser kurze Abriß zeigt bereits die Vielschichtigkeit der Probleme, deren sich die Ausdruckswissenschaft bewußt sein muß, bevor sie überhaupt an die Interpretation des Ausdrucksgeschehens herangehen kann. Denn es wäre töricht, eine ›echt körperliche‹ Störung als seelischen Ausdruck zu deuten, ebenso, wie es einen bedeutenden Informationsverlust gäbe, würde man eine psychogene Ausdrucksstörung als ›rein physiologisch bedingt‹ erklären.

2. Verhaltens- und Instinktforschung

2.1. Angeborene auslösende Mechanismen, endogene Automatismen

Wenn wir hier von ›Instinkt‹ sprechen, so meinen wir damit ein Verhalten, das etwa die folgenden Eigenschaften zeigt:

»1. es ist ererbt, nicht erlernt;
2. es ist nicht individuell, sondern arttypisch: ›spezifisch‹;
3. es läuft bei den Individuen einer Art hochgradig stereotyp ab;
4. . . .« (*Portmann* 1964, S. 146).

Den vierten Punkt der Definition, daß nämlich der Instinkt arterhaltend sein soll, lassen wir — da er umstritten ist — weg. Wenn auch *Portmann*, der diese Definition gibt, sie als Orientierung ›grosso modo‹ bezeichnet und sie dann verläßt, soll sie uns in diesem Zusammenhange genügen.

Es mag zunächst erstaunen, daß im Zusammenhang mit dem Menschen von Verhaltens- und sogar Instinktforschung gesprochen wird. Doch wenn wir die — gewissermaßen als Leitmotiv dieser Studie dienende — Dialektik zwischen Determiniertheit und Freiheit des menschlichen Ausdrucks ernsthaft untersuchen wollen, können wir an dem Phänomen der Instinkthandlungen bei den Tieren nicht vorbeigehen, ohne uns zu fragen, ob wir nicht auch beim Menschen solche Verhaltensweisen finden. So meint denn *Portmann*: »Die biologischen Versuche einer Analyse der einst vereinfachend als Instinkt bezeichneten Verhaltensweisen sind auch für die vergleichende Beurteilung des menschlichen Handelns von Bedeutung« (*Portmann* 1964, S. 178).

Drastischer drückt sich *Lorenz* (1950) aus: »Wenn auch bei sehr vielen geisteswissenschaftlich orientierten Psychologen und Soziologen noch sehr starke, affektbesetzte Widerstände dagegen bestehen, die selbstverständlichen Folgerungen aus der unbestrittenen Tatsache der Deszendenz zu ziehen und die historisch-phylogenetisch bedingten Eigenschaften des Menschen gebührend zu berücksichtigen, so ist beim heutigen Stande der induktiven Naturforschung doch schon mit Sicherheit vorauszusagen, daß sie sich in absehbarer Zeit mit diesen Gedankengängen werden befreunden müssen. Daß der Mensch angeborene auslösende Mechanismen von gleicher Art wie höhere Tiere hat, ist einfach eine Tatsache, ebenso daß endogen-automatische Reizerzeugungsvorgänge auch bei ihm eine wichtige Rolle spielen« (*Lorenz* 1950, S. 199f).

In der gleichen Abhandlung beschreibt *Lorenz*, wie beim Menschen wirksame angeborene auslösende Mechanismen sich äußern können: »Das sogenannte ›physiognomische Erleben‹ selbst unbelebter Umweltobjekte beruht keineswegs, wie manche Entwicklungspsychologen meinen, auf einer allgemein, auch im Tierreich verbreiteten, diffusen Erlebnisform, die zwischen Ich und Umwelt ungenügend scheidet, sondern vielmehr auf dem sehr scharf umschriebenen Vorgang eines im biologischen Sinne ›irrtümlichen‹ Ansprechens auf auslösende Mechanismen, dessen eigentliche und arterhaltende Leistung das Verstehen spezifisch menschlicher Ausdrucksbewegungen ist« (*Lorenz* 1950, S. 158). Als Beispiel für hochspezifische Gefühls- und Affektwerte die durch ›Attrappen‹, wie sie beispielsweise Tiergesichter darstellen, ausgelöst werden, schildert *Lorenz* unsere Einstellung gegenüber Kamel und Lama, bei denen »das Nasenloch höher als das Auge liegt, der Mundwinkel etwas herabgezogen ist und der Kopf normalerweise etwas über die Horizontale erhoben getragen wird, was ... auf morphologischen Charakteren beruht, die über den emotionalen Zustand des Tieres überhaupt nichts aussagen. Die arteigene Kopfhaltung ist durch die Lage des horizontalen Bogenganges im Labyrinth festgelegt. Wer wissen will, ob das Tier freundlich oder abweisend gestimmt ist, ob es dem Beobachter aus der Hand fressen oder ihn anspucken wird, muß ihm auf die Ohren sehen. Die anthropomorphe physiognomische Reaktion aber vermeldet uns mit der Unbelehrbarkeit des typischen angeborenen Schemas, daß das Tier dauernd *hochmütig* dreinschaue. Beim Menschen ist die Gebärde der hochmütigen Abweisung, deren rezeptorisches Korrelat der in Rede stehende Auslösemechanismus darstellt, eine formalisierte und mimisch übertriebene Intentionsbewegung des Sich-Zurückziehens, bei der der Kopf in Rückwärtsbewegung gehoben, die Nasenflügel eingezogen und die Augenlider halb geschlossen werden, alles in ›Symbolisierung‹ der Abwehr aller von dem verachteten Gegenüber ausgehenden Sinnesreize. Dieselbe Gebärde in weniger übertriebener Ausführung bedeutet bei Süditalienern und sehr vielen orientalischen Völkern ganz einfach ›Nein‹« (*Lorenz* 1950, S. 158f).

Nach *Lorenz* zeigt sich der angeborene Charakter dieser Mechanismen darin, »daß das durch sie hervorgerufene Erleben völlig *unbelehrbar* ist. Auch wenn man ganz genau weiß, daß die eigene Empfindung genau dieselbe ist, wie das, was wir bei Tieren als *deplacierte Reaktion* bezeichnen, kann man nicht umhin, Kamel und Lama weiterhin als ›unsympathisch‹, ja geradezu als unästhetisch, ... zu empfinden« (*Lorenz* 1950, S. 160).

Die *soziale Verteidigung* ist eines der Beispiele die *Lorenz* für einen endogenen Automatismus bringt. »Ihr subjektives Erlebniskorrelat ist der Affekt der *Begeisterung*. Ein besonders interessanter Zug der Reaktion ist ihr Einhergehen mit Bewegungsweisen, *die solchen des Schimpansen sicher homolog sind!« (Lo-*

renz 1950, S. 166). Diese soziale Verteidigung kann als ›deplazierte Reaktion‹ eine unheilvolle Rolle spielen, denn sie spricht »allzu leicht auf die vom Demagogen gelieferte Attrappe an. Besonders gefährlich wird sie durch die große Lustbetontheit ihres subjektiven Erlebniskorrelates, der sozialen oder nationalen Begeisterung. Wir wollen uns unumwunden eingestehen, daß es ein wunderschönes Erlebnis ist, von ›heiligem‹ Schauer überlaufen, die Nationalhymne zu singen, und es ist allzu leicht, zu vergessen, daß der Schauer ein Sträuben des alten Schimpansenpelzes ist und daß die gesamte Reaktion grundsätzlich *gegen* irgendeinen ›Feind‹ gerichtet ist, und vor allem daß heute, wo Höhlenbären und Säbelzahntiger als Gefährdung menschlicher Gemeinschaften weggefallen sind, dieser ›Feind‹ stets eine Gemeinschaft von Mitmenschen ist, die sich genauso begeistert zur Verteidigung *ihrer* Sozietät verpflichtet fühlt!« (*Lorenz* 1950, S. 189).

Diese Einzelbeobachtungen zeigen, daß die Forderung nach einer Vergleichenden Ausdrucksforschung durchaus berechtigt ist. Nach *Stamm* (1965) würde sie folgendermaßen aussehen: »Im Rahmen einer Vergleichenden Ausdruckspsychologie ist es legitime Aufgabe, die Ausdruckserscheinungen beim Menschen in all ihren Feinheiten darzustellen und mit denen anderer Tierarten (oder: der Tierarten) zu vergleichen. Dabei sollen Ähnlichkeiten und Verschiedenheiten hervortreten. Immer ist damit zu rechnen, wenn wir es auch a priori weder fordern noch bestreiten dürfen, daß zwischen der Spezies *Homo sapiens* und den ihr nächst verwandten rezenten Arten (oder irgendwelchen zu einer Gegenüberstellung brauchbaren Arten, etwa der höheren Vögel) auch qualitative Unterschiede bestehen« (*Stamm* 1965, S. 255f).

Obwohl bereits 1872 ein bedeutendes Werk der Vergleichenden Verhaltensforschung, nämlich *Darwins* ›Ausdruck der Gefühle bei Mensch und Tier‹ (neu herausgegeben 1964) erschien, wurde merkwürdigerweise »danach niemals mehr eine derartige Untersuchung mit zuverlässigeren Methoden durchgeführt ...« (*Frijda* 1965, S. 376). Dennoch sind in letzter Zeit von wenigen Forschern recht bedeutende Ansätze ausgearbeitet worden. Der eine davon nennt sich Proxemik, der andere Humanethologie; beide sollen im folgenden kurz betrachtet werden.

2.2. Proxemik

Sein faszinierendes Buch ›The Hidden Dimension‹ beginnt der Anthropologe *Edward T. Hall* mit den Worten: »The central theme of this book is social and personal space and man's perception of it. Proxemics is the term I have coined for the interrelated observations and theories of man's use of space as a specialized elaboration of culture« (*Hall* 1966, S. 1). *Hall* versucht die Bedeutung des Raumes für den Menschen aufzuzeigen, wobei er sich sehr stark auf die Erkenntnisse der neueren Tierpsychologie und Verhaltensforschung stützt. Denn interessanterweise wurden viele Erkenntnisse zunächst bei den Tieren gewonnen und erst später beim Menschen entdeckt, als man die gleiche Fragestellung auch bei ihm anwandte.

Als Beispiel für eine solche Übertragung der Erkenntnisse vom Tier auf den Menschen seien die Distanzverhältnisse eines Lebewesens kurz dargestellt: *Hediger* fand heraus, daß es zwei Arten von Tieren gibt, nämlich »Tiere, welche es beim Ruhen so einrichten, daß sie mit ihren Artgenossen möglichst in Berührung sind; die gleichen lassen sich auch gerne streicheln — es sind Kontakttiere. ... Distanztiere (dagegen) meiden körperliche Berührung mit Artgenossen; zahme Vertreter dieser Gruppe weichen der menschlichen Hand aus und lassen sich nicht gerne streicheln oder kraulen. Sie zeigen sehr deutlich eine sogenannte Individualdistanz, die von Art zu Art verschieden ist. Bei der Lachmöwe beträgt sie etwa 30 Zentimeter (...), beim Flamingo mindestens das Doppelte, bei der Schwalbe kaum die Hälfte davon« (*Hediger* 1954, S. 110f). Im weiteren unterscheidet *Hediger* noch die soziale Distanz, d. i. die »maximale Entfernung unter Individuen einer Gruppe« (*Hediger* 1954, S. 139), dann die Fluchtdistanz, d. h. die Entfernung auf die ein Tier einen Feind maximal herankommen läßt und schließlich die kritische Distanz, d. i. die Distanz, die beim Tier die sogenannte kritische Reaktion auslöst, die aus einem langsamen, angreifenden Vorwärtsschreiten auf den Eindringling zu besteht.

Hall behauptet nun, daß beim Menschen zwar die Fluchtdistanz und die kritische Distanz wegfallen, daß aber die Individualdistanz und die soziale Distanz durchaus anzutreffen seien. Er hat beim Menschen vier Distanzen festgestellt, die alle eine nahe und eine entfernte Phase haben; er nennt die vier Distanzen Intimdistanz, Individualdistanz, Sozialdistanz (wobei sich die Begriffe nicht völlig mit denen Hedigers decken) und schließlich öffentliche Distanz. Am leichtesten zu erfassen ist wohl die Individualdistanz. Sie ist im nördlichen Europa größer als im Süden (man vergleiche ein volles Zürcher Tram mit einem ›vollen‹ Londoner Bus, wo höchstens etwa drei Personen stehend mitfahren dürfen). Die Individualdistanz scheint aber auch bei einzelnen Individuen Schwankungen unterworfen zu sein. So ist es dem Verfasser schon mehrmals passiert, daß er sich dabei ertappte, daß er vor Freunden, die er schon lange kannte, plötzlich sich unwillkürlich dauernd im Rückzug befand, worauf die Freunde nur wieder näher rückten. Das gemeinsame an ihnen war: sie waren alle nach bereits mehrmonatigem Militärdienst im Urlaub! Es scheint also, daß das enge Zusammenleben im Militärdienst die Individualdistanz verkürzt, um sich dann nach kurzer Zeit des ›Zivillebens‹ wieder auf den normalen schweizerischen Standard einzuspielen. Ein weiteres Beispiel liefert *Hall:* »A wife can stay inside the cicle of her husband's close personal zone with impunity. For another woman to do so is an entirely different story« (*Hall* 1966, S. 113).

Inwieweit diese verschiedenen Distanzen auch in der Psychiatrie von Bedeutung sein können ist noch unklar. *Hall* schreibt, daß der Mensch bei der Domestikation von Tieren vor allem die Fluchtdistanz radikal vermindern müsse. Er fährt dann weiter: »Although man is a self-domesticated animal, the domestication process is only partial. We see this in certain types of schizophrenics who apparently experience something very similar to the flight reaction. When approached too closely, these schizophrenics panic in much the same way as an animal recently locked up in a zoo. In describing their feelings, such patients refer to anything that happens within their ›flight distance‹ as taking place literally *inside themselves*« (*Hall* 1966, S. 11).

Die weitere Untersuchung solcher persönlicher Distanzen — die vermutlich im wesentlichen angeboren sind — könnten sicherlich äußerst wertvolle Ergebnisse liefern. Doch wollen wir einstweilen die Hall'sche Arbeit verlassen um uns ihr im Abschnitt über die Soziologie wieder zuzuwenden.

2.3. Humanethologie

Das andere Feld, das in jüngster Zeit zu einer selbständigen Wissenschaft auszuwachsen beginnt ist die ›Humanethologie‹. Sie geht mit den Methoden und Mitteln der Verhaltensforschung vor, untersucht aber nicht die Tiere, sondern den Menschen. Ihre eigentlichen Begründer sind *Eibl-Eibesfeldt* und *Hans Hass*. Ihr Ziel ist es, festzustellen in welchem Ausmaß menschliches Verhalten durch verschiedene Formen stammesgeschichtlicher Anpassung bestimmt wird. Bisher kennt man zwar ungefähr das Repertoire der Erbkoordinationen des Säuglings sowie einige wichtige Auslösemechanismen (vgl. die Forschungen *Wolfenbergers,* 1971), wie es aber »um Erbkoordinationen beim Erwachsenen steht, ist dagegen recht schwierig festzustellen. Die Auswertung von Zufallsexperimenten — wie das Studium von Menschen, die taub und blind zur Welt kamen — zeigt aber, daß selbst recht komplizierte Bewegungskoordinationen erfahrungsunabhängig heranreifen können und mithin angeboren sind. So filmten wir kürzlich ein 7jähriges taub-blind geborenes Mädchen und einen 5jährigen taub-blind geborenen Buben, die beide herzlich lachen konnten. Die komplizierte Motorik glich durchaus der eines gesunden Kindes (...). Die Lautäußerungen waren zwar etwas verhaltener, aber als Lachen zu erkennen« (*Eibl-Eibesfeldt, Haas* 1966, S. 385).

Die beiden Autoren wollen untersuchen inwiefern Angeborenes in den für das normale menschliche Leben charakteristischen komplexen Verhaltensweisen steckt. Dazu »bleibt als wichtigste Informationsquelle nur der Vergleich des Verhaltens von Menschen möglichst vieler verschiedenartiger Kulturen. Sind Gemeinsamkeiten in Mimik und Gestik nachzuweisen, dann lassen solche auf eine gemeinsame, erbbedingte Wurzel des entsprechenden Verhaltens schließen« (*Eibl-Eibesfeldt, Hass* 1966, S. 386). Bis heute liegen aber leider kaum Studien in dieser Richtung vor. Die beiden Forscher beklagen sich: »Es ist bemerkenswert, daß über den Menschen nur beschränkt Inventare seiner Verhaltensweisen vorliegen. So verfügt z. B. das Göttinger Institut für den wissenschaftlichen Film über zahlreiche Dokumente, die kulturelle Tätigkeiten, etwa Töpfern, Flechten, Hütten- und Bootbauen verschiedener Völker zeigen. Es handelt sich dabei fast immer um bewußt vorgeführte Tätigkeiten, was oft nicht erwähnt wird und den Wert solcher Aufnahmen wesentlich verringert. ... Wie Menschen verschiedener Kulturen einander begrüßen, wie sie beten, ihre Verachtung ausdrücken, wie sie mit ihren Kindern spielen: all dies ist noch nicht systematisch und unbemerkt festgehalten« (*Eibl-Eibesfeldt, Hass* 1966, S. 386f).

Die beiden Autoren sahen sich deshalb gezwungen, selbst die benötigten Filmaufnahmen herzustellen. Die Schwierigkeit bestand nur darin, daß die Menschen unbemerkt aufgenommen werden sollten, denn Menschen sind normalerweise kamerascheu und ändern schlagartig ihr Verhalten, wenn sie eine auf sie gerichtete Kamera entdecken: »Sie bekommen einen starren Gesichtsausdruck, wenden sich weg oder schauen unruhig hin und her; dulden sie die Aufnahme, dann lächeln sie oft verlegen oder überspielen, wenn sie mit ihrer Tätigkeit fortfahren. Die Bewegungsabläufe verlieren ihre ursprüngliche Glätte, sobald sich Menschen beobachtet fühlen« (*Eibl-Eibesfeldt, Hass* 1966, S. 387). (Es wäre zu prüfen — was die Autoren offenbar vergessen haben — ob nicht gerade auch dieses Verlegen-sein oder Überspielen, da es doch offenbar regelmäßig auftritt, ein angeborenes Verhaltensschema sein könnte. Es wäre dann allerdings immer noch unklar, wozu dieses Schema ursprünglich gedient haben könnte. Ist etwa die Kamera ein ›Gott der alles sieht‹, wie er auch bei uns in der Kindererziehung noch ab und zu in Funktion tritt und im Sankt Nikolaus eine weitere Personifikation erfährt?).

Da Menschen ein auf sie gerichtetes Objektiv selbst über erhebliche Distanzen zu bemerken vermögen, waren die Forscher gezwungen, einen ›Trick‹ anzuwenden: Ein vor dem Objektiv angebrachter Vorsatz mit einem Spiegelprisma erlaubt es, nach der Seite zu filmen. »Mit dieser Technik kann man Menschen selbst aus nächster Nähe unbemerkt aufnehmen. Sie sehen zwar, daß gefilmt wird; da das Objektiv und die Aufmerksamkeit des Kameramannes aber in eine andere Richtung weisen, kümmern sie sich bald nicht mehr darum« (*Eibl-Eibesfeldt, Hass* 1966, S. 387). Als weitere Verfeinerung verwenden die Autoren – je nach Forschungsgegenstand – Zeitlupe und Zeitraffer. Die Zeitrafferaufnahme beispielsweise macht Regelmäßigkeiten im Verhalten sichtbar, »die der direkten Beobachtung normalerweise entgehen. Ein Zeitungsverkäufer, den H. Hass in Wien aufnahm, entpuppte sich z. B. als ein sehr dankbares Zeitrafferthema. Bei direkter Beobachtung zeigte sich nichts Besonders in seinem Verhalten. Die Zeitrafferaufnahme machte jedoch sichtbar, daß der Mann vor einer etwa 1,5 m breiten Stützwand, die beiderseits von einem Schaufenster begrenzt wurde, stereotyp hin und her lief, als wäre er an diesen Ort gefesselt. ... Zeitrafferaufnahmen von Psychopathen dürften wahrscheinlich ähnliche Stereotypien und vielleicht sogar krankheitsspezifische Verhaltensmuster von diagnostischem Wert zeigen« (*Eibl-Eibesfeldt, Hass* 1966, S. 393).

Die Autoren haben diese Techniken bisher »in Europa, Ostafrika, Indien, Siam, Bali, Hongkong, Japan, Samoa, USA, Mexiko, Peru und Brasilien erprobt und besonders über Mutter-Kind-Verhalten, Flirt, Begrüßungen, Lächeln, Beten und Betteln viele unbemerkte Aufnahmen gewonnen« (*Eibl-Eibesfeldt, Hass* 1966, S. 389). Sie berichten folgendes über ihre Ergebnisse: »Obgleich die Arbeit noch in vollem Fluß ist, können wir schon jetzt zeigen, daß einige der komplizierten menschlichen Ausdrücke auf die Überlagerung weniger Erbkoordinationen zurückgeführt werden können, also offenbar nicht kulturbedingt sind. So zeigten etwa Aufnahmen flirtender Samoanerinnen, Französinnen, Japanerinnen und Afrikanerinnen (Turkana, Nilotohamiten) – um nur ein Beispiel zu nennen – eine bis ins Detail gehende Übereinstimmung. Das flirtende Mädchen lächelt die Person ihres Interesses zunächst an und hebt mit einer ruckartigen, schnellen Bewegung die Augenbrauen, wobei sich der Augenschlitz kurz erweitert. Dieser uns höchstwahrscheinlich angeborene Augengruß ist ungemein typisch. Auch flirtende Männer zeigen die gleiche Brauenbewegung, die überdies auch beim freundlichen Grüßen gelegentlich zu beobachten ist. Auf diese eindeutige Bewegung der Zuwendung folgt beim Flirten eine solche der Abwendung. Das Mädchen wendet den Kopf zur Seite und senkt oft auch den Blick. Vielfach, aber nicht immer, verdeckt es sein Gesicht mit der Hand und lacht oder lächelt verschämt. Aus den Augenwinkeln schaut es weiterhin zum Partner und pendelt manchmal zwischen dieser Blickwendung und dem verschämten Wegschauen hin und her. ... Ähnliche Übereinstimmungen fanden wir in der Mimik und Gestik Ärgerlicher, Bettelnder, Grüßender und Betender sowie im Verhalten der Mütter zu ihren Kindern« (*Eibl-Eibesfeldt, Hass* 1966, S. 389ff).

Die unbemerkte Aufnahme im Zeitraffer, die »bisher zur Erforschung des Verhaltens von Menschen überhaupt nicht verwendet« (*Eibl-Eibesfeldt, Hass* 1966, S. 392) wurde, führte zu weiteren Ergebnissen: »Aufnahmen von einem erhöhten Standpunkt aus zeigen, daß Menschen auffällige Geländemarken, wie Fahnenmasten, offenbar aufgrund eines uns angeborenen Orientierungsmechanismus ansteuern. Dies geschieht auch, wenn sie dabei vom direkten Weg zum Ziel abweichen und einen leichten Umweg ausführen müssen.

Bei Durchsicht von Zeitrafferaufnahmen essender Menschen fiel uns auf, daß einzeln Essende nach ein bis zwei Bissen regelmäßig kurz aufschauen und in die Ferne blicken, wobei die Augen oft automatisch einmal nach den Seiten wandern, gewissermaßen den Horizont abtastend. Paviane und Schimpansen zeigen das gleiche Verhalten. Es dürfte sich dabei um ein Sichern im Dienste der Feindvermeidung handeln, das auch dem Menschen als stammesgeschichtliches Erbe eigen ist und automatisch abläuft, obgleich heute eine Gefährdung des Menschen beim Essen nicht mehr gegeben ist« (*Eibl-Eibesfeldt, Hass* 1966, S. 393).

Die Forschungen von *Eibl-Eibesfeldt* und *Hass* sind erst ein Anfang. Die Ausdruckspsychologie tut aber gut daran, sich auf dem laufenden zu halten. Denn noch wissen wir nicht, wie solche instinktähnliche Vorgänge im Ausdrucksbereich zu deuten sind. Was bedeutet es, wenn sie fehlen, was, wenn ein Mensch sich praktisch nur ›erbbedingt‹ verhält?

3. Soziologie

In der Zusammenfassung seiner Abhandlung ›Ganzheit und Teil in der tierischen und menschlichen Gemeinschaft‹ wendet sich *Lorenz* in der Schlußbetrachtung »gegen einen in Soziologie und Völkerpsychologie weitverbreiteten methodischen Fehler, der in einer völligen Vernachlässigung jener starren Struktureigenschaften des menschlichen Individuums besteht, die von der Totalität der Gemeinschaft her *nicht* beeinflußt werden können« (*Lorenz* 1950, S. 195). Dagegen ist zu bemerken, daß es der *Soziologie gar nicht darum gehen darf*, von der Gemeinschaft *nicht beeinflußbare Verhaltenselemente zu entdecken*. Es gilt vielmehr, was

Sheperd so ausdrückt: »The scientist must also reverse the routinization of daily life – he can afford to take nothing for granted exept the basic assumptions of science« (*Sheperd* 1964, S. 15). Die grundlegende Annahme der Soziologie in bezug auf das Verhalten ist nun sicher die, daß ein großer Teil des Verhaltens durch die kulturellen Interaktionen bewirkt werde, auch wenn dieses Verhalten den Anschein der ›Individualität‹ oder umgekehrt gar des ›Allgemein-Menschlichen‹ trägt.

Wir haben es hier mit einer ähnlichen Dialektik wie zwischen der ›positivistischen Medizin‹ und der Psychosomatik zu tun: wie dort die Medizin die physiologische und die Psychosomatik die psychische Bedingtheit der Erkrankungen zu erweisen versucht, so ist es Aufgabe der Verhaltensforschung, die starren angeborenen Verhaltensschemata beim Menschen ausfindig zu machen, während die Soziologie nichts unversucht lassen darf, die Bedingtheit des Menschen durch die soziale Umwelt aufzuzeigen.

Wie stark die Befindlichkeit des Menschen von den Umständen und den sozialen Einflüssen abhängt, soll das folgende extreme Beispiel zeigen: »Die psychosozialen Faktoren machen es unmöglich, den Schmerz eines Menschen mit dem eines anderen zu vergleichen. Wenn man daran denkt, was eine Amputation ohne Betäubung bedeutet, schaudert es einem. Es ist möglich, daß heute niemand einen solchen Schmerz aushielte und daß er tödlich wäre. Baron *Larrey* amputierte am Abend nach der Schlacht bei Eylau 40 Oberschenkel ohne ein anderes Betäubungsmittel als das Glas Rum der Marketenderin. Die Verwundeten starben nicht an dem Schmerz. Der dringende und unumgängliche Charakter des Schmerzes machte ihn für die Soldaten Napoleons erträglich« (*Brisset* 1961, S. 149). Dieses Zeugnis der Belastbarkeit stimmt überein mit den Beobachtungen *Uexkülls* (1963) an Psychosomatikern, die in Konzentrationslagern ihre Symptome verloren, aber wenige Wochen nach ihrer Entlassung wieder unter ihnen zu leiden begannen.

Für weniger extreme Situationen können wir generell formulieren: es gibt zwei Arten von Ausdruck, solchen, der von der Sozietät gewünscht oder gefordert wird, und solchen, der vor der Gesellschaft unterdrückt werden muß. Mit dem letzteren hat sich vor allem *Freud* befaßt. In seiner ›Psychopathologie des Alltagslebens‹ finden wir die Feststellung: »Der gemeinsame Charakter aber der leichtesten wie der schwersten Fälle (von Neurosen; Verf.), an dem auch die Fehl- und Zufallshandlungen Anteil haben, liegt in der *Rückführbarkeit der Phänomene auf unvollkommen unterdrücktes psychisches Material, das, vom Bewußtsein abgedrängt, doch nicht jeder Fähigkeit, sich zu äußern, beraubt worden ist«* (*Freud* 1954, S. 233). Die Ursache dieses

Abdrängens von psychischen Inhalten sieht *Freud* in sozialem Zwang.

Angeregt durch die Tiefenpsychologie wurden in der Soziologie – speziell in der amerikanischen – eingehende Untersuchungen über die Einflüsse der Sozialisierung im frühen Kindesalter durchgeführt. Einen guten Überblick über Ergebnisse solcher Studien geben *Berelson und Steiner* (1964); im folgenden seien einige Kernsätze herausgegriffen: »The earlier the socialization, the stronger the guilt feelings« (*Berelson, Steiner* 1964, p. 77); »The more severe the punishment for aggression in infancy and childhood, the more direct or indirect expression of aggression later (indirect through fantasy), and the greater the subsequent anxiety about aggressive acts« (*Berelson, Steiner,* S. 81); »Severity of socialization (i. e., highly rigid or highly critical practices by parents) seems to make for generalized anxiety in later life« (*Berelson, Steiner* 1964, S. 76); »The more consistently warm the parents during infancy and childhood, and the less authoritative or overindulgent they are, the better the child's relations with his peers (›better‹ in being more responsive, open, friendly, etc.)« (*Berelson, Steiner* 1964, S. 82).

In den meisten bisherigen Untersuchungen ist das Hauptaugenmerk auf die Einschränkungen des Verhaltens durch die Gesellschaft gerichtet, auf Einschränkungen, die sich als ›Verbote‹ unterscheiden von den weniger beachteten ›Geboten‹ des sozialen Verkehrs. Mit diesen unbedacht in jeder Sozietät übernommenen Regeln, den Geboten also, hat sich vor allem *Goffman* (1966, 1961, 1959) befaßt. Er führt aus, daß, »... what the individual thinks of as the niceties of social conduct are in fact rules for guiding him in his attachment to and detachment from social gatherings, the niceties themselves providing him the idiom for manifesting this. He often follows these rules with very little thought, paying what he feels is but a small tribute to convention. But should he be caught acting improperly, or catch others doing so, the embarrassment can be surprisingly deep« (*Goffman* 1966, S. 247f). Etwas später formuliert er noch schärfer: »The ultimate penalty for breaking the rules is harsh. Just as we fill our jails with those who transgress the legal order, so we partly fill our asylums with those who act unsuitably – the first kind of institution being used to protect our lives and property; the second, to protect our gatherings and occasions« (*Goffman* 1966, S. 248).

Doch diese Verhaltensregeln, die zu jeder Situation, aber auch zu jeder sozialen Rolle gehören, können in gewissen Fällen hinderlich sein. Das Verhalten wird dann so modifiziert, daß es sich von der eigentlichen Rolle distanziert, es wird gewissermaßen ausgedrückt: ›ich bin zwar X, aber eigentlich bin ich wie ihr alle‹.

Goffman gibt Beispiele für diese Rollendistanz: »Clothing patterns provide a systematic example for analysis with a broadened conception of role and illustrate the way in which the phenomenon of role distance requires our adopting this view. Young psychiatrists in state mental hospitals who are sympathetic to the plight of patients sometimes express distance from their administrative medical role by affecting shirts open at the collar, much as do socialists in their legislative offices. Housemaids willing to wear a uniform but not to confine their hair by a cap provide a parallel example, partially rejecting their occupation in favor of their femininity« (*Goffman* 1961, S. 145f).

Das Rollenverhalten kann aber auch mit den persönlichen Fähigkeiten in Konflikt treten. Dies kann zu einer Untertreibung der persönlichen Fähigkeiten führen: »Where there is actual competition above the unskilled levels for jobs usually thought of as ›white jobs‹ some Negroes will of their own choice accept symbols of lower status while performing work of higher rank. Thus a shipping clerk will take the title and pay of a messenger; a nurse will permit herself to be called a domestic ...« (*Johnson* 1943, S. 273; zit. n. *Goffman* 1959, S. 38). Ähnlich sollen amerikanische College-Girls ihre Intelligenz unterspielen, wenn Burschen anwesend sind, die sich für sie interessieren könnten. »These performers are reported to allow their boy friends to explain things to them tediously that they already know; they conceal proficiency in mathematics from their less able consorts ...« (*Goffman* 1959, S. 39).

Wir finden allerdings auch das umgekehrte, daß nämlich aufgrund einer äußerlichen Eigenschaft eine Rolle angenommen wird, der die Person fähigkeitsmäßig nicht gewachsen ist: »... executives often project an air of competency and general grasp of the situation, blinding themselves and others to the fact, that they hold their jobs partly because they look like executives, not because they can work like executives« (*Goffman* 1959, S. 47). *Goffman* fügt bei, daß die Tendenz der Arbeitgeber immer mehr dahin gehe, einen idealen ›Hollywood-Typ‹ als Geschäftsleiter (executive) zu suchen. – Wenn vielleicht auch bei uns eine Person weniger durch ›ästhetische‹ Kriterien verführt werden wird, eine Rolle zu übernehmen, der sie nicht gewachsen ist, so finden wir das Phänomen der Diskrepanz von Rolle und Fähigkeit dennoch. *Hediger* berichtet: »Jäger, besonders Großwildjäger, betrachten sich sehr oft als ›Zoo-Experten‹. Auch viele private Tierliebhaber haben aufgrund ihrer Tierbeziehung ein natürliches Interesse am Zoo, lassen sich daher gerne in die Oberbehörden wählen, haben vielleicht schon bei der Gründung mitgewirkt und halten sich daher für ›Fachleute‹. Aus der Tatsache, daß z. B. ein Großwildjäger schon Elefanten und Nashörner erlegt hat, leitet nicht nur er, sondern oft auch sein Behördekollegium ab, daß er ein Experte in allen Großtierangelegenheiten sein muß. Was will ein armer, kleiner Tiergartendirektor, der in seinem ganzen Leben noch keinen einzigen Elefanten totgeschossen hat, gegen Männer ausrichten, die mit eigener Hand soundso viele umgelegt haben, wenn es sich z. B. um die Diskussion der Intensivierung der Hautpflege oder der Sicherung von Zoo-Elefanten handelt? Der Mann mit der ›großen persönlichen Erfahrung‹ muß es doch wissen« (*Hediger* 1965, S. 21).

Wie sich dieses Rollenverhalten auf die Moral auswirken kann, schildert *Goffman* folgendermaßen: »In their capacity as performers, individuals will be concerned with maintaining the impression that they are living up to the many standards by which they and their products are judged. Because these standards are so numerous and so pervasive, the individuals who are performers dwell more than we might think in a moral world. But, *qua* performers, individuals are concerned not with the moral issue of realizing these standards, but with the amoral issue of engineering a convincing impression that these standards are being realized. Our activity, then, is largely concerned with moral matters, but as performers we do not have a moral concern with them. As performers we are merchants of morality« (*Goffman* 1959, S. 251). Es ist klar, daß eine solche Einstellung zu zwiegesichtigem Verhalten führen muß. Als Beispiel führt *Goffman* (1959) amerikanische Kinder an, die mit acht Jahren behaupten, das Fernsehprogramm für fünf- und sechsjährige interessiere sie nicht, es aber dennoch heimlich anschauen. Ähnlich gebe es auch Frauen, die im Wohnzimmer die ›Saturday Evening Post‹ liegen lassen, während sie im Schlafzimmer ein Heft von ›True Romance‹ (»Das muß die Putzfrau liegen gelassen haben«) versteckt halten. *Goffman* verwendet für dieses Verhalten den Begriff ›geheimer Verbrauch‹ und zitiert eine Quelle, die darauf hinweist, daß diese Verhaltensweise auch bei den Hindus auftritt: »They conform to all their customs, while they are seen, but they are not so scrupulous when in their retirement« (*Dubois* 1818, S. 235; zit. n. *Goffman* 1959, S. 42).

Weniger offensichtlich als das Rollenverhalten sind die von der kulturellen Norm geforderten Verhaltensweisen. Sie gelten uns von Kind auf als Selbstverständlichkeiten, so daß sie uns erst gewahr werden, wenn wir mit Kulturen konfrontiert werden, in denen diese Regeln nicht gelten. So soll zum Beispiel ein japanischer Diener lächeln, wenn er vom Dienstherrn gerügt wird, nicht weil etwa lächeln ein Ausdruck des Schmerzes wäre, sondern um dem Dienstherrn seine Dankbarkeit zu bezeugen. Dieses Lächeln wird schon den Kindern wie jede andere sozial wichtige Gewohnheit angelernt (*Klineberg* 1940, nach *Frijda* 1965). Oder die indische Gebärde des Beipflichtens entspricht nicht unserem Kopfnicken. *Boss* beschreibt sie folgendermaßen: »Schon die bloße Geste der indischen Zustimmung verriet mir ... ein viel überzeugenderes Entsprechenkönnen, als es das westliche, ja sagende Kopfnicken ist. Denn die indische Gebärde des Einverständnisses besteht in einer sanften, seitlichen Wellenbewegung des Halses, die den ganzen Kopf leise von links nach rechts und von rechts nach links hin- und herträgt; so als würde ein Kork auf der Oberfläche eines Wassers dessen mitschwingende Resonanz auf einen kleinen Windstoß hin anzeigen« (*Boss* 1966, S. 52). Dennoch kann der unkundige Europäer diese Gebärde leicht als ein Kopfschütteln mißverstehen, wenn es ihm nicht gelingt das ihm entgegengebrachte Wohlwollen aus dem Gesichtsausdruck abzulesen.

In seiner bereits erwähnten anregenden Studie ›The Hidden Dimension‹ gibt *Hall* (1966) weitere Beispiele solcher soziokultureller Unterschiede, die bis heute ständig zu Konflikten führen, weil sie nicht bewußt sind. Araber beispielsweise stützen sich in ihrer Umweltauffassung viel stärker auf den Geruchssinn. Die Araber schätzen gute Gerüche, sie können Verbundenheit mit den andern ausdrücken. Deshalb hauchen sie den Gesprächspartner dauernd an, denn seinen Freund zu riechen ist nicht nur nett, sondern wünschenswert »for to deny him your breath is to act ashamed. Americans, on the other hand, trained as they are not to breathe in people's faces, automatically communicate shame in trying to be polite. Who would expect that when our highest diplomats are putting on their best manners they are also communicating shame? Yet this is what occurs constantly, because diplomacy is not only ›eyeball to eyeball‹ but breath to breath« (*Hall* 1966, S. 149). Auch haben die Araber in ihren Häusern keine eigentliche ›Privatsphäre‹. Ein Araber, der für sich allein sein will sagt einfach nichts. Bei einem Amerikaner bedeutet das gleiche Verhalten, daß er auf die Anwesenden zornig ist.

Doch auch zwischen näher verwandten Kulturen kann es Unterschiede geben. In amerikanischen Geschäftsbetrieben bleiben die Türen offen. Deutsche dagegen finden offene Türen nachlässig und unordentlich. In deutschen Filialen von amerikanischen Betrieben kann es deswegen zu Reibereien kommen. *Hall* berichtet: »I was once called in to advise a firm that has operations all over the world. One of the first questions asked was, ›How do you get the Germans to keep their doors open?‹ In this company the open doors were making the Germans feel exposed and gave the whole operation an unusually relaxed and unbusinesslike air.

Closed doors, on the other hand, gave the Americans the feeling that there was a conspiratorial air about the place and that they were being left out. The point is that wheter the door is open or shut, it is not going to mean the same thing in the two countries« (*Hall* 1966, S. 128).

Verschiedene Kulturen haben auch in der sprachlichen Kommunikation verschiedene Hintergründe. Was gesprochen wird ist nur ein Teil der Mitteilung, der Rest wird vom Hörer dazugetan. »Much of what is *not* said is taken for granted. However, cultures vary in what is left unsaid. To an American, it is superfluous to have to indicate to a shoeshine boy the color of the paste to be used. But in Japan, Americans who do not indicate this may send out brown shoes only to have them returned black!« (*Hall* 1966, S. 96).

Die Sprache dürfte überhaupt einer der spezifisch soziologischen Forschungsgegenstände in der Ausdruckswissenschaft sein, denn sie ist wie kaum ein anderes Ausdrucksmedium vorwiegend sozial determiniert. Dabei wird der sozialen Schichtung eine spezielle Bedeutung zukommen, auf die *Bernstein* (1958) besonders hingewiesen hat; seiner Ansicht nach ist die Sprache der Arbeiterschicht vorwiegend deskriptiv, die Sprache der Mittel- und Oberschicht dagegen vermehrt formal.

Bernstein unterscheidet in seinen Darlegungen zwei Arten, Beziehungen zu ordnen: nach dem Inhalt oder nach der Struktur. Da nun im Arbeitermilieu dazu tendiert wird, Zusammenhänge eher inhaltlich als strukturell zu ordnen, fällt es den Arbeiterkindern schwer, den Anforderungen der Schule zu genügen, da diese ja gerade analytische Erkenntnisprozesse — und nicht deskriptive — fördert. Auch der Lehrer selbst hat zumeist eine den Arbeiterkindern fremde Art, sich auszudrücken. Dies kann zu einem Widerstand gegenüber den Forderungen der Schule und des Lehrers führen, der sich in den Schulleistungen negativ auswirkt.

Als Grundlage seiner Hypothesen berichtet *Bernstein* von einem Experiment an 309 Postboten im Alter von 15 bis 18 Jahren, die alle aus einem Milieu von ungelernten oder angelernten Arbeitern stammen. Mit zwei Tests wurde der ›Intelligenzquotient‹ bestimmt, nämlich mit dem ›Mill Hill vocabulary test 1948, Form I Senior‹ und den ›Progressive Matrices 1938‹ (*Bernstein* 1958, S. 166). Die Ergebnisse sind erstaunlich: von den untersuchten Burschen haben 81 mit den ›Matrizen‹ einen um 16 oder mehr Punkte höheren I. Q. erreicht als mit dem Mill Hill-Test. *Bernstein* interpretiert die Ergebnisse dahin, daß die Versuchspersonen zwar fähig sind, gewisse nicht-sprachliche Beziehungsprobleme wie logische Addition und Subtraktion (wie sie im Matrizen-Test gegeben sind) zu lösen, daß es ihnen aber weniger gelingt, rein sprachliche Probleme begrifflicher oder kategorisierender Art zu bewältigen.

Aus seiner Erfahrung mit Schülern aus der Schicht ungelernter und angelernter (›semi-skilled‹) Arbeiter zieht *Bernstein* den Schluß, daß es in der Sprache nicht nur verschiedene Dialekte zu unterscheiden gelte, sondern auch verschiedene Weisen des Sprachgebrauchs. Während dem Arbeiterkind beispielsweise die Forderung ›shut up!‹ klar verständlich ist, hat es Mühe zu verstehen, daß die Bemerkung ›Ich wäre froh, wenn ihr weniger Lärm machen würdet!‹ in einer Familie aus der Mittel- oder Oberschicht dasselbe bedeutet. Mit der Schwierigkeit, Strukturen vom Inhalt zu trennen, falle es den Arbeiterkindern zudem schwer, bei mangelnder persönlicher Beziehung zum Lehrer nicht auch gleichzeitig die Fächer, die er lehrt, abzuwerten.

Es würde zu weit führen, alle Konsequenzen aufzuführen, die sich aus den von *Bernstein* entwickelten Theorien ergeben. Dennoch könnten seine Feststellungen ein neues Licht auf die von *Kroeber* (1948) zitierten Ergebnisse von Untersuchungen der Größe des Wortschatzes bei verschiedenen weniger entwickelten Kulturen werfen. *Bernstein* unterscheidet nämlich die hauptsächlich in der Mittel- und Oberschicht verwendete ›formal language‹ von der in Arbeiterschichten vorherrschenden ›public language‹, die sich durch ihren deskriptiven, konkreten Charakter sowie durch einen geringen Allgemeinheitsgrad auszeichnet. Wahrscheinlich ist nun gerade die Deskriptivität und die geringe Bedeutung der Syntax zum großen Teil für den erstaunlich vielfältigen Wortschatz in ländlichen oder ›primitiven‹ Kulturen verantwortlich. Denn eine Sprache, die kaum mit Abstraktionen und Kombinationen arbeitet, ist auf eine Fülle von Ausdrücken angewiesen, um auch nur die alltäglichen Begebenheiten zu bezeichnen. So brauchen wir im Alltag deskriptiv Dutzende von Begriffen, um jeweils eine bestimmte Farbe darzustellen, während es dem analytisch arbeitenden ›Farbenkenner‹ – sei er nun Maler oder Filterbestimmer in einem Farbphotolabor – gelingt, alle Farben als Variationen von drei Grundfarben wie z. B. gelb, blau und purpur darzustellen. Die Aussage wird dadurch klarer, benötigt einen geringeren Wortschatz, sie setzt aber auch ein höheres Abstraktionsniveau voraus.

Die ausdruckspsychologische Bedeutung der Sprachstruktur dürfte in den bisher noch kaum benützten Hinweisen liegen, die sie zur Erfassung der Intelligenz beitragen kann.

Die Beobachtung *Bernsteins*, daß sich in der Sprache nicht nur regionale (Dialekt), sondern auch schichtbedingte (Sprachstruktur) Unterschiede feststellen lassen, entspricht weitgehend dem

Phänomen, daß Akademiker aus Entwicklungsländern häufig sagen, sie verstünden sich besser mit ihren Fachkollegen auf der ganzen Welt, als mit der Landbevölkerung ihrer eigenen Heimat. Auf diese Tendenz der Bedeutungssteigerung von Interessen- und Fachgemeinschaften auf Kosten von Regionalgemeinschaften hat schon *Simmel* (1908) hingewiesen, indem er sich mit der Entwicklung der englischen Gewerkschaften auseinandersetzt und auch auf die frühen Universitäten zu sprechen kommt: »Ich erinnere z. B. daran, daß die selbständigen Gruppen, aus deren Vereinigungen die Universitäten früher bestanden, nach der Nationalität der Studenten abgeteilt waren. An ihre Stelle traten später die Abteilungen nach der Studiengemeinsamkeit, die Fakultäten. Die lokale und physiologische, von dem terminus a quo her bestimmte Zusammengehörigkeit ist hier aufs radikalste durch die Synthese nach dem Gesichtspunkt des Zweckes, des innerlich-sachlichen, oder, wenn man will, individuellen Interesses ersetzt worden« (*Simmel* 1908, S. 404).

Die soziale Schichtung gehört mit zu den noch wenig erforschten Gebieten der Ausdruckswissenschaft, obwohl bereits in ihren Anfängen, bei *Engel* und *Lichtenberg*, ausdrücklich auf diesen Themenkreis hingewiesen wurde.

Eine Zwischenstellung zwischen der Soziologie und der Wahrnehmungslehre, wie sie im folgenden Kapitel behandelt werden wird, nimmt die sogenannte ›soziale Wahrnehmung‹ ein. *Franke* (1967) berichtet in seiner Schrift ›Ausdruck und Konvention‹ von einem Experiment, bei dem ein allen Versuchspersonen bekannter Mann, ein Handwerksmeister, in sieben charakteristischen Situationen gefilmt wurde; die sieben Szenen wurden in allen möglichen 21 Kombinationen paarweise gleichzeitig projiziert und den 110 Versuchspersonen vorgeführt, die darüber zu befinden hatten, welche der beiden Situationen für den Gefilmten ›typischer‹ waren.

Es ergab sich, daß die von Versuchspersonen aus bestimmten sozialen Gruppen erstellten Rangreihen stärker miteinander übereinstimmten, als die Rangreihen beliebig ausgewählter Versuchspersonen. Der auch als Lehrer an einer Gewerbeschule tätige Meister wurde am übereinstimmendsten von den andern Altmeistern beurteilt (Konkordanz-Koeffizient nach *Kendall* 1955: 0,729), darauf folgt die Hockeymannschaft, in der der Beurteilte Trainer ist, mit einem Konkordanz-Koeffizienten von 0,454. Die übrigen Versuchspersonen-Gruppen waren Lehrlinge im ersten, im zweiten und im dritten Lehrjahr (3 Gruppen), dann Jungmeister und andere Berufsschullehrer; auch in diesen Gruppen war die Übereinstimmung recht gut. Nicht signifikant war einzig die Konkordanz der Lehrlinge des dritten Lehrjahres (Koeffizient: 0,231).

Das geschilderte Experiment zeigt, daß eine bestimmte Person in verschiedenen Gruppen verschieden aufgefaßt wird, innerhalb einer Gruppe aber verhältnismäßig ähnlich, sei es, daß sie sich in jeder Gruppe anders verhält, sei es, daß sich die Wahrnehmung innerhalb einer sozialen Gruppe auf bestimmte Aspekte des Verhaltens zentriert.

Es wurden in diesem Kapitel einige Aspekte der Soziologie aufgezeigt, die für die Ausdruckswissenschaft von Bedeutung sein dürften. Dabei war es unmöglich, auf alle Gesichtspunkte einzugehen, die eine nähere Betrachtung in ausdruckspsychologischer Hinsicht verdient hätten, denn dies hätte den Rahmen der vorliegenden Arbeit gesprengt. Würden nämlich die soziokulturellen Determinanten des Verhaltens — soweit sie schon erforscht sind — zusammengetragen, so ergäbe das wahrscheinlich heute schon Bände.

4. Wahrnehmungslehre

Im methodischen Teil dieser Arbeit wurde bei der Besprechung des Films bereits darauf hingewiesen, wie sehr der umgebungsmäßige Kontext die Wahrnehmung beeinflussen kann. Dennoch finden wir in der ausdruckspsychologischen Literatur kaum Hinweise auf dieses Phänomen. *Ewert* meint, dies komme daher, daß »mitunter auch von Psychologen so argumentiert (werde), als hätten wir es mit abstrakten, geschichtslosen Wesen zu tun« (*Ewert* 1965a, S. 244). Es erscheint ihm deshalb notwendig, »darauf hinzuweisen, daß uns ein anderer Mensch stets in einem bestimmten sozialen Kontext begegnet. ... Immer dann, wenn Ausdrucksgeschehen eines andern für uns wichtig ist, immer wenn die Rolle des Empfängers überhaupt besetzt ist, spielt gleichzeitig der soziale Kontext hinein als das wechselseitige Bezogensein von Menschen aufeinander« (*Ewert* 1965, S. 244 f).

Sarbin, Taft und Bailey (1960) weisen in ihrer Theorie der klinischen Schlußfolgerung auf den Einfluß des Kontextes bei Urteilen über Menschen hin. Sie führen eine Reihe von Experimenten an, auf die wir hier kurz eingehen wollen: So hat *Thornton* (1944) nachgewiesen, daß Brillenträger gewöhnlicherweise intelligenter eingeschätzt werden, als Nicht-Brillenträger. Personen, die Mitglieder einer bestimmten sozialen Gruppe zu sein scheinen, können mit Zügen versehen werden, die dem Stereotyp der Gruppe nahestehen. So erhalten Leute, von denen geglaubt wird, sie hätten ein hohes Einkommen, vorteilhaftere Charakterzüge zugeschrieben, als Personen deren Einkommen als gering eingeschätzt wird (*Luft* 1957). Auch der Name einer Person kann das

Urteil über sie beeinflussen. Personen auf Photographien werden mit anderen Zügen versehen, je nachdem der Name offensichtlich jüdisch, italienisch oder irisch ist. Eine Person gilt beispielsweise als weit ehrgeiziger, wenn ihr der Name Rabinowitz gegeben wird, als ohne Namensbezeichnung, heißt sie dagegen Scarano, so wird sie als weniger hübsch empfunden (*Razran* 1950).

Ein weiteres Experiment zeigte, daß der Kontext nicht nur den Beurteiler, sondern auch den Beurteilten zu beeinflussen scheint: wenn Personen in einem schönen Raum eingeschätzt werden, so werden ihnen mehr Energie und Wohlbefinden zugetraut, als wenn die Einschätzung in einem häßlichen Raum stattfindet (*Maslow, Mintz* 1956). *Sarbin, Taft und Bailey* fügen hinzu, daß dieses Experiment »a rare example of the much-neglected study of the effect of background factors on person cognition« (*Sarbin, Taft u. Bailey* 1960, S. 211 f) sei.

Wenn hier von ›Wahrnehmung‹ gesprochen wird, soll damit nicht nur die rein sinnliche Seite des Vorganges gemeint sein, sondern vor allem die kognitive Seite, die ja immer mit hineinspielen dürfte. Die strenge Scheidung zwischen Wahrnehmung und Wahrnehmungsurteil, wie sie nach *Asch* auch *Graumann* (1966) durchführt, ist für uns ohne Belang, da uns bloß interessiert, in welcher Weise schließlich ein *Urteil* von einer bestimmten Situation beeinflußt wird. Das Wissen um den situationsbedingten Kontext ist — wie dies der vorwissenschaftliche Versuch *Pudowkins* erahnen ließ — auch bei der Interpretation des Gesichtsausdrucks notwendig. So berichtet *Allport* (1949): »Es gibt viele Untersuchungen über die Fähigkeit von Beurteilern, Gefühlsausdruck im Gesicht zu erkennen. ... In Wirklichkeit zeigen die Experimente indessen einen überraschend geringen Erfolg bei der Erfassung des Ausdrucks von Gemütsbewegungen, wenn der Beurteiler nicht durch Kenntnis des Zusammenhangs und der Reizsituation unterstützt wird« (*Allport* 1949, S. 589). Über einen Versuch, den Einfluß der situativen Umstände bei der Beurteilung des Ausdrucks festzustellen, berichtet *Ewert:*

Turhan (1960) »zeigte seinen Vpn durchweg spannungsgeladene Szenenfotos, bei denen aber zunächst nur die Köpfe der Personen, also ›reiner‹ Gesichtsausdruck zu sehen war. Ein Vergleich der Urteile über den Ausdrucksgehalt der isolierten Köpfe mit Urteilen bei aufgedeckter Szene erlaubt die Bestimmung des Anteils, den der situative Kontext an der Eindrucksbildung hat. Daß auf Grund des situativen Kontexts gebildete Hypothesen gelegentlich stärker sind, als das ›Informationsangebot‹ des Ausdrucksgeschehens selbst, kann Turhan in zwei weiteren Versuchsanordnungen deutlich machen. Er vertauschte durch Fotomontagen das Gesicht eines Menschen in einer emotional aufwühlenden Situation mit dem Portrait des gleichen Menschen in einer Alltagssituation. Ferner ließ er durch Berufsschauspieler Szenen darstellen, in denen auf Verabredung jeweils einer der Spieler für 10 sec eine nicht zur Rolle passende Emotion darzustellen hatte. In allen Fällen setzte sich die vom Empfänger auf Grund des situativen Kontexts gebildete Hypothese gegen solche ›Störungen‹ durch, womit ein deutlicher Beweis für die Stärke und bisweilen informationsdeformierende Kraft von Hypothesen auch auf ausdruckskundlichem Gebiet erbracht sein dürfte« (*Ewert* 1965a, S. 247).

Ontogenetisch gesehen wird das Ausdrucksgeschehen und -erfassen immer differenzierter je älter das Kind wird. Es ist wiederum *Ewert* (1965b) der zwei entsprechende Experimente referiert: »Mit der Unterscheidung bekannter und fremder Gesichter, freundlicher und unfreundlicher Mienen beim etwa 0;8-jährigen Kinde ist der Anfang zu einer Umweltdifferenzierung hinsichtlich verschiedenartiger Ausdrucksqualitäten gemacht. Auch das Ausdrucksgebahren des Kindes selbst nimmt an dieser Differenzierung teil. Beim Säugling ist es noch unmöglich, ohne Kenntnis des situativen Kontexts etwas über das Zumutesein des ›Ausdrucksgebers‹ zu sagen (*Sherman* 1927). Der Gefühlsausdruck eines 1;0-jährigen Kindes hingegen wird von Erwachsenen schon recht zutreffend beurteilt, wie *Florence Goodenough* (1932) mit Hilfe eines Zuordnungsexperimentes nachweisen konnte« (*Ewert* 1965b, S. 300).

Zum Thema der Beeinflussung der Wahrnehmungen und Wahrnehmungsurteile durch den situativen Kontext bestehen bis heute noch viel zu wenig Untersuchungen, die sich nicht auf bloß geometrische oder sonstwie experimentell vereinfachte Wahrnehmungsobjekte beziehen. *Hare und Bales* (1965) berichten von Experimenten über den Zusammenhang zwischen der Sitzordnung und der Interaktionsfrequenz in kleinen Gruppen. Die Versuchspersonen saßen in einem Laboratorium an einem rechteckigen Tisch, Person 1 saß vom Beobachtungsraum her gesehen links, an der schmalen Seite, Personen 2, 3 und 4 saßen an der Breitseite, gegenüber dem Beobachtungsspiegel, Person 5 schließlich an der 1 gegenüberliegenden Schmalseite. Die Ergebnisse zeigen, daß die sich gegenübersitzenden Positionen 1 und 5 sowie die in der Mitte sitzende Versuchsperson 3 mehr Interaktionen – begonnene und erhaltene – aufweisen, als die an den Zwischenpositionen 2 und 4 sitzenden Personen. Allerdings scheinen diese Resultate nur für Aufgaben-orientierte Gesprächsgruppen zu gelten. Bei Sitzungen, die vor allem sozialer Natur sind (›social sessions‹) ist eher eine Paarbildung festzustellen, das heißt, jeder spricht vorwiegend zu den neben ihm Sitzenden.

Ausdruckswissenschaftlich von besonderem Interesse ist ein

weiteres Experiment, bei dem die Versuchspersonen angeben mußten, welchen Sitz sie in einer gleichen Fünfersituation einnehmen würden. Die Wahl mußte begründet werden. Die Resultate zeigen, daß Männer die Sitze 1 und 5 bevorzugen, während von Frauen die Sitze 2 und 4 am meisten Stimmen erhielten. Die Auswertung der angegebenen Gründe ergab, daß diejenigen, die die Positionen 2 und 4 wählten, wirklich aus der Diskussion herausbleiben wollten. Zudem konnte festgestellt werden, daß Sitz 3 von ›sozial-emotionellen‹ Führertypen belegt zu werden pflegt, während die Sitze 1 und 5 von mehr individualistischen Charakteren gewählt wurden, von Typen, die zur ›sachorientierten Führerpersönlichkeit‹ tendieren.

Im vorwissenschaftlichen Bereich sind sich interessanterweise vor allem die Filmleute der Beeinflussung durch die situativen Zusammenhänge bewußt; als hauptsächlichste Beeinflussungsfaktoren gelten dann: der Ablauf innerhalb einer Sequenz (durch Montage), der Blickwinkel (z. B. Person von unten betrachtet = dominant; durch Kameraposition erreichbar) und die Beleuchtung (z. B. dunkel = unheimlich; starker Kontrast = Zwiespalt). Gute Regisseure benutzen solche Effekte völlig bewußt; *Hitchcock*, der Altmeister des Spannungsfilmes sagt beispielsweise: »Ich nehme gewöhnliche Leute und stelle sie in ungewöhnliche Situationen hinein. Unter einer gewissen Beleuchtung kann das vertrauteste Objekt erschreckend werden«; oder er bringt sogar sozusagen die praktische Anwendung des Experiments von *Turhan* (vgl. oben), indem er sagt, die Schauspieler brauchten gar nicht ›spielen‹ zu können: »Der Filmschauspieler muß sich ruhig und natürlich benehmen — was nicht sehr einfach ist — und es der Kamera überlassen, Akzente zu setzen. Ich würde beinahe sagen, daß der beste Darsteller derjenige ist, der außerordentlich gut nichts tun kann.«

Für die psychologische Forschung wäre es lohnenswert zu untersuchen, ob diese Feststellungen nur gerade für die ›Scheinwirklichkeit‹ des Films Geltung haben oder ob sie auch in der alltäglichen Konfrontation mit Mitmenschen eine Rolle spielen. Dies zu wissen wäre vor allem bei der Beurteilung von Ausdrucksphänomenen dringend notwendig. Der Mangel an entsprechenden Untersuchungen ist umso augenfälliger, als über geometrisch-optische Wahrnehmungstäuschungen eine fast unübersehbare Literatur besteht, was sich darin zeigt, daß die Literaturliste eines referierenden Artikels von *Rausch* (1966) 14 engbedruckte Seiten umfaßt!

5. Ausdruckspsychologie

5.1. Grundstrukturen im Ausdruck

Betrachten wir die heutige Situation in der Ausdruckswissenschaft, so ergibt sich zunächst ein unklares, wenn nicht sogar einseitiges Bild. Um aber unsern Gegenstand dennoch einigermaßen in den Griff zu bekommen, müssen wir versuchen, im Gebiet der Ausdruckswissenschaft so etwas wie eine grobe Struktur zu finden. Dazu verhilft uns *Kirchhoff*:

»Versammeln wir ... beliebige Sätze, in denen das Wort ›Ausdruck‹ vorkommt — also nicht etwa nur Sätze, die vom ›ausdruckspsychologischen‹ Ausdruck handeln —, so drängt sich früher oder später die Vermutung auf, sie stimmten bei aller inhaltlichen Verschiedenheit sämtlich darin überein, daß in ihnen allemal von einem ›Wer oder Was‹ (einem Subjekt) ausgesagt wird, daß es in einem ›Worin oder Wodurch‹ (einem Medium) ›zum Ausdruck‹, zur Erscheinung, zur Sichtbarkeit, zur Wahrnehmbarkeit, zum Vorschein kommt.

Danach wäre vom Ausdruck immer nur dann die Rede, wenn das Subjekt einer Erscheinung (= Wer oder Was = *Ausdrucks-Subjekt*) in einem Worin oder Wodurch (= Medium des Ausdrucks-Subjekts = *Ausdrucks-Medium*) erscheint, d. h. jemandem sichtbar, wahrnehmbar, erfaßbar, zugänglich ist oder wird. Dabei ist es formal gleichgültig, ob ›die Welt‹ als Medium einer transzendenten Macht oder ob ›eine Miene‹ als Medium eines Gefühls, als dessen ›Ausdruck‹ aufgefaßt ist« (*Kirchhoff* 1965a, S. 11).

Innerhalb dieser beiden Pole — des Ausdruckssubjekts und des Ausdrucksmediums — unterteilt *Kirchhoff* nach Enge oder Weite der Begriffe in maximal, median und minimal. Für seine Klassifizierung der Ausdruckstheorien erhält er somit neun Grundtypen der Ausdrucks-Bestimmung, indem er Subjekt und Medium des Ausdrucks je median, minimal und maximal bestimmt und miteinander kombiniert. Da es sich nun bei dieser Arbeit um eine grundsätzliche Behandlung der Ausdruckskunde handelt, wollen wir deren Gebiet nicht von vornherein beschränken, sondern sowohl Ausdruckssubjekt als auch Ausdrucksmedium maximal festsetzen, was dann bei *Kirchhoff* (1965b) folgendermaßen aussieht:

»Ausdrucks-Subjekt ist *alles* personale Sosein; es erscheint in *allen* personalen Ausdrucks-Medien.

Beispiel: Ausdruck ist Erscheinung aller (personaler) Wesenszüge und Zustände; diese erscheinen in allen personalen Ausdrucks-Medien« (*Kirchhoff* 1965b, S. 138).

Als weitere Struktur des Ausdrucksgeschehens können wir mit *Kirchhoff* (1965b) die Relation ›Sender-Empfänger‹ betrachten. Die

Ausdrucksdefinition lautet dann: »Ausdruck, im Sinne der Ausdruckspsychologie, ist erscheinendes personales Sosein, erscheinend, das heißt zugänglich für Jemanden« (*Kirchhoff* 1965b, S. 182).

Schließlich gibt *Kirchhoff* die Weisung, zur Erkenntnis ausdruckspsychologischer Tatbestände das ›Wie‹ persongebundener Erscheinungen methodisch von deren ›Was‹ abzuheben, was er in einer methodischen Anleitung folgender Form darstellt: »Betrachte das Wie persongebundener Erscheinungen auf der Folie von deren Was. Hierin begegnet Ausdruck i. S. eines legitimierten psychologischen Ausdrucksbegriffs« (*Kirchhoff* 1965b, S. 161).

Fassen wir diese drei Aspekte zusammen, so erhalten wir die für allen personalen Ausdruck gültige Grundformel:
»Ausdruck ist das Erscheinen personalen Soseins in persongebundenen Erscheinungen (Medien), ihrem Wie nach, für Jemanden« (*Kirchhoff* 1965b, S. 182).

Mit diesen drei Gesichtspunkten haben wir den Bereich des Ausdrucks abgesteckt, auf seine Bedeutung für uns (als Ausdrucks-Empfänger) hingewiesen und danach eine Anleitung gegeben, wie der Ausdruck aus einer Handlung herausgeschält werden kann. Eine feinere Unterteilung erscheint dem Verfasser beim heutigen Stande der Ausdruckswissenschaft noch nicht erforderlich; sie würde die Ausdruckswissenschaft eher hemmen als sie fördern. Denn wenn heute auch recht differenzierte Klassifizierungssysteme und verschiedenartige Ausdruckstheorien bestehen (vgl. *Kirchhoff* 1965a, 1965b), so fehlt doch eigentlich die Verbindung zum Konkret-Praktischen, auf das ja jede Wissenschaft bezogen sein sollte. Auch die Relativitätstheorie hat ihre für das damalige Weltbild umwerfende Bedeutung nicht durch ihr hohes Abstraktionsniveau erhalten, sondern erst die Interpretation der Formeln und die sich daraus ergebenden Konsequenzen haben die ›klassische‹ Mechanik ins Wanken gebracht: auf Grund der Berechnungen mußte gelten, daß »die Masse bei Erreichen der Lichtgeschwindigkeit über alle Grenzen wächst« (*Thomson* o. J., S. 61) und daß eine »kleine Massenveränderung ... eine unerhörte Energiemenge erbringen« (*Thomson* o. J., S. 129) würde. Trotz ihrer Unvorstellbarkeit wurden beide Befunde später empirisch bestätigt, der letztere in den spektakulären Atombomben. Das Beispiel der Physik weist uns hin auf die enge Verflechtung von Theorie und Experiment (= Praxis), die sich gegenseitig immer wieder fruchtbar beeinflussen. Ein solches Zusammenspiel zwischen empirischer und theoretischer Forschung müßte sich auch auf die Ausdruckspsychologie fördernd auswirken.

5.2. Für eine ausdruckspsychologische Diagnostik

Wie sollte demnach eine empirische oder theoretische Ausdruckswissenschaft beschaffen sein? Welchen Zielen sollte sie nachstreben? — Die Antwort gilt für beide Fragen zugleich: Die Ausdruckskunde sollte sich in der nächsten Zeit möglichst beschränken auf ein praktisch bedeutsames Gebiet; dies gilt sowohl für den empirischen wie auch für den theoretischen Zweig. Wahrscheinlich wäre das vorteilhafteste dieser Gebiete das der Diagnostik, denn es wäre empirisch leicht zugänglich, theoretisch interessant und zugleich für die Praxis äußerst bedeutsam. Dazu kommt, daß die Diagnostik die Validitätskontrolle in einem Maße ermöglicht, wie sie in anderen Bereichen der Ausdruckswissenschaft kaum denkbar ist.

›Empirisch leicht zugänglich‹ ist die Diagnostik deswegen, weil ein Aspekt des Ausdrucks-Subjekts klar definiert sein kann, wie zum Beispiel im Falle von Geisteskranken, Neurotikern oder bestimmten Organkranken. Hätte man eine Gruppe solcher Kranker, dann könnte man mit verschiedenen Kriterien versuchen, die Nullhypothese gegenüber der Durchschnittspopulation abzuweisen. Würde dies gelingen, so müßte man noch untersuchen, ob das gefundene Merkmal auch anderen Krankheitsgruppen gegenüber abgrenzt. Dabei spielt es keine Rolle, welcher Art das Ausdrucksmedium ist, es könnte die Stimme, die Bewegungsweise, aber auch das Verhalten im Raum oder die Beschaffenheit der Haut sein. Eine bestimmte ausdruckspsychologische Theorie ist dazu nicht notwendig, ja sie könnte sogar die Untersuchung auf falsche Fährten leiten. Alles was es braucht ist eine saubere Methodik und intuitive Mutmaßungen über die möglichen Kriterien, die die Gruppe von der Normalpopulation unterscheiden könnten. Wenn *Holzkamp* (1965) sagt, der Grund weshalb es noch »keine wissenschaftlich befriedigend fundierte Ausdrucksdiagnostik« (*Holzkamp* 1965, S. 106) gebe, liege in der mangelnden empirischen Gesinnung und im zu geringen Methoden-Bewußtsein der bisherigen ausdrucksdiagnostischen Versuche, so ist dem beizupflichten. Wenn er aber hinzufügt, genau so wesentlich sei jedoch »das Fehlen klarer und differenzierter theoretischer Konzeptionen über die Eigenart und die Bedingungen des ausdrucksdiagnostischen Verfahrens« (*Holzkamp* 1965, S. 106), so ist das doch zu hoch gegriffen.

Die Schwierigkeiten der heutigen Ausdruckswissenschaft liegen nicht in ›mangelnden theoretischen Konzeptionen‹ begründet, sondern in der mangelnden Verbindung zur Praxis einerseits, in den fehlenden Querverbindungen zu den einzelnen Disziplinen der Psychologie andererseits. So findet man im Band ›Ausdruckspsychologie‹ des Handbuchs der Psychologie, der immerhin 1965

(*Kirchhoff*, Hrsg.) erschienen ist, weder etwas über Schizophrenie noch über Hysterie oder Zwangsneurose. Der Begriff ›Neurose‹ fehlt. Auch die *Psychoanalyse fehlt völlig, Freud* selbst wird ein einziges Mal im Zusammenhang mit einer Theorie über das Lachen, die eine Weiterführung der Freudschen Gedanken sein soll, erwähnt.

Dabei finden sich in der tiefenpsychologischen Literatur ausführliche und prägnante Beschreibungen wie die folgende: »Viele Hysteriker erkennt man an ihrem Blick; ihr Auge schaut unsicher und mit ängstlicher Neugierde suchend, die Lider sind oft schlaff und müde, um den Mund liegt ein gespannter, mitunter gequälter Zug. Alle diese Eigenschaften machen diese Kranken dem gesunden Menschen eher unsympathisch, dem nervösen interessant, für jeden schwierig im Umgang« (*Federn* 1965, S. 147). »Meist sind sie überempfindlich und überschwenglich in Gefühlen und in Äußerungen derselben. Ihr Mitleid und Zorn, ihr Lachen und Weinen sind unbeherrscht« (*Federn* 1965, S. 146). Oder dann: »Der Gesichtsausdruck schwerer Zwangsneurotiker zeigt eine eigensinnige und doch ängstliche Ergebenheit. Viele dieser Gequälten reiben sich im Kampfe mit dem Zwang innerlich auf, ohne davon jemandem etwas zu sagen. Ihr Benehmen ist unsicher, steif und vorsichtig, viele zweifeln immer und äußern keine Meinung, nur solche ganz allgemeinen Inhalts; manche Kranke werden gedrückt und schreckhaft, aber fast nie leidet ihre Denkfähigkeit« (*Meng* 1965, S. 157). »Schon beim Nachsehen, ob der Gashahn geschlossen oder ob die Tür wirklich nicht mehr offen sei, wird ohne sichtlichen Grund, aber zur Vermeidung einer Schuld, ein allerdings wichtiger Vorgang gleich nachher angezweifelt, dann wiederholt und überprüft« (*Meng* 1965, S. 157).

Ausdruckspsychologisch sehr wertvoll sind ebenfalls die folgenden, knapp zusammengefaßten Darlegungen von *Spoerri* über Konversionsneurosen, von denen in psychiatrisch-psychosomatischem Zusammenhang die Rede ist: »Unbewußte Konflikte führen zu *körperlichen* Symptomen wie *Lähmungen* (Mono- bis Hemiplegien), *Krämpfen* (Tremor, Zucken, Schluck-, Wein-, Schreikrämpfe, choreatiforme Bewegungen), *Tics* (Blepharospasmus, Torticollis) sowie zu *sensiblen und sensorischen Ausfällen* (Taubheit, Gesichtsfeldeinschränkung bis Blindheit). Es handelt sich um Funktionsstörungen im Bereich der Ausdruckssphäre (Willkürmotorik, Sinnesorgane). Die Lähmung oder Anästhesie entsprechen nicht den physiologischen Bedingungen (z. B. hysterische Handschuhanästhesie). Das Symptom ist Symbol eines emotionalen Gehaltes, es ist Ausdruck des Konflikts. So kann eine psychogene Schluckstörung der symbolhafte Ausdruck für die Unfähigkeit sein, ›etwas schlucken‹ zu können. Bei den hysterischen Konversionssymptomen ist die appellative Funktion deutlich, die pantomimische Gebärde der Körperstörung, die innere Gestimmtheit demonstriert und Zuwendung verlangt« (*Spoerri* 1970, S. 114).

Es ist schade, daß solche Beobachtungen weder von Empirikern überprüft, noch von Theoretikern integriert wurden. Auf diese Weise geht der Ausdruckspsychologie ein wertvoller Forschungsanreiz verloren. Auch die charakterologisch sicherlich verwertbaren Begriffe wie Oralität, Analität etc. fehlen in der Ausdruckskunde, wenn man etwa von dem ›phallischen Gesicht‹ *Kassners* (1932) absieht, der es allerdings von der Psychoanalyse mit ihrem Begriff des Phallischen streng getrennt haben wollte.

Ein weiterer Begriff der Tiefenpsychologie, der für die Ausdruckspsychologie bedeutungsvoll sein dürfte, ist jener der *Identifikation*. Identifiziert sich eine Person mit jemandem, so ist es bereits charakterologisch bedeutsam, daß sie dies tut. Die Identifikation kann sich ein Liebesobjekt einverleiben, was sich z. B. in der Trauer zeigen kann, in der »der Trauernde mit dem Betrauerten völlig eins wird. Dann nimmt er dessen Gehaben, dessen Gesichtsausdruck an. Das geschieht besonders häufig dann, wenn der Gegenstand der Trauer ein Mensch ist, zu dem das Verhältnis des Oedipuskomplexes bestanden hat« (*Landauer* 1965, S. 92). Aber auch mit einem Filmhelden kann eine Identifikation stattfinden: ». . . les cinémas du quartier ont déversé dans la rue un flot de spectateurs. Parmi eux, les jeunes gens avaient des gestes plus décidés que d'habitude et j'ai pensé qu'ils avaient vu un film d'aventures. Ceux qui revenait des cinémas de la ville arrivèrent un peu plus tard. Ils semblaient plus graves« (*Camus* 1957, S. 37). Obwohl wir solche Identifikationen tagtäglich feststellen oder wenigstens erahnen können, wurden sie ausdruckspsychologisch noch kaum untersucht.

Vergleichen wir die allgemeine Ausdruckskunde mit der Graphologie, so sehen wir, wie die praktische und empirische Ausrichtung sich auf den Fortschritt einer Wissenschaft positiv auswirken kann. Bereits *Michon*, der 1875 sein Buch »Système de la Graphologie« herausgab, gewann seine Erkenntnis »durchweg auf empirischem Wege. Er sammelte eine große Anzahl von Schriften und zerlegte sie in einzelne Elemente. Jedes Schriftelement fand in einem Charakterzug des Schreibers seine Entsprechung. Freilich durften nur diejenigen Schriftelemente ausgewertet werden, die von der Schulvorlage in irgend etwas abwichen, denn darüber war auch *Michon* sich schon klar, daß eine völlig korrektschulmäßige Schrift keine Möglichkeiten für eine psychodiagnostische Auswertung mehr läßt« (*Pfanne* 1961, S. 144). Die schon bald erfolgte praktische Anwendung der Graphologie hat der Forschung einen starken Anreiz gegeben, der heute noch nicht abgeklungen ist. Gegenwärtig wird auch versucht, metrische Kriterien an die Schrift heranzutragen um so eine Art ›objektivierte Graphologie‹, die Graphometrie, aufzubauen (*Fahrenberg* 1961, *Timm* 1965). Die allgemeine Ausdruckswissenschaft verblieb bisher wohl zu sehr in einer einseitigen Theorie befangen, in die weder Fortschritte der Psychologie und Psychiatrie integriert wurden, noch die laufenden Ergebnisse angrenzender Forschungsgebiete. Die empirische Verifizierung der Theorie wurde nur zu oft vernachlässigt.

Die Forderung nach einer praktischen Anwendung der ausdruckspsychologischen Erkenntnisse ist nicht neu. Bereits *Carus* (1853) widmet ihr den letzten Teil seiner ›Symbolik der menschlichen Gestalt‹. Er unterscheidet fünf Zwecke der Anwendung seiner ›Symbolik‹: den pädagogischen, den ärztlichen, den gerichtlichen, den rein sozialen und schließlich den artistischen. Der ärztliche besteht darin, daß »der Heilkundige, dem stets die möglichst genaue Kenntniß der Individualität des von ihm zu behandelnden Kranken unerläßlich ist, noch abgesehen von den Zeichen der unmittelbar vorliegenden Krankheit, die gesammte körperliche Eigenthümlichkeit, wie sie gerade diese Persönlichkeit auch schon vor Entstehen der Krankheit charakterisirte, zu untersuchen hat, um daraus manche Fingerzeige zu entnehmen für die Art, wie dieselbe in physischer wie in psychischer Hinsicht zu fassen sei, um einen möglichst ursprünglichen Heilplan einzurichten« (*Carus* 1853, S. 331).

Weiter führt er aus: »Von jeher haben denn auch große berühmte Aerzte namentlich durch richtige Anwendung der Symbolik sich ausgezeichnet, und jener große Vorzug des alten vielerfahrenen Arztes, welchen man mit dem Namen des *›praktischen Takts‹* gewöhnlich bezeichnet, die Eigenschaft durch welche er oft auf den ersten Blick die gesammte Individualität des Kranken scharf erfaßt und dadurch denn auch über die Natur gerade seines Leidens unmittelbar eine klarere Vorstellung erhält, beruht meistens nur auf einer solchen, wenn auch großentheils unbewußt geübten symbolischen Wissenschaft« (*Carus* 1853, S. 338). (Anmerk.: Das Wort ›unbewußt‹ wird hier beinahe 50 Jahre vor *Freud* schon verwendet; später, über 50 Jahre nach *Freud,* ist es zwar in die Umgangssprache eingegangen, indessen ist es im Band ›Ausdruckspsychologie‹ [*Kirchhoff* 1965] weder selbst anzutreffen noch durch seine Substantivierung als ›Unbewußtes‹ vertreten.)

Während eine psychologische Ausdrucksdiagnostik noch so gut wie nicht vorhanden ist, ist man von der Medizin her bereits etwas weiter. Im ersten Kapitel dieses dritten Teils wurden schon die ›Gesichtstypen‹ *Hertls* (1965) erwähnt, die Nierenerkrankungen, Herzkrankheiten, Allgemeininfektionen etc. anzeigen. Andere Forscher haben sich nach *Dietrich* (1967) bemüht, Zusammenhänge zwischen den Hautleisten (Handlinien) und krankhaften Veränderungen der Chromosomen festzustellen. Dieses Verfahren ist für die mongoloide Idiotie schon lange bekannt, es konnte jetzt aber auch auf angeborene Herzfehler, Wachstumsstörungen, Phenylketonurie und sogar auf Diabetes ausgedehnt werden (wobei das letztere Ergebnis allerdings noch weiterer Überprüfungen bedarf).

Das für die Ausdruckskunde in nächster Zeit zu verfolgende Ziel, mit dem diese Erörterungen über eine ausdruckspsychologische Diagnostik abgeschlossen werden sollen, läßt sich abschließend etwa folgendermaßen umreißen: Aufstellen einer Symptomatik – die später zu einer Syndromatik ausgebaut und verfeinert werden kann – für bestimmte, verhältnismäßig genau charakterisierbare psychische und organische Störungen und Schädigungen. Diese Symptomatik kann wohl am besten durch empirische Forschungen an ausgelesenen Gruppen entwickelt werden. Wie *Timm* die Graphometrie als eine »von theoretischen Voraussetzungen befreite Graphologie« (*Timm* 1965, S. 4) bezeichnet, so müßte auch die empirisch-praktische Ausdrucksdiagnostik, wenigstens zunächst, möglichst ohne große theoretische Konzeption auszukommen versuchen. Mit der Ausarbeitung einer allgemeinen Theorie sollte erst begonnen werden, wenn einmal ein größerer, gesicherter Grundstock an empirischen Daten zur Verfügung steht; daß eine solche Theorie ohne die Erkenntnisse der Tiefenpsychologie auskommen wird, ist weder wahrscheinlich noch wünschenswert.

5.3. Kritische Betrachtungen zur Ausdruckswissenschaft im allgemeinen

Die Notwendigkeit, den Blick vermehrt auf die empirische Forschung zu wenden, wird von den Ausdrucksforschern immer mehr betont. Es wird ganz allgemein bedauert, daß der seinerzeitige Anfang der empirischen Ausdrucksforschung durch *Darwin* später nicht mehr weitergeführt wurde (*Eibl-Eibesfeldt* 1967, S. 38; *Stamm* 1965, S. 262; auch *Lorenz* 1950 betont immer wieder: ›Wie schon Darwin völlig richtig gesehen hat ...‹, S. 148; S. 159, S. 165). *Frijda* bemerkt zu ›The Expression of the emotions in Man and Animals‹: »Merkwürdigerweise ist danach niemals mehr eine derartige Untersuchung mit zuverlässigeren Methoden durchgeführt worden« (*Frijda* 1965, S. 376). Die Forschungen von *Eibl-Eibesfeldt und Hass* sind vielversprechende Neuansätze in der von *Darwin* begonnenen Richtung der Ausdruckswissenschaft.

Betrachten wir hingegen die allgemeine Entwicklung der Ausdruckskunde seit *Lavater*, so stellen wir fest, daß seither eine Menge Ausdruckstheorien aufgestellt wurden, die durch ihre Geschlossenheit häufig keine Verbindung zu anderen Theorien zuließen. War *Lavater* noch völlig unsystematisch und offen, so waren spätere Theorien öfters recht starre Systeme. Fast allen gemeinsam ist die Intuitivität der Autoren, die sich weniger um empirische Daten und Forschungen kümmert als um die Ausarbeitung der eigenen Theorien. Daß dabei recht häufig Polemiken geführt wurden, vermag kaum zu erstaunen; leider haben sich aber dadurch auch Verzerrungen ergeben, die kaum mehr korrigiert wurden.

Die Darlegungen im ersten Teil dieser Arbeit mögen gezeigt haben, daß immer noch gilt, was *Piderit* (1867) vor hundert Jahren schrieb: »Aber selten wird man heut zu Tage Jemanden finden, der *Lavaters* Schriften gelesen hat« (*Piderit* 1867, S. 124). *Piderit* war es denn auch, der sicher manchen gehindert hat, sich mit *Lavaters* Werk zu beschäftigen, indem er sich folgendermaßen ausließ: »*Lavater*, welcher sich am eingehendsten mit der Physiognomik beschäftigte, hat auch am meisten dazu beigetragen, sie in Verruf zu bringen. Seine Anlage und die Richtung seiner Zeit machten ihn zum Gefühlsschwärmer. Durchdrungen von der Würde der Menschheit (und seiner eignen), suchte er im Antlitz des Menschen die Symbole seiner Größe und Gottähnlichkeit, und, verführt durch seine ersten Erfolge, durch das allgemeine Interesse, welches seine Behauptungen erregten, ließ er sich von seiner persönlichen Eitelkeit gern hinreißen, das für wahr zu halten, was er Andere glauben machte« (*Piderit* 1867, S. 124). Obwohl es mit einigen dieser Bemerkungen seine Richtigkeit hat, werden sie dem Unterfangen *Lavaters* kaum gerecht. *Piderit* sieht zutreffend, daß *Lavater* durch ›die Richtung seiner Zeit‹ zum Gefühlsschwärmer wurde, aber es mußte ihm entgehen, daß seine eigene streng positivistische Einstellung nicht minder der Richtung *seiner* Zeit entsprach.

Welche Folgerungen ergeben sich für die Ausdruckskunde aus solchen Streitigkeiten?

Zunächst drehen sie sich meistens – wie schon das von *Goethe* erwähnte Beispiel (vgl. Exkurs: Eine historische Auseinandersetzung über die Wissenschaftlichkeit, S. 137) zeigte – um verschiedene Auffassungen von dem, was wissenschaftlich genannt werden soll. Dahinter verborgen ist die Problematik der vermehrt intuitiven oder vermehrt denkerischen Artung des jeweiligen Autors.

Dazu kommt, daß der kulturelle Hintergrund, der Zeitgeist, immer bestimmte Vorlieben zeigt, die sich auch in den Wissenschaften niederschlagen. Die Erscheinung der Empfindsamkeit die zur Zeit *Lavaters* neben der Aufklärung herrschte, macht dessen Gefühlsüberschwang verständlicher. Damals konnten empfindsame Menschen »in der Stille einer mondhellen Nacht verzückt ihr inneres Selbst genießen, bei der Betrachtung der Natur in einer ganzen Fülle von Empfindungen hinschmelzen, bei nichtigen Vorkommnissen in Tränenströme ausbrechen oder sich dem Freunde an die Brust werfen« (*Krell, Fiedler* 1962, S. 114), damals war es auch, als *Gessner* in Zürich seine ›Idyllen‹ herausgab, die »ganz Europa las« (*Krell, Fiedler* 1962, S. 124). Es darf uns deshalb nicht wundern, wenn wir bei *Lavater* Stellen wie die folgende finden:

»Die schlechteste, lebende Mißgeburt (eines Menschen; Verf.) so gar ist doch noch edler – als das beste, schönste, vollkommenste Thier – – O Mensch – sieh auf das, was da ist – nicht auf das, was *mangelt.* –

Menschheit in allen Verzerrungen ist immer noch bewundernswürdige Menschheit.

Siebenmal – möcht' ich dir dieß in Einer Viertelstunde wiederholen!« (*Lavater* 1776, S. 28).

Es leuchtet ein, daß solche Bemerkungen einem Positivisten wie *Piderit* mißfallen müssen; auch auf uns, die wir im letzten Drittel des 20. Jahrhunderts leben, wirken sie grotesk. Dennoch können wir das Werk *Lavaters* nicht auf Grund von Zeitbedingtheiten verurteilen. Wir können wohl anderer Auffassung sein über das, was ›wissenschaftlich‹ genannt werden soll, aber wir dürfen uns nicht anmaßen anzunehmen, unsere Auffassung sei die einzig mögliche. Da gerade solche Probleme über Wissenschaftsauffassung und Wissenschaftstheorie heute noch recht wenig geklärt sind, sei ihnen der nächste Abschnitt gewidmet.

5.4. Bemerkungen zu einer ›wissenschaftlichen Ausdruckspsychologie‹

In der Psychologie gilt häufig die *Physik* als das Vorbild aller exakten Wissenschaftlichkeit. Dieses Wissenschaftsideal hat aber Konsequenzen vor denen ausgerechnet die Physiker am meisten warnen. Der Grund dafür dürfte darin liegen, daß sie in Erkenntnisbereiche und zu Erkenntnisgrenzen vorgestoßen sind, die das vorherige mechanisch-deterministische Weltbild der ›klassischen Physik‹ einstürzen ließen; sie sind deshalb aller sogenannten ›Wissenschaftlichkeit‹ gegenüber kritischer geworden.

Der Physiker *Heitler* ist einer dieser Warner. In seiner wegweisenden Schrift ›Der Mensch und die naturwissenschaftliche Erkenntnis‹ (1962) versucht er aufzuzeigen, wie die Verabsolutierung von einigen wenigen Perspektiven, wie z. B. die der Quantität und der Kausalität, zu einer Absonderung vom Leben führen mußte: »Das Prinzip der Kausalität sowohl wie das quantitative Prinzip führten zu einer Entfremdung des wissenschaftlichen ›Weltbildes‹ vom Leben und vor allem vom Menschen. Der Mensch denkt nur deterministisch und quantitativ, wenn er wissenschaftlich denkt (quantitativ allenfalls noch im Geschäftsleben), aber nicht im normalen menschlichen Leben. Dieses wird mehr durch Zielgebung (in kleinem oder größerem Maßstab) und durch qualitative Empfindungen beherrscht. Das wissenschaftliche ›Weltbild‹ hat wenig mit dem menschlichen Leben mehr zu tun. Brauchen wir uns da zu wundern, daß viele der Anwendungen der Wissenschaft sich als ausgesprochen unfreundlich dem Leben gegenüber erweisen? Daß manche dieser Anwendungen allerdings so bösartig ausfallen würden, wie es sich nun herausgestellt hat, war wohl kaum zu erwarten. Aber gerade diese Tatsache zeigt, *wie* lebensfremd die Wissenschaft geworden ist« (*Heitler* 1962, S. 72).

Heitler findet weiter, »daß unsere jetzige Wissenschaft einen so beschränkten Aspekt der Welt aufzeigt, daß er gegenüber den nicht einmal berührten Problemen als klein erscheint – bei all den großartigen Errungenschaften der Wissenschaft. Dieser Aspekt betrifft nur die materielle Seite der Welt, die gerade den Menschen weniger angeht, es sei denn für seine technischen Anwendungen. ... Der Glaube an ein mechanistisches Universum ist ein moderner Aberglaube. Wie wahrscheinlich in den meisten Fällen von Aberglaube, liegt ihm eine mehr oder weniger große Reihe richtiger Tatsachen zugrunde, die später ungebührlich verallgemeinert und zuletzt ins Groteske abgewandelt wurden. ... Der Hexenaberglaube hat zahlreiche unschuldige Frauen das Leben gekostet, auf grausamste Weise. Der mechanistische Aberglaube ist gefährlicher. Er führt in eine allgemeine geistige und moralische Verödung, und dieser kann leicht die physische Vernichtung folgen. (Wenn wir einmal soweit sind, im Menschen nur eine komplizierte Maschine zu sehen, was liegt daran, ihn zu zerstören?)« (*Heitler* 1962, S. 73). Soll es gerade die Psychologie sein, die der mechanistischen Auffassung des Menschen Vorschub leistet? – Die Antwort berührt nicht nur unsere Vorstellung von ›Wissenschaftlichkeit‹ sondern auch die Moral. In allgemeinem Zusammenhang sagt *Heitler:*

»Es wird meist behauptet, die Wissenschaft, die Suchen nach Wahrheit ist, sei weder moralisch noch unmoralisch, nur derjenige, der ihre Anwendungen in die Tat umsetzt, sei vor ethische Entscheidungen gestellt. In Anbetracht unserer Ergebnisse können wir dieser Ansicht nur mit einem Vorbehalt beistimmen. Suchen nach Wahrheit kann gewiß nicht unmoralisch sein. Wir haben aber gesehen, daß die gegenwärtige Forschung vorwiegend in bestimmte, eng begrenzte Kanäle geleitet wird, und zwar in Kanäle, die sich immer mehr vom Menschlichen entfernen. Und dann tritt diese Wissenschaft mit einem Totalitätsanspruch auf, sie will die einzige und ganze Wahrheit sein. Eine Teilwahrheit, die alles sein will, kann aber sehr wohl unmoralisch sein. Liegt hierin vielleicht der Grund für die ... genannte ›Dämonie der Wissenschaft‹? Jedenfalls enthält dieser Totalitätsanspruch die Gefahr, jede Ehrfurcht vor dem Leben zu zerstören« (*Heitler* 1962, S. 74).

Adler hat bereits früher gesehen, daß die ganze Entwicklung des technischen Zeitalters dazugehört, »um den Menschen wie eine Maschine zu behandeln und ihm Grundsätze für sein Leben aufzuzwingen, wie sie in der Technik vielleicht bis zu einem gewissen Grade berechtigt sind, die aber in bezug auf das menschliche Zusammenleben zu einer Verödung, Vereinsamung, und zu einer Verkürzung des Nächsten führen müssen« (*Adler* 1966, S. 200).

In den Auseinandersetzungen in der ausdruckspsychologischen Literatur fällt nun häufig auf, daß ein Autor dem anderen eine falsche Auffassung von ›Wissenschaftlichkeit‹ vorwirft; der Kritisierende ist sich dabei meist nicht bewußt, daß er einfach seinen eigenen Begriff von Wissenschaftlichkeit verabsolutiert. Es ist zwar verständlich, daß nicht Jedermann einfach *jede* Theorie über die Art des wissenschaftlichen Arbeitens akzeptieren kann; es scheint aber heute so zu sein, daß die Grenzen dessen, was ›wissenschaftlich‹ sein soll, recht eng gezogen werden. Was im Grunde von jedem Autor gefordert werden muß, ist die Angabe, von welchen Voraussetzungen er ausgehe; es steht uns dann frei, diese Auffassung zu teilen oder nicht, aber wir dürfen uns kaum anmaßen, zu bestimmen, wo die Grenze der Wissenschaft (die eben nicht bloß kausal-quantitativ zu sein braucht) liegt. Mit welchem Recht können wir sagen, es sei falsch, wenn *Lavater* schreibt, das physiognomische Genie messe nicht nur wie Dürer, sondern messe und fühle wie Raffael; wenn er fordert, das Ziel der Physiognomik solle »Empfindung, schnelles Menschengefühl« (*Lavater* 1775, S. 55) sein? Immerhin wird *Lavaters* Auffassung von der wissenschaftlichen Physiognomik vorbildlicherweise in einem eigenen Kapitel dargestellt, er legt offen seine Konzeption einer ausdruckskundlichen Wissenschaft dar, eine Konzeption, die allerdings nicht den heute üblichen Ansichten über Wissenschaftlichkeit entspricht.

Aber sind denn die heutigen Auffassungen von ›Wissenschaftlichkeit‹ über alle Zweifel erhaben? *Heitler* bestreitet es. Weshalb soll die *Newtonsche* Farbe objektiver sein als die Farbe in *Goethes* Farbenlehre? Die Newtonsche Farbe ist nichts als ein quantitativ beschreibbares Substrat, das dem Phänomen zugeordnet ist, währenddem die wahrgenommene Farbe unmittelbar gegeben ist. »Das ändert aber nichts daran, daß beides objektive Wahrnehmungen sind, und es ist kein Grund, warum das eine mehr objektiv als das andere sein soll. Man könnte sogar den Standpunkt vertreten, daß etwas, was so unmittelbar gegeben ist wie die Farben, objektiver ist als etwas, was lange Gedankenoperationen voraussetzt« (*Heitler* 1962, S. 15 Anm.). Letztlich ist eine Auseinandersetzung über die Frage der Objektivität der Farbe fruchtlos – wenn man davon absieht, daß es an der Zeit war, den alleinigen Objektivitätsanspruch der ›Newtonschen‹ Farbe in Zweifel zu ziehen – denn es handelt sich hier um ein Scheinproblem; die Lösung hängt ganz einfach vom vorher schon eingenommenen Standpunkt ab.

Max Planck – wiederum ein Physiker – hat an einem Vortrag mit folgenden Worten vor einer solchen Verstrickung in Scheinprobleme gewarnt:

»Ich beginne mit dem Beispiel eines Scheinproblems, wegen dessen Trivialität ich Sie, meine geehrten Damen und Herren, schon vorher um Entschuldigung bitten muß. Der Saal, in dem wir uns befinden, hat zwei Seitenwände, eine rechte und eine linke. Für Sie ist *dies* die rechte Seite, für mich, der ich Ihnen gegenübersitze, ist *das* die rechte Seite. Das Problem lautet: Welche Seite ist denn nun in Wirklichkeit die rechte? Die Frage klingt allerdings lächerlich, aber ich wage es zu behaupten, daß sie typisch ist für die Natur einer ganzen Reihe von Problemen, um die in vollem Ernst und mit vielem Scharfsinn gestritten wurde und zum Teil noch gestritten wird, nur daß die Verhältnisse nicht immer so offenkundig liegen. Zunächst ersieht man, mit welcher Vorsicht das Wort ›wirklich‹ zu gebrauchen ist. Es hat in vielen Fällen nur dann einen Sinn, wenn man vorher den Standpunkt deutlich gemacht hat, welcher der Betrachtung zugrunde gelegt wird. Sonst ist das Wort häufig nichtssagend und irreführend.

Ein anderes Beispiel: Wir sehen einen Stern am Himmel glänzen. Was ist das Wirkliche an ihm? Ist es die glühende Materie, aus der er besteht, oder ist es die Lichtempfindung, die wir von ihm im Auge haben? Die Frage ist sinnlos, solange wir nicht angeben, ob wir uns dabei auf den realistischen oder auf den positivistischen Standpunkt stellen« (*Planck* 1947, S. 8 f).

Scheinprobleme kommen in jeder Wissenschaft vor, sie können auf jeder Entwicklungsstufe einer Wissenschaft auftauchen. Da sich jedoch die Probleme am Anfang noch nicht so deutlich auskristallisieren, ist es nicht verwunderlich, daß die Ausdruckswissenschaft bisher wohl von größeren Scheinproblemen verschont blieb. Was in der Psychologie jedoch recht häufig auftritt, sind Streitigkeiten, die einen Sachverhalt anfechten, indem der ihm gegebene Name angegriffen wird. Auf dieser Ebene befinden sich viele Diskussionen, z. B. die, ob es überhaupt ein Unbewußtes geben könne, da es ja nicht erfahrbar sein könne, wenn es unbewußt ist. Ein weiteres Beispiel dieser Art finden wir bei Metzger, der den Informationstheoretikern »die völlig naive — um nicht zu sagen ahnungslose — und infolgedessen erstaunlich unbekümmerte und willkürliche Art (vorwirft), wie in informationstheoretischen Überlegungen über Wahrnehmungsfragen mit dem Begriff des Elements umgegangen wird, so als ob ein halbes Jahrhundert ernsten Nachdenkens über das Problem des Elementes in der Psychologie völlig spurlos vorübergegangen wäre« (*Metzger* 1966, S. 12). Dazu ist zu sagen, daß die aus der Kybernetik entwickelte Informationstheorie einen eigenen Elementbegriff entwickelt hat, der durchaus nicht mit dem in der Wahrnehmungspsychologie verwendeten übereinstimmen muß; das kybernetische und das wahrnehmungspsychologische Element haben nur den Namen gemeinsam, deswegen muß aber noch nicht verlangt werden, daß sie auch in der Definition übereinstimmen. Die Frage, welches Element nun das ›wirkliche‹ sei, ist ein Scheinproblem.

In der Ausdruckswissenschaft wäre es immerhin denkbar, daß die Bedingtheit eines Ausdrucks (i. S. dieser Arbeit) verschieden interpretiert und von verschiedenen Wissenschaften in Anspruch genommen werden könnte. Nehmen wir ein grobes Beispiel: Das Phänomen: ›Der Mensch ißt im allgemeinen um die Mittagszeit herum‹ kann erklärt werden:

a) physiologisch: durch die Arbeit am Morgen werden Nährstoffe aufgebraucht, die wieder zugeführt werden müssen
b) ethologisch: (z. B.) Essens- oder Beuteinstinkt macht sich bei einem bestimmten Sonnenstand bemerkbar
c) soziologisch: das Mittagessen ist eine allgemein-übliche soziale Handlung
d) ›psychologisch‹: die aufgestaute Unlust des Hungergefühls muß abgeführt werden.

Dieses Beispiel — wenn auch teilweise etwas fadenscheinig — zeigt doch, wie sich jede Wissenschaft als die wichtigste und alleingültige aufspielen könnte, denn jede vermag ja das Phänomen des ›Mittagessens‹ »vollständig« zu erklären. Wiederum wäre die Frage, welches nun die ›wirkliche‹ Erklärung wäre, die Stellung eines Scheinproblems.

Haben wir einmal gesehen, auf wie faszinierend verschiedene Art ein Problem ›gelöst‹ werden kann, so müssen wir doppelt vorsichtig sein, wenn jemand vorgibt, die einzig wahre Erklärungsart gefunden zu haben. *Biäsch* warnt vor dem heute verbreitetsten Typus dieser Art, dem *Homo faber*, dessen Irrtum es sei, »daß er glaubt, man könne und müsse die richtigen Gefühle, Empfindungen, Einstellungen »schulen«; man könne gegen die negativen, gefährlichen Manifestationen des Homo divinans etwas »machen«. Dieser Erwartung und Forderung entspricht ein psychotechnisches Konzept der Psychologie, deren Aufgabe es sein soll, die der Arbeit und richtigen Lebensführung zuträglichen oder abträglichen Neigungen, Wünsche, Einstellungen zu untersuchen und optimal anzuwenden. Dieser Irrtum ist schlimmer als es scheint, er verstößt gegen die Menschenwürde. Der Mensch wird in seinen persönlichsten Anliegen als Objekt betrachtet und behandelt und über ihn mit der Autorität objektiver Notwendigkeit und Richtigkeit verfügt. Der Mensch wird dadurch zum Faktor oder Fall degradiert; seine persönliche Meinung wird nicht voll und autonom genommen. Außerdem wird der Mensch dadurch sich selbst entfremdet, indem er glaubt, sich nurmehr durch die Vermittlung einer objektiven Wissenschaft selbst verstehen und rechtfertigen zu können. So stellt er schließlich alle Fragen an sich und die andern »psychotechnisch«: ›Was soll ich machen‹, ›was mache ich falsch?‹ Er betrachtet seine Mißgeschicke nicht als Schicksalsfügungen, sondern als Ergebnis fehlerhaften Vorgehens oder – im psychoanalytischen Sinne – allenfalls als Fehlhandlungen, d. h. als Sabotage seines Unbewußten« (*Biäsch* 1955, S. 17f).

Die Einseitigkeit einer solchen Welt- und Wissenschaftsauffassung des Homo faber kommt auch in dem gleichnamigen Roman *Max Frischs* zum Ausdruck: »Ich glaube nicht an Fügung und Schicksal, als Techniker bin ich gewohnt mit den Formeln der Wahrscheinlichkeit zu rechnen. Wieso Fügung? ... Ich brauche, um das Unwahrscheinliche als Erfahrungstatsache gelten zu lassen, keinerlei Mystik; Mathematik genügt mir.

Mathematisch kann man sagen: Das Wahrscheinliche (daß bei 6 000 000 000 Würfen mit einem regelmäßigen Sechserwürfel annähernd 1 000 000 000 Einser vorkommen) und das Unwahrscheinliche (daß bei 6 Würfen mit demselben Würfel einmal 6 Einser vorkommen) unterscheiden sich nicht dem Wesen nach, sondern nur der Häufigkeit nach, wobei das Häufigere von vornherein als glaubwürdiger erscheint. Es ist aber, wenn einmal das Unwahrscheinliche eintritt, nichts Höheres dabei, keinerlei Wunder oder Derartiges, wie es der Laie so gerne haben möchte. Indem wir vom Wahrscheinlichen sprechen, ist ja das Unwahrscheinliche immer schon inbegriffen, und zwar als Grenzfall des Möglichen, und wenn es einmal eintritt, das Unwahrscheinliche, so besteht für unsereinen keinerlei Grund zur Verwunderung, zur Erschütterung, zur Mystifikation« (*Frisch* 1962, S. 25f).

Die Rechtfertigung eines solchen Totalitätsanspruches der quantitativ-deterministischen Wissenschaft wird allerdings gerade von

Männern der exakten Wissenschaften bestritten. Der bereits erwähnte *Max Planck* stellt beispielsweise fest: »Und in der Tat: wenn wir etwas näher zusehen und den Aufbau der exakten Wissenschaft einer genaueren Prüfung unterziehen, dann werden wir sehr bald gewahr, daß das Gebäude eine gefährlich schwache Stelle besitzt, und diese Stelle ist das Fundament. Dem Bau fehlt eine von vornherein nach allen Richtungen hin gesicherte, von äußeren Stürmen nicht zu erschütternde Grundlage, oder mit anderen Worten: es gibt für die exakte Wissenschaft kein Prinzip von so allgemeiner Gültigkeit und zugleich von so bedeutsamem Inhalt, daß es ihr als ausreichende Unterlage dienen kann« (*Planck* 1947a, S. 4).

In der gleichen Richtung geht der Gedankengang *J. Robert Oppenheimers* (1957), daß wir nämlich auf dem Gebiete der Wissenschaften »immer wieder, ja, bis zur Gewöhnung häufig erfahren, wie unermeßlich die ›Neuheit‹ der Welt ist, und wie weit auch nur die physische Welt an Feinheit und Ausgewogenheit über die Grenzen der ursprünglichen menschlichen Vorstellungskraft hinausgeht; erfahren, daß eine einzelne Weltanschauung zwar nützlich und erbaulich, aber niemals vollständig sein kann. Bei allen Aussagen über Ganzheit, Endgültigkeit oder Unbedingtheit lassen wir heute Vorsicht walten« (*Oppenheimer* 1957, S. 59). Bedenkt man nur schon die Schwierigkeit Phänomene wie Farbe, Ton, Geruch usw. biologisch zu erklären (mit der Auffindung physikalisch-chemischer Vorgänge im lebenden Körper ist es nicht getan, denn wie sollten diese Prozesse mit der Empfindung direkt äquivalent sein?), so wird ersichtlich, daß eine kausal-quantitative Wissenschaft kein vollständiges Bild, kein ›Weltbild‹ entwerfen kann. Sie gibt nach *Heitler* nur »ein Teilbild, nur *einen* Aspekt der Welt, eine Art *Projektion der Welt auf eine kausal-quantitative Ebene*, wie etwa die Photographie eine Projektion der dreidimensionalen Landschaft auf die Papierebene ist. Mindestens eine Dimension, sozusagen, fehlt dabei. (. . .) Ein ›Weltbild der Physik‹ gibt es also nicht. Jeder Versuch, die jetzige Wissenschaft zum Weltbild zu machen, muß zu einer Unterdrückung des Menschen führen – oder zu einer Art Schizophrenie (im populären Sinn des Wortes): Unsere Weltanschauung ist wissenschaftlich, das heißt mechanistisch-materialistisch – unser Leben aber ist das Gegenteil davon. Wir können nicht eine mechanistische Weltanschauung vertreten und gleichzeitig von Freiheit reden« (*Heitler* 1962, S. 21f).

Ein Aspekt, der in der heutigen Naturwissenschaft nach *Heitler* völlig fehlt, ist der der Teleologie. Dabei sei es unerklärlich, wie z. B. die Evolutionstheorie ohne teleologische Argumentation auskommen wolle. Es gibt zwar die Theorie, daß die Entwicklung durch Mutationen erfolgt sei, wobei die schädlichen Mutationen nach dem Darwinschen Auswahlprinzip eliminiert wurden, während die günstigen Mutationen eine Höherentwicklung des Lebewesens bedeuten. *Heitler* hält dieser These entgegen, daß es zur Entwicklung eines höheren Säugetiers eine so ungeheure Anzahl von Mutationsmöglichkeiten gäbe, daß ein solcher ›Zufallsmechanismus‹ schlechthin undenkbar ist. Als Erläuterung fügt er die Frage bei, »ob auch nur die erste Zeile des Faustmonologs durch eine zufällige Anordnung von Buchstaben entstehen kann. Es wird gut sein, wenn wir uns über die Unwahrscheinlichkeit eines solchen Zufalls ein klares Bild verschaffen. Die erste Zeile des Faustmonologs besteht aus 21 Buchstaben, von denen das A, E, I, O, N, P je zweimal, das H viermal, die übrigen 5 Buchstaben je einmal vorkommen. Nehmen wir diese Buchstaben etwa aus einem Setzkasten (die Buchstaben selbst sind also schon festgelegt!) und ordnen sie nach blindem Zufall an, so oft, bis wir die richtige Antwort erhalten. Wir müßten es mehr als 10^{16}mal, d. h. mehr als Zehntausend Billionen-mal probieren, bevor wir eine Chance haben, die richtige Anordnung zu finden« (*Heitler* 1962, S. 49). (Schreibt man diese Zahl aus, so wirkt sie auch optisch recht eindrücklich: 10.000.000.000.000.000).

»Man kann die Sache in verschiedenster Weise betrachten ..., die außerordentliche Komplexität im Körperbau eines höheren Tieres *schließt eine zufällige Entwicklung absolut aus.* Und je genauer man den Körperbau studiert, als um so komplizierter stellt er sich heraus, desto unwahrscheinlicher wird der ›Zufall‹« (*Heitler* 1962, S. 49).

Das gleiche Argument wurde übrigens 30 Jahre zuvor schon von *Bergson* vertreten. »Ist nun das Leben einmal gesetzt — wie soll man sich seine Entwicklung vorstellen? Man könnte behaupten, der Übergang von einer Gattung zur andern wäre durch eine Reihe kleiner, rein zufälliger Veränderungen erfolgt, die durch Auswahl bewahrt und durch Erblichkeit fixiert wurden. Bedenkt man aber die ungeheure Zahl von einander zugeordneten und sich gegenseitig ergänzenden Veränderungen, die erfolgen müssen, damit der Organismus dabei gewinne oder auch nur, damit er dabei keinen Schaden erleide, so fragt man sich, wie jede von ihnen, für sich genommen, durch Auswahl erhalten bleibe und auf die weiteren Veränderungen warten soll, die sie ergänzen würden. An und für sich dient sie meistens zu nichts, sie kann die Funktion sogar behindern oder lähmen. Wenn man also ein Zusammenwirken von Zufall mit Zufall ansetzt und dabei die Richtung, die das sich entwickelnde Leben nimmt, keiner speziellen Ursache zuschreibt, dann wendet man a priori das Prinzip der Ökonomie an, das sich für die positive Wissenschaft empfiehlt, man stellt aber keineswegs eine Tatsache fest, und man wird sofort auf unüberwindliche Schwierigkeiten stoßen« (*Bergson* 1964a, S. 330).

War es die Absicht der vorstehenden Ausführungen, den Glauben an die Allgemeingültigkeit der heutigen wissenschaftlichen Gesichtspunkte zu erschüttern, so wollen wir uns nun einem Problem zuwenden, das zwar bis heute als objektive, nicht mehr reduzierbare ›Tatsache‹ erst eigentlich in der Physik aufgetaucht ist, das aber sehr wohl auch für die psychologische Methodologie grundsätzliche Bedeutung haben dürfte (und sie in der Tiefenpsychologie unter dem Begriff der Übertragung schon hat): Es handelt sich um die Beziehung vom ›Beobachter‹ zum ›Objekt‹ im physikalischen Experiment.

In der bisherigen, der ›klassischen‹ Physik, wie wir sie noch bei *Lückert* (1965) dargestellt finden, war »wissenschaftliche Erkenntnis (1) unpersönlich, (2) objektiv, (3) allgemeingültig und (4) mitteilbar. Es gehört zum methodischen Grundanliegen der Physik, daß sie bei ihrem Vorgehen sowohl das Phänomenale als auch Psychologische radikal auszuklammern versucht. Daß dies nicht ganz so radikal durchzuführen ist – müssen doch die Wissenschaftler ihre Sinne beim Ablesen der Meßergebnisse benützen – besagt nichts gegen die grundsätzliche Intention einer möglichst weitgehenden Reduktion der sinnenhaften qualitativen Erscheinungen« (*Lückert* 1965, S. 41).

In einem gewissen Sinne gilt diese Auffassung der Physik auch für den Bereich der Atomphysik, dann nämlich, wenn eine große Anzahl Atome untersucht werden. Die Wahrscheinlichkeiten lassen sich ausrechnen, es herrscht ein gewisses Maß an Determinismus. Anders ist es hingegen, wenn wir uns für ein Einzelobjekt interessieren, denn hier herrscht eine nichtdeterministische Situation. *Heitler* faßt sie folgendermaßen zusammen:

»Ein einzelnes atomares Gebilde kann nicht direkt in Raum und Zeit vorgestellt, sondern nur durch abstrakt-mathematische Begriffe (z. B. Wahrscheinlichkeiten) beschrieben werden. Eine Messung zwingt das Atom, sich sozusagen raum-zeitlich zu manifestieren. Dies hat einen wesentlichen Indeterminismus zur Folge. Die raum-zeitlichen Daten (Meßresultate) folgen keinen deterministischen Gesetzen mehr, sie sind wesentlich unscharfe Größen, die erst durch Messung scharf werden. Es herrscht eine Situation der Komplementarität, die das gleichzeitige Scharf-werden von mehreren Größen im allgemeinen verbietet. Eine durch Messung scharf gemachte Größe hat das Unscharf-werden einer andern zur Folge. Für letztere bestehen bei späteren Messungen nur Wahrscheinlichkeiten. Die Messung, wenn sie vollständig sein soll, schließt die Kenntnisnahme des Resultats durch ein bewußtes

Wesen, den ›Beobachter‹ ein. Der Beobachter ist also von seinem Objekt nicht mehr scharf zu trennen.

Die philosophisch-erkenntnistheoretischen Folgerungen, die aus der Quantenmechanik entspringen, sind noch kaum völlig gezogen oder ausgeschöpft worden. Sie werden wohl auch noch geraume Zeit auf sich warten lassen. ...

Zunächst ist klar, daß jener Philosophie, die die Welt grundsätzlich als einen deterministisch ablaufenden Mechanismus sehen will (...) jeder Boden entzogen ist. Die klassische Physik lieferte den Prototyp eines solchen Mechanismus, dem andere Wissenschaften folgten (auch weitgehend die Biologie). Die Physik hat dieses Bild in der Welt der Atome selbst wieder aufgegeben. Werden andere Wissenschaften folgen?

Daß der Mensch als bewußter Beobachter wieder in Erscheinung tritt, ist an sich nicht sehr erstaunlich. Wir haben ja schon gesehen, *wie schwer es ist, eine eindeutige Grenze zwischen Objekt und Subjekt zu ziehen*. Die klassische Physik vermochte diese Trennung scharf, wenn auch willkürlich, durchzuführen – mit einem Opfer. *Geopfert wurde alles Qualitative*, alles was nicht durch Maß und Zahl ausdrückbar ist. In der Atomphysik ist auch das nicht mehr möglich. Der Beobachter ist unentbehrlich geworden. Damit ist auch eine scharfe Abgrenzung der Außenwelt vom Beobachter nicht möglich, sobald überhaupt Betrachtungen gemacht werden; denn diese beeinflussen in unvorhersagbarer Weise das Objekt. Warum die Unmöglichkeit einer Trennung von Objekt und Subjekt erst und gerade in der Physik kleinster Gebilde zutage tritt, ist eine Frage, die wir nicht beantworten können« (*Heitler* 1962, p. 36f; Kursivdruck vom Verf.).

Der Kybernetiker *Wiener* legt diese für das klassische physikalische Denken zunächst kaum faßbare Tatsache des Indeterminismus folgendermaßen dar, indem er auf die völlig neue Situation eingeht, die die Quantenmechanik vor allem seit der Einführung der Unschärferelation durch *Heisenberg* kennzeichnet: »In der Quantenmechanik bestimmt die gesamte Vergangenheit eines individuellen Systems nicht die Zukunft dieses Systems in irgendeinem absoluten Sinne, sondern lediglich die Verteilung der möglichen zukünftigen Zustände des Systems. Die Größen, die die klassische Physik für eine Kenntnis des gesamten Verlaufes eines Systems verlangt, sind nicht gleichzeitig beobachtbar, außer auf eine grobe und angenäherte Art, die nichtsdestoweniger für die Anforderungen der klassischen Physik *in dem Bereich, in dem sie experimentell als anwendbar erwiesen wurde, hinreichend genau ist*. Die Bedingungen für die genaue Beobachtung eines Impulses und der korrespondierenden Lagekoordinaten sind unvereinbar miteinander. Um die Ortskoordinaten eines Systems so genau wie möglich zu beobachten, müssen wir es mit Licht- oder Elektronenwellen oder ähnlichen Mitteln von hohem Auflösungsvermögen oder kurzen Wellenlängen beobachten. Licht besitzt jedoch eine Teilchenwirkung, die nur von seiner Frequenz abhängt, und einen Körper mit hochfrequentem Licht beleuchten bedeutet, ihn einer Änderung seines Impulses auszusetzen, die mit der Frequenz zunimmt. Andererseits ist es das niederfrequente Licht, das die minimale Veränderung der Impulse der Teilchen ergibt, welche es beleuchtet, aber dieses hat nicht genügendes Auflösungsvermögen, um eine genaue Angabe der Lagekoordinaten zu liefern. Mittlere Lichtfrequenzen ergeben eine Verwischung sowohl der Lagekoordinaten wie der Impulse. Im allgemeinen gibt es keine denkbaren Beobachtungen, die uns genug Information über die Vergangenheit eines Systems geben könnten, um vollständige Information über seine Zukunft zu erhalten« (*Wiener* 1968, S. 122f).

Die eigentliche philosophisch-erkenntnistheoretische Auseinandersetzung mit diesen neuen Einsichten hat — wie *Heitler* besorgt vermerkt — noch kaum stattgefunden. Auch die Psychologie, die ja zentral an allen Fragen des Weltverständnisses des Menschen interessiert sein müßte, hat sich noch wenig mit dieser Problematik befaßt. So seien denn die Worte eines Schriftstellers zitiert, der 1916 eine Romanfigur folgende Anschauung vortragen ließ, die wie der Versuch zu einer neuen Formulierung des inzwischen fragwürdig gewordenen Kausalitätsprinzips anmutet: »Aussehen wird es natürlich immer so, als gäbe ein äußeres Unglück, zum Beispiel ein großes Erdbeben, den Anlaß zum sogenannten ›Insichgehen‹ des Menschen, — aber nur so aussehen. Die Geschichte mit der Ursache und Wirkung verhält sich, scheint mir, ganz anders. Ursachen können wir nie erkennen; alles, was wir wahrnehmen, ist Wirkung. Was uns Ursache zu sein scheint, ist in Wahrheit nur ein — Vorzeichen. Wenn ich diesen Bleistift hier loslasse, wird er zu Boden fallen. Daß das Loslassen die *Ursache* des Herunterfallens ist, mag ein Gymnasiast glauben, ich glaub's nicht. Das Loslassen ist ganz einfach das untrügliche Vorzeichen des Herunterfallens. Jedes Geschehnis, auf das ein zweites folgt, ist dessen Vorzeichen. Ursache ist etwas vollständig anderes. Allerdings bilden wir uns ein, es stünde in unserer Macht, eine Wirkung hervorzubringen, aber es ist ein unheilvoller Trugschluß, der uns die Welt beständig in einem falschen Licht sehen läßt. In Wahrheit ist es nur ein- und dieselbe geheimnisvolle Ursache, die den Bleistift zu Boden fallen macht und mich kurz vorher verleitet hat, ihn loszulassen. Eine plötzliche Denkänderung des Menschen und ein Beben der Erde kann wohl gleiche Ursache haben, — aber daß das eine die Ursache des andern wäre, ist vollkommen ausgeschlossen, so plausibel es auch dem ›gesunden‹ Verstand dünken mag. Das erste ist genau so Wirkung wie das zweite; eine Wirkung ruft die andere niemals hervor, — kann, wie gesagt, ein Vorzeichen sein in einer Kette von Geschehnissen, aber sonst auch nichts. Die Welt, in der wir leben, ist eine Welt der Wirkungen. — Das Reich der wahren Ursachen ist verborgen; wenn es uns gelingt, bis dorthin vorzudringen, werden wir zaubern können« (*Meyrink* 1963, S. 153f).

Würde man diese eigentümliche Auffassung (die ihren Vorläufer immerhin bei *Hume* hat, der »jegliche Möglichkeit der Erkenntnis der ›inneren Verknüpfung‹ zwischen Ursache und Wirkung (leugnet) und ... nurmehr die Feststellbarkeit der äußeren zeitlichen Folge an(erkennt): an die Stelle des alten ›propter hoc‹ (›deswegen‹) tritt so das ›post hoc‹ (das ›nachher‹)« (*Diemer* 1958, S. 238)—) spekulierend verbinden mit der Weltauffassung eines *Paracelsus,* so könnte man die Physik eine ›Signaturenlehre der natürlichen Wirkungen‹ nennen, womit wiederum eine Brücke geschlagen wäre zwischen dem modernen Denken und der paracelsischen Weltschau.

Haben diese neuen Erkenntnisse der Quantentheorie nun auch für die Psychologie eine grundlegende Bedeutung? Eine Andeutung davon finden wir in der psychoanalytischen Theorie der Übertragung und Gegenübertragung. Doch wie steht es mit den grundsätzlichen Vorwürfen gegen die westliche Psychologie, die ein indischer Schriftgelehrter *Boss* gegenüber äußerte? Nach der Ansicht jenes Schriftgelehrten wurden in der westlichen Seelenkunde in einem rasenden Vergegenständlichungsprozeß immer zahlreichere psychologische Objekte eingeführt, »das Ich, das Es, das Über-Ich, das Unbewußte, die Libido usw. Doch wo bleibt die wahrnehmende und verstehende Wesenheit Mensch? Gegenständen, auch psychologischen Dingen, kann doch nie ein Verstehen und Wahrnehmen eigen sein. Wohl hat jetzt die neuzeitliche Atomphysik entdeckt, daß sich nicht einmal die sogenannten toten Dinge vollständig objektivieren lassen, geschweige denn der Mensch. Beobachter und Beobachtetes, sagt sie, seien nie unabhängig voneinander, ließen sich nicht radikal in ein ganz für sich bestehendes Objekt und ein davon unabhängiges Subjekt trennen. Doch wirklich denken wird die westliche Physik diese sonderbare und unlösbare Subjekt- und Objektbeziehung und Verhaftung nie können. Die Kluft zwischen Subjekt und Objekt wird in ihrer Betrachtung stets aufgerissen bleiben, es sei denn, der Westen drehe sein Denken um hundertachtzig Grad und besinne sich erst einmal so auf des Menschen Wesen, daß er es nicht von vornherein als ein wie immer geartetes Objektsein oder Subjektsein verkennt« (*Boss* 1966, S. 116).

Die Trennung von Beobachter und Objekt scheint uns so selbstverständlich, daß die Problematik der gegenseitigen Beeinflussung in der psychologischen Literatur (die psychoanalytische ausgenommen) recht selten behandelt wird. Besonders gilt dies für die Ausdruckspsychologie, in der doch solche Einflüsse recht bedeutsam sein dürften. *Lückert* (1965) ist einer der Wenigen, der sich ausdrücklich mit der Subjektivität des Diagnostikers und den Einflüssen der situativen Momente befaßt. Er findet, daß »wir den akzidentell-situativen Faktor im allgemeinen unterschätzen und gleichzeitig die sog. Einheit der Person überschätzen« (*Lückert* 1965, S. 17) und dadurch zu diagnostischen Fehldeutungen veranlaßt werden. — Von einer gänzlich anderen Warte betrachtet auch *Picard* (1937) den Einfluß des Erkennenden auf den Erkannten. Er wendet sich in seinem eigenartigen Buch ›Die Grenzen der Physiognomik‹ gegen eine ›fabrikmäßig erzeugte Physiognomikapparatur‹, die ein möglichst großes Quantum Menschen bloß noch registriert. »Aber das registrierende Erkennen vieler Menschen ist bloß ein quantitatives Erkennen; das Quantitative soll das Qualitative ersetzen: die Liebe. Eine solche Art des Erkennens wirkt auch auf den Erkannten, es zerstört ihn. Denn da bei dieser quantitativen Art des Erkennens der zu erkennende Mensch bloß als Teil einer Quantität gilt, so sucht er sich andauernd zu verändern, neu zu erscheinen: denn nur wenn er sich als ein immer neues, noch nicht erkanntes Objekt dem Erkennenden anbietet, wird ihm die Existenz zuerkannt« (*Picard* 1937, S. 17f).

Diese wenigen Zitate, die das Subjekt-Objekt-Problem unter gänzlich verschiedenartigen Gesichtspunkten beleuchten, sollen uns hier genügen. Wichtig ist vor allem, daß das Problem als solches erkannt wird; falls es sich nicht um ein ›Scheinproblem‹ handelt, dürfte seine Lösung in der westlichen Psychologie noch einige Zeit auf sich warten lassen.

Es mag erstaunen, in einem ausdruckswissenschaftlichen Zusammenhang so viel von den Problemen der Atomphysik zu hören. Doch wenn man weite Gebiete der Psychologie betrachtet, so findet man oft im Hintergrund einen als selbstverständlich betrachteten Positivismus. Wenn auch diese positivistisch-deterministische Weltanschauung nicht mehr so weit zu gehen braucht wie bei *Freud*, der »zeitlebens die biologische Beeinflussung der Neurosen als ihre ›eigentliche‹ Therapie und die Psychoanalyse nur als vorläufige therapeutische Möglichkeit zu betrachten geneigt war« (*Bally* 1961, S. 215) so ist doch die allgemeine Auffassung von dem was wissenschaftlich genannt werden soll, immer noch stark am massenstatistischen Experiment mit ›objektiv‹ meßbaren Variablen orientiert. Die heutige Psychologie huldigt noch einem – offenen oder versteckten – Physikalismus, der sich allerdings an der ›klassischen Physik‹ orientiert, zu einem Zeitpunkt, wo die Physik selbst in gewissen Bereichen gezwungen ist, den Determinismus aufzugeben, wo sie die Trennung von Subjekt und Objekt nicht mehr durchführen kann und wo sie beginnt, sich für Einzelphänomene zu interessieren.

Die beiden französischen Autoren *Pauwels und Bergier* (1962) schildern wie folgt die Situation in der sich ein großer Teil der heutigen Psychologie befindet: »Der Naturwissenschaft gegenüber ist die Seelenwissenschaft erheblich im Rückstand. Die sogenannte moderne Psychologie studiert den Menschen gemäß einer Vorstellung des vom militanten Positivismus beherrschten 19. Jahrhunderts. Die wahrhaft moderne Wissenschaft untersucht eine Welt, die ständig neue Überraschungen bietet und die den Strukturen des Geistes und der Natur der Erkenntnis, wie sie offiziell anerkannt sind, immer weniger angepaßt ist. Die Psychologie der Bewußtseinszustände setzt einen fertigen, statischen Menschen voraus: den *homo sapiens* der Aufklärungszeit. Nun aber enthüllt die Physik eine Welt, die gleichzeitig mehrere Spiele spielt und von der aus zahlreiche Türen ins Unendliche gehen. Die Naturwissenschaften münden im Phantastischen, während die Geisteswissenschaften noch immer im positivistischen Aberglauben befangen sind« (*Pauwels, Bergier* 1962, S. 431f).

Zusammenfassung

Die vorliegende Arbeit versuchte einige Probleme aufzuzeigen, denen sich die Ausdruckswissenschaft gegenübergestellt sieht. Dabei wurden hauptsächlich zwei Problemkreise berührt: die Gewinnung von Erkenntnissen einerseits, sowie andererseits die Wissenschaftsbereiche, aus denen sie gewonnen werden müssen.

Im historischen ersten Teil wurde die Entwicklung der Ausdruckswissenschaft vor allem seit der beginnenden Neuzeit anhand ihrer wesentlichsten Vertreter geschildert. War bei *Paracelsus* die ganze Erscheinungswelt ausdruckshaltig und ›gezeichnet‹, wobei die Signaturenlehre der dem Menschen aufgegebenen Entschlüsselung der Naturgeheimnisse zu dienen hatte, so begann bei *Lavater* der Versuch, die Physiognomik in den Rang einer selbständigen Wissenschaft zu erheben. Daß ihm dies nur unzureichend gelungen sei, war der Vorwurf, den *Lichtenberg* an *Lavater* richtete. *Lichtenberg's* Werk selbst ist angefüllt mit tiefsinnigen Bemerkungen, die aber kaum je in einem selbständigen, systematischen Zusammenhang stehen. Demgegenüber völlig anders präsentieren sich die beiden Schriften »Die Symbolik der menschlichen Gestalt« und »Psyche« von *Carus:* gibt die erstere eine durch physiologische und morphologische Erkenntnisse unterbaute Organphysiognomik vor dem Hintergrunde einer goethischen Weltschau, so stellt ›Psyche‹ eine praktisch vollständige, geschlossene Theorie des Unbewußten dar.

Die von *Piderit* stark in den Vordergrund geschobene und in seinem Hauptwerk behandelte Mimik ist gewissermaßen eine Fortführung der Bemühungen von *J. J. Engel* und von *Lichtenberg,* wobei auch bei *Piderit* physiologische Erwägungen mitfundierend sind. *Piderits* rational-positivistischer Ansatz führte zu verhältnismäßig mageren ›physiognomischen‹ Resultaten.

Die wenig später einsetzenden empirischen Untersuchungen von *Michon* und *Darwin* waren beide in zwei recht verschiedenen Disziplinen grundlegend: *Michon* schuf die erste systematische Graphologie, *Darwin* legte den Grundstein zu einer ›Vergleichenden Verhaltensforschung‹.

Nach der Jahrhundertwende wurde *Ludwig Klages* zur fraglos dominierenden Figur in der Ausdruckswissenschaft. Er versuchte die vorliegenden empirischen Ergebnisse auf dem Boden einer allgemeinen, einheitlichen Ausdruckslehre zu erklären und fügte zahlreiche neue Befunde hinzu. Die starke Durchsetzung ausdruckswissenschaftlicher Konzepte mit einer metaphysischen Lebenslehre gereichte jedoch der Ausdruckspsychologie nicht unbedingt zum Vorteil; eine Diskussion seiner Leistungen kann deshalb an seiner philosophischen Grundhaltung nicht vorbeigehen.

Als Ergebnis des eigentlich historischen Teils muß die Tatsache gewertet werden, daß es in einigen Fällen gelang, das erste Auftauchen bestimmter Problemstellungen früher anzusetzen, als dies in einschlägigen historischen Darstellungen getan wird. Die frühen ausdruckswissenschaftlichen Autoren erscheinen dabei als durchaus problembewußt und als würdige Beginner einer ebenso eigenständigen wie traditionsreichen Wissenschaft.

Die im zweiten Teil behandelten Fragen der Erkenntnisgewinnung führten bald auf das Problem der Intuition als Erkenntnisquelle. Die Intuition ist im allgemeinen (vom Positivismus stark beeinflußten) Konsensus über das was ›wissenschaftlich‹ genannt werden soll nicht besonders angesehen. Es wird gegen sie der Vorwurf erhoben, sie bestehe nur aus reiner Spekulation, sie sei nichts als ein Versuch, die ›wirklichen‹ rationalen Gründe zu verschleiern. Dem steht gegenüber, daß namhafte Forscher immer wieder auf die Bedeutung der Intuition als Erkenntnisfunktion hingewiesen haben.

Die unterschiedliche Einstellung gegenüber der Intuition dürfte vor allem typologische Ursachen haben, was schon von *Goethe* (1962, vgl. ›Exkurs: Eine historische Auseinandersetzung über die

Wissenschaftlichkeit‹, S. 137f) erkannt wurde. Da heute in der allgemeinen Psychologie die rationalistisch-deterministische Denkart immer noch vorherrschend ist, erschien es notwendig, die Rolle der Intuition bei der Hypothesenbildung und bei der praktischen Anwendung der Ausdruckswissenschaft darzustellen. Für die Verifizierung der intuitiv gewonnenen Hypothesen bedarf es allerdings der empirischen Forschung, der heute vielfältige – leider aber selten benutzte – technische Hilfsmittel zur Verfügung stehen, unter denen besonders die Aufzeichnungsverfahren wie Photographie, Film und Tonbandaufnahme vermehrte Aufmerksamkeit verdienen würden.

Die durch Intuition gewonnene Erkenntnis läßt sich zwar nachträglich in einen der vier von *Sarbin, Taft u. Bailey* (1960) postulierten Prozesse der Erkenntnisgewinnung einordnen, der psychologische Vorgang der Intuition ist damit nicht erklärt. Dennoch sind diese vier Wege der Erkenntnisgewinnung – es handelt sich um Induktion, Analogie, Konstruktion und Autorität – eine praktische Hilfe bei der Beurteilung der Qualität von Hypothesen. Die Betrachtung ausdruckswissenschaftlicher Erkenntnisse unter dem Aspekt dieser vier Prozesse ergab ein bedeutendes Überwiegen der Analogie, während die anderen Prozesse eher selten vorkommen. Dieses Übergewicht der Analogie dürfte zwei Ursachen haben: erstens ist Ausdruck immer schon Ausdruck von etwas Psychischem, aus etwas Peripherem muß also auf den Ursprung geschlossen werden, wozu sich die Analogie fast von selbst anbietet; zweitens scheint es, daß gerade die Intuition – die bei der ausdruckswissenschaftlichen Erkenntnis eine wesentliche Rolle spielt – vorwiegend analogistisch arbeitet.

Erkenntnis wird in der Ausdruckspsychologie also vor allem über intuitiv-analogistische Hypothesen gewonnen, die durch Beobachtung und Experimente empirisch nachgeprüft werden müssen.

Das Hauptproblem des dritten Teils, der sich mit den Wissenschaften befaßt, die für eine ausdruckswissenschaftliche Diagnostik berücksichtigt werden müssen, ist das der mannigfaltigen Determiniertheit des Menschen, der das Erlebnis der Freiheit polar entgegensteht. Es stehen sich zwei Strömungen gegenüber: »einerseits die Tendenz zu einer Bestimmung der menschlichen Erscheinungen aus lauter Faktoren apersonaler Art, und andererseits – ihre Stoßkraft just aus der Abwehr dieser Auffassungen beziehend – die Gegentendenz, die das menschliche Sein als selbstursprünglichen Vollzug, das heißt als ein sich selbst zeitigendes Verhalten zu fassen sucht« (*Keller* 1965, S. 27).

Wenn in dieser Arbeit vor allem die determinierenden Elemente betont wurden, dann deshalb, weil nur sie überhaupt empirischwissenschaftlich erfaßbar sind; erstaunlicherweise bestehen aber in dieser Richtung bisher recht wenige systematische Untersuchungen, was daher rühren dürfte, daß wohl die meisten Ausdruckswissenschafter von Ausdruckstheorien ausgingen, die von Charakterologien stärker beeinflußt waren als von naturwissenschaftlichen Gesichtspunkten (Beispiele für Ausnahmen: *Piderit* 1867, *Darwin* 1964, *Lersch* [3]1951, *Kretschmer* [25]1967).

Der in dieser Arbeit vertretene Standpunkt geht davon aus, daß der Ausdruck einerseits *verschiedenartig bedingt* sein kann, daß er andererseits aber auch *individuell gestaltet* und *modifiziert* werden kann. Aus dem Abwägen der einzelnen ausdrucksbestimmenden Komponenten dürften sich bereits wichtige diagnostische Hinweise ergeben. Als solche ausdrucksbestimmende Einflüsse wurden betrachtet:

a) medizinisch-biologische, anthropologische, psychosomatische
b) angeborene Verhaltensmuster (angeborene auslösende Mechanismen, endogene Automatismen)
c) soziale (sozio-kulturelle Einflüsse)
d) situative (Beziehung Beobachter/Objekt und Objekt/Umwelt)

Obwohl die meisten dieser Faktoren sich gegenseitig ausschließen, ist eine ›eindeutige‹ Zuordnung heute noch nicht möglich, zumal viele dieser Gebiete noch kaum erforscht sind.

Für die Ausdruckswissenschaft selbst ergab sich die Notwendigkeit, sich vermehrt um diagnostische Anwendung ihrer Erkenntnisse zu bemühen. Neben der praktischen Nützlichkeit würde die diagnostische Forschungsrichtung auch belebend auf die Ausdruckspsychologie überhaupt wirken. Ein Eingehen auf die tiefenpsychologischen Erkenntnisse wird dann allerdings nicht mehr länger umgangen werden können.

Während die Ausfächerung in eine Vielzahl von ›Grundwissenschaften‹ die Gefahr einer Aufsplitterung der Ausdruckspsychologie in sich birgt, dürfte die Ausrichtung auf eine praktisch-diagnostische Anwendung im Gegensatz zu einer Sammlung der forschenden Kräfte beitragen. Die Schwierigkeiten, so viele Wissenschaften in einer Theorie zu vereinen, sind vielleicht gar nicht so groß wie gemeinhin angenommen wird. *Lorenz* beispielsweise ist erstaunt, daß Diskussionen der Freudschen Trieblehre unerwartete Übereinstimmungen ergaben »zwischen den Ergebnissen der Psychoanalyse und der Verhaltensphysiologie, was gerade wegen der Verschiedenheit der Fragestellung, der Methoden und vor allem der Induktionsbasis beider Disziplinen bedeutsam scheint« (*Lorenz* 1963, S. X). Eine Synthese verschiedener Wissenschaften unter dem *Aspekt der Ausdruckspsychologie* erscheint durchaus möglich.

Bei allen diesen bedingenden Faktoren des Ausdrucksgeschehens darf aber nie vergessen werden, daß der Ausdruck frei gestaltet werden kann. Die determinierenden Faktoren müssen zwar in ihrem diagnostischen Wert erkannt werden, der individuelle Ausdruck hingegen erfordert zu seiner Deutung das, was *Lersch* (1951) mit *›psychologischer Phantasie‹* bezeichnet; »sie ist die Fähigkeit, sich die überhaupt möglichen Arten und Formen des Erlebens innerlich zu vergegenwärtigen und setzt einen gewissen seelischen Spielraum, eine hohe Mannigfaltigkeit der Veranlagung als Person voraus. Die psychologische Phantasie allein setzt uns instand, die verschiedenen Möglichkeiten zu berücksichtigen, in die eine mimisch zum Ausdruck gelangende seelische Haltung oder ein seelischer Zustand eingegliedert sein kann« (*Lersch* 1951, S. 161).

Bis zu einem gewissen Grade wird diese ›psychologische Phantasie‹ in einer späteren Phase der Ausdruckskunde durch ein lehrbares Verfahren abgelöst werden können, durch ein Verfahren allerdings, das nicht einer mechanistisch-deterministischen Anschauung – wie sie in vielen Bereichen heute noch vorherrscht – entsprechen wird. Das Leben nämlich erschöpft sich nicht in Quantität und Kausalität.

Literaturverzeichnis

Adel, K., Einleitung, in: *Adel, K.* (Hg.), Paracelsus, Die große Wundarznei, Graz: Stiasny 1962

Adler, A., Menschenkenntnis. Frankfurt: Fischer 1966

Allport, G. W., Persönlichkeit. Stuttgart: Klett 1949

Aristoteles, Nikomachische Ethik, übers. v. F. Dirlmeier. Berlin: Akademie-Verlag 1967

— Über die Seele, übers. v. W. Theiler. Reinbek: Rowohlt-Klassiker 1968

Bally, G., Einführung in die Psychoanalyse Sigmund Freuds. Reinbek: Rowohlt 1961

Becker, Minna, Graphologie der Kinderschrift. 3. Aufl. Hamburg: Ellermann 1949

Beer, U., Vorwort des Herausgebers, in: *Darwin, Ch.*, Der Ausdruck der Gefühle bei Mensch und Tier, Düsseldorf: Rau 1964

Berelson, B., Steiner, G. A., Human Behavior — An Inventary of Scientific Findings. New York: Harcourt, Brace and World 1964

Bergson, H., Einführung in die Metaphysik, in: *Bergson, H.*, Materie und Gedächtnis und andere Schriften, Frankfurt: S. Fischer 1964

— Die beiden Quellen der Moral und der Religion, in: *Bergson, H.*, Materie und Gedächtnis und andere Schriften, Frankfurt: S. Fischer 1964a

Bernstein, B., Some sociological Determinants of Perception, in: The British Journal of Sociology, Vol. 9, 1958, No. 2, S. 159—174

Biäsch, H., Homo faber — Homo divinans, in: Schweizerische Bauzeitung, Sonderdruck aus 73. Jg., Nr. 1, Zürich: Jean Frey AG 1955

— Definitionen psychologischer Begriffe. Zürich: Psycholog. Institut der Universität 1957

— Zur Psychologie des schöpferischen Arbeitens, in: Transzendenz als Erfahrung, Beitrag und Widerhall, Festschrift zum 70. Geburtstag von Graf Dürckheim, Weilheim: O. W. Barth, o. J.

Binder, W., Theoprast's Charaktere, Einleitung. Stuttgart: Krais u. Hoffmann 1865

Boss, M., Indienfahrt eines Psychiaters. Freiburg i. Br.: Herder 1966

Brisset, Ch., Erschöpfung und Angst, in: Leben und Mensch, Enzyklopädie, Bd. 6, Der Mensch — Störungen, Genf: Kister 1961

Brown, J. A. C., The social psychology of industry. Harmondsworth: Penguin 1954

Bühler, Charlotte, Psychologie im Leben unserer Zeit. München: Droemer/Knaur 1962

Bühler, K., Ausdruckstheorie. Jena: G. Fischer 1933

Busemann, A., Höhere Begabung. 2. Aufl. Ratingen: Henn 1955

Busse, H. H., Wie beurteile ich meine Handschrift. Berlin und Leipzig: W. Vobach & Co., o. J.

— Vorwort zu: *Crépieux-Jamin, J.*, Handschrift und Charakter, Leipzig: Paul List 1901

Camus, A., L'étranger. Paris: Gallimard 1957

Carus, C. G., Psyche. Zur Entwicklungsgeschichte der Seele. Pforzheim: Flammer und Hoffmann 1846

— Psyche. Zur Entwicklungsgeschichte der Seele. Nachdruck der 2. Aufl. Leipzig: Alfred Kröner, o. J.
— Symbolik der menschlichen Gestalt. Leipzig: F. A. Brockhaus 1853
— Von den Anforderungen an eine künftige Bearbeitung der Naturwissenschaften. Nachdruck. Hamburg: Staats- und Universitätsbibliothek 1928
Christiansen, B., Carnap, E., Neue Grundlegung der Graphologie. München: Felsen-Verlag 1933
— — Lehrbuch der Graphologie. Stuttgart: Reclam 1964
Crépieux-Jamin, J., Handschrift und Charakter, hg. von H. H. Busse. 2. Aufl. Leipzig: Paul List (ca. 1901) o. J.
— Die Grundlagen der Graphologie und der Schriftexpertise. Heidelberg: Kampmann 1927
Daim, W., Handschrift und Existenz. Graz: Anton Pustet 1950
Darwin, Ch., Der Ausdruck der Gefühle bei Mensch und Tier. Düsseldorf: Rau 1964
Delay, J., Pichot, P., Medizinische Psychologie. Stuttgart: Thieme 1966
Descartes, R., Meditationen über die Grundlagen der Philosophie. Hamburg: Felix Meiner 1959
Diemer, A., Ontologie, in: *Diemer, A., Frenzel, I.*, Philosophie, Fischer Lex., Frankfurt: S. Fischer 1958
Dietrich, D., Krankheiten aus der Hand gelesen, in: Die Tat, Zürich: 2. 9. 1967
Dingle, H., The Scientific Adventure. London: Pitman 1952
Dubois, J. A. Abbé, Character, Manners and Customs of the People of India, Bd. I. Philadelphia: M'Carey & Son 1818
Duncker, K., Zur Psychologie des produktiven Denkens. Berlin: Springer 1935
Eibl-Eibesfeldt, I., Warum wir lächeln, gähnen und Kriege führen, in: sie + er, Zofingen: 1967, Nr. 36, S. 32—39
— *Hass, H.*, Zum Projekt einer ethologisch orientierten Untersuchung menschlichen Verhaltens, in: Mitteilungen aus der Max-Planck-Gesellschaft, 1966, Heft 6, S. 383—396
Eisenstein, S., Gesammelte Aufsätze I. Zürich: Arche o. J.
Elle, D., Über eine Drehspiegelkamera für Aufnahmen im Bildfrequenzbereich von 10.000 B/s — 300.000 B/s, in: Institut für den wissenschaftlichen Film (Hg.), Der Film im Dienste der Wissenschaft, Göttingen 1961
Engel, J. J., Ideen zu einer Mimik, 2 Theile. Berlin: Auf Kosten des Verfassers und in Commission bey August Mylius 1785 u. 1786
Ewert, O. M., Sematologie des Ausdrucks, in: *Kirchhoff, R.* (Hg.), Ausdruckspsychologie, Hdb. d. Psych., Bd. 5, S. 220—254), Göttingen: Hogrefe 1965a
— Zur Ontogenese des Ausdrucksverstehens, in: *Kirchhoff, R.*, (Hg.) Ausdruckspsychologie, Hdb. d. Psych., Bd. 5, S. 289—308, Göttingen: Hogrefe 1965b
Fahrenberg, J., Graphometrie, Diss. Freiburg i. Br. 1961
Federn, P., Die Hysterie, in: *Meng, H.* (Hg.), Psychoanalyse und Medizin, S. 144—155, München: Goldmann 1965
Fischer, G. H., Ausdruck und Persönlichkeit. Studien zur Theorie und Geschichte der Ausdruckspsychologie. Leipzig: 1934

Fischer, H., Ausdruck, Leitbild und Darstellung in der Handschrift, in: Ausdruckskunde, 2. Jg., Heft 2, Heidelberg 1955

Foerster, R., Die Physiognomik der Griechen. Kiel: Universitätsbuchh. 1884

Franke, J., Ausdruck und Konvention, ein Beitrag zur Erfassung der sozial-kulturellen Bedingtheit des Ausdrucks. Göttingen: Hogrefe 1967

Frauchiger, E., Die Handschrift als Gehirnschrift? in: Zeitschrift f. Menschenkunde, 32. Jg., Heft 3, Wien: Braumüller 1968

Freud, S., Zur Psychopathologie des Alltagslebens. Frankfurt: S. Fischer 1954

Frijda, N. H., Mimik und Pantomimik, in: *Kirchhoff, R.* (Hg.), Ausdruckspsychologie, Hdb. d. Psych., Bd. 5, S. 351—421, Göttingen: Hogrefe 1965

Frisch, M., Homo faber. Frankfurt: Suhrkamp 1962

Fritsche, H., Kleines Lehrbuch der weißen Magie: Freiburg i. Br.: H. Bauer 1962

Goerttler, V., Vom literarischen Handwerk der Wissenschaft. Berlin: Parey 1965

Goethe, J. W., Beiträge Goethes zu Lavaters physiognomischen Fragmenten (1775/76), in: *Goethe, J. W.*, Gesamtausgabe, Bd. 37, München: Deutscher Taschenbuchverlag 1962

— Principes de philosophie zoologique. Discutés en Mars 1830 au sein de l'Académie Royale des Sciences par Mr. Geoffroy de Saint-Hilaire, Paris 1830, in: *Goethe, J. W.*, Gesamtausgabe, Bd. 37, München: Deutscher Taschenbuchverlag 1962a

— Fragmente zur vergleichenden Anatomie (Gestalt und Typus), in: *Goethe, J. W.*, Gesamtausgabe, Bd. 37, München: Deutscher Taschenbuchverlag 1962b

Goffman, E., The Presentation of Self in Everyday Life. New York: Doubleday Anchor 1959

— Encounters. Indianapolis: Bobbs-Merril 1961

— Behavior in Public Places. New York: Free Press Paperback 1966

Goldammer, K., Leben und Persönlichkeit des Paracelsus, Einleitung zu: Paracelsus, vom Licht der Natur und des Geistes, Auswahl von K. Goldammer, Stuttgart: Reclam 1960

Goodenough, F. L., The expressions of the emotions in a Blind-deaf child. Journ. abn. soc. Psychol., 27, 1932

Graber, G. H., Tiefenpsychologie der Frau. München: Goldmann o. J.

Grabert, W., *Mulot, A.*, Geschichte der deutschen Literatur. 11. Aufl. München: Bayer. Schulbuch-Verlag 1966

Graumann, C.-F., Nicht-sinnliche Bedingungen des Wahrnehmens, in: *Metzger, W.* (Hg.), Allgemeine Psychologie, Hdb. d. Psych., Bd. 1., 1. Halbbd., S. 1031—1096, Göttingen: Hogrefe 1966

Grünewald, G., Graphologische Studien. Zürich: Rascher 1954

Hall, E. T., The Hidden Dimension. New York: Doubleday 1966

Hare, A. P., *Bales, R. F.*, Seating Position and Small Group Interaction, in: *Hare, A. P.*, *Borgatta, E. F.*, *Bales, R. F.*, Small Groups, S. 427 bis 433, New York: Knopf 1965

Hass, H., Wir Menschen. München: Goldmann (1969) o. J.

Hediger, H., Skizzen zu einer Tierpsychologie im Zoo und im Zirkus. Zürich: Büchergilde Gutenberg 1954
Hehlmann, W., Wörterbuch der Psychologie. 2. Aufl. Stuttgart: Kröner 1962
— Geschichte der Psychologie. 2. Aufl. Stuttgart: Kröner 1967
Heiss, R., Einleitung zu *Klages, L.*, Die Handschrift des Menschen, hg. v. Heiss, R., München: Deutscher Taschenbuchverlag 1964
Heitler, W., Der Mensch und die naturwissenschaftliche Erkenntnis. 2. Aufl. Braunschweig: Vieweg 1962
Hertl, M., Allgemeine Pathologie des Ausdrucks unter besonderer Berücksichtigung des Gesichtsausdrucks, in: *Kirchhoff, R.* (Hg.), Ausdruckspsychologie, Hdb. d. Psych., Bd. 5, S. 309—347, Göttingen: Hogrefe 1965
Hetzer, Hildegard, Kind und Jugendlicher in der Entwicklung. 8. Aufl. Hannover: Schroedel 1961
Hofstätter, P. R., Psychologie. Fischer-Lexikon. Frankfurt a. Main: Fischer 1957
— Einführung in die Sozialpsychologie. 2. Aufl. Stuttgart: Kröner 1959
Holzkamp, K., Zur Geschichte und Systematik der Ausdruckstheorien, in: *Kirchhoff, R.* (Hg.), Ausdruckspsychologie, Hdb. d. Psych., Bd. 5, S. 39—113, Göttingen: Hogrefe 1965
Hoyle, F., Mensch und Materialismus. Weltperspektiven, Bd. 7. Berlin: Ullstein 1961
Ivanovic, M., (Thumm-Kintzel, M.), Die Gesetze der modernen Graphologie. 2. Aufl. Prien/Obb: Anthropos-Verlag (ca. 1920) o. J.
— Menschenkenntnis durch die Handschrift. 2. Aufl. Konstanz: Volkskraft-Verlag 1920
Jacobi, Jolan, Theophrastus Paracelsus. Lebendiges Erbe. Zürich: Rascher 1942
Jacobi, Jolande, Die Psychologie von C. G. Jung. 4. Aufl. Zürich: Rascher 1959
Jacoby, H., Handschrift und Sexualität. Berlin/Köln: Marcus & Weber 1932
Jaeckle, E., Paracelsus. Zürich: Atlantis-Verlag 1942
Johnson, Ch., Patterns of Negro Segregation. New York: Harper Bros. 1943
Jung, C. G., Über Konflikte der kindlichen Seele, in: *Jung, C. G.*, Psychologie und Erziehung, Zürich: Rascher 1946
— Vorwort zu: Jacobi, J., Paracelsus, Selected Writings; New York: 1951 (zit. n. Pagel 1962)
— Symbole der Wandlung. 4. umgearb. Aufl. von ›Wandlungen und Symbole der Libido‹. Zürich: Rascher 1952
— Psychologische Typen. 9. Aufl. Zürich: Rascher 1960
— Erinnerungen, Träume, Gedanken, aufgezeichnet von Aniela Jaffé. Zürich: Rascher 1962
Kaiser, E., Paracelsus in Selbstzeugnissen und Bilddokumenten. Reinbek: Rowohlt 1969
Kant, I., Prolegomena zu einer jeden künftigen Metaphysik. Hamburg: Felix Meiner 1965
Kasdorff, H., Zu den ersten Veröffentlichungen von Klages. Z. f. Menschenkunde, 33. Jg., Heft 4, S. 169—191. Wien: Braumüller 1969

Kassner, R., Physiognomik. München: Delphin-Verlag 1932
Keller, W., Das Problem der Willensfreiheit. Bern: Francke 1965
Kendall, M. G., Rank correlation methods (1. Aufl. London 1948). London: 1955
Kiener, F., Physiognomik der Gesamtleibestektonik, in: *Kirchhoff, R.* (Hg.), Ausdruckspsychologie, Hdb. d. Psych., Bd. 5, S. 467—502, Göttingen: Hogrefe 1965
— Physiognomik leibestektonischer Teilbezirke, in: *Kirchhoff, R.* (Hg.), Ausdruckspsychologie, Hdb. d. Psych., Bd. 5, S. 503—529, Göttingen: Hogrefe 1965a
Kirchhoff, R. (Hg.), Ausdruckspsychologie. Hdb. d. Psych., Bd. 5. Göttingen: Hogrefe 1965
— Zur Geschichte des Ausdrucksbegriffs, in: *Kirchhoff, R.* (Hg.), Ausdruckspsychologie, Hdb. d. Psych., Bd. 5, S. 9—38, Göttingen: Hogrefe 1965a
— Grundfragen der Ausdruckspsychologie, in: *Kirchhoff, R.* (Hg.), Ausdruckspsychologie, Hdb. d. Psych., Bd. 5, S. 117—219, Göttingen: Hogrefe 1965b
Klages, L., Die Grundlagen der Charakterkunde. 4. Aufl. Leipzig: J. A. Barth 1926
— Einführendes Vorwort des Herausgebers, Anmerkungen des Herausgebers, in: *Carus, C. G.*, Psyche, ausgewählt und eingel. v. Ludwig Klages, S. I—XX, 306—317; Jena: Diederichs 1926a
— Persönlichkeit, Einführung in die Charakterkunde. Potsdam + Zürich: Müller & Kiepenheuer, Orell Füssli 1927
— Handschrift und Charakter. Leipzig: J. A. Barth 1929
— Grundlage der Wissenschaft vom Ausdruck. 8. Aufl. Bonn: Bouvier 1964a
— Graphologie, in: *Heiss, R.* (Hg.), Die Handschrift des Menschen, München: Deutscher Taschenbuchverlag 1964b
— Einführung in die Psychologie der Handschrift, in: *Heiss, R.* (Hg.), Die Handschrift des Menschen, München: Deutscher Taschenbuchverlag 1964c
— Ursprünge der Seelenforschung. Stuttgart: Reclam 1964d
Klineberg, O., Social psychology. New York: 1940
Koch, K., Der Baumtest. Bern: Huber 1949
Kourilsky, R., Krankheiten und Störungen, in: Leben und Mensch, Enzyklopädie, Bd. 6: Der Mensch — Störungen, Genf: Kister 1961
Kracauer, S., Von Caligari, bis Hitler, ein Beitrag zur Geschichte des deutschen Films. Hamburg: Rowohlt 1958
Krell, L., Fiedler, L., Deutsche Literaturgeschichte. 9. Aufl. Bamberg: Buchners 1962
Kretschmer, E., Körperbau und Charakter. 25. Aufl. Berlin: Springer 1967
Kroeber, A. L., Anthropology. New York: Harcourt, Brace and Company 1948
Krukenberg, H., Der Gesichtsausdruck des Menschen. 2. neubearb. Aufl. Stuttgart: Enke 1920
Kunz, H., Zur Phänomenologie und Analyse des Ausdrucks. Diss. Basel 1934 (Grenchen 1938)

Kurtz, R., Expressionismus und Film (fotomech. Nachdruck, Zürich: Rohr 1965) Orig. Berlin: Verlag der Lichtbildbühne 1926

Lamy, M., Die Vererbung, in: Leben und Mensch, Enzyklopädie, Bd 6: Der Mensch — Störungen, Genf: Kister 1961

Landauer, K., Die Gemütsbewegungen oder Affekte, in: *Meng, H.* (Hg.), Psychoanalyse und Medizin, S. 83—102, München: Goldmann 1965

Lange-Eichbaum, W. / Kurth, W., Genie, Irrsinn und Ruhm. 6. Aufl. München: E. Reinhardt 1967

Lavater, J. C., Physiognomische Fragmente, zur Beförderung der Menschenkenntniss und Menschenliebe. Erster bis Vierter Versuch. Leipzig: Weidmann u. Reich 1775 (I), 1776 (II), 1777 (III), 1778 (IV)

Legrün, A., Die Schülerschrift in zeitgemäßer Beurteilung. Wien/Leipzig: Deutscher Verlag für Jugend und Volk 1922

Lersch, Ph., Gesicht und Seele. 7. Aufl.; München: E. Reinhardt 1971

Lichtenberg, G. Ch., Parakletor oder Trostgründe für die Unglücklichen, die keine Original-Genies sind, in: *Lichtenberg, L. Ch., Kries, F.*, (Hg.) Georg Christoph Lichtenberg's vermischte Schriften, Bd. 1, S. 65—80, Göttingen: J. Chr. Dieterich 1800

— Bemerkungen vermischten Inhalts. Ebda, Bd. I, S. 138—408, 1800a

— Über Physiognomik, wider die Physiognomen. Zu Beförderung der Menschenliebe und Menschenkenntniss. Ebda, Bd. 3, S. 401—545, 1801

— Bemerkungen vermischten Inhalts. Ebda, Bd. 2, S. 25—460, 1801a

— Fragment von Schwänzen. Ebda, Bd. 3, S. 589—600, 1801b

— An die Leser des deutschen Museums, 2. Beilage zu: Über Physiognomik wider die Physiognomen. Ebda, Bd. 3, S. 582—588, 1801c

— Timorus, das ist, Vertheidigung zweyer Israeliten etc. Ebda, Bd. 3, S. 43—146, 1801d

— Bemerkungen vermischten Inhalts, in: *Lichtenberg, L. Ch., Kries, F.*, (Hg.) G. Ch. Lichtenberg's hinterlassene Schriften, erster Theil, S. 93—240, Wien: Ignaz Klang 1844

— Aphorismen, eine Auswahl. Stuttgart: Reclam 1966

Lichtenberg, L. Ch., Kries, F., Vorbericht, zu: *Lichtenberg, L. Ch., Kries, F.*, (Hg.) Georg Christoph Lichtenberg's vermischte Schriften, Bd. 1, S. III—XXII, Göttingen: J. Chr. Dietrich 1800

Lier, B., Elektronische Geräte als Hilfsmittel für den wissenschaftlichen Film, in: Institut für wissenschaftlichen Film (Hg.), Der Film im Dienste der Wissenschaft; Göttingen 1961

Loewy, E., Literatur unterm Hakenkreuz. Das Dritte Reich und seine Dichtung. Frankfurt: Fischer 1969

Lomer, G., Der Teufel im Tintenfaß. Erkennung menschlicher Schwächen, Verbrechen und Krankheiten aus der Handschrift. Berlin: Dr. Schwarz & Co. (ca. 1925) o. J.

Lorenz, K., Betrachtungen über das Erkennen der arteigenen Triebhandlungen der Vögel, in: *Lorenz, K.*, Gesammelte Abhandlungen, Bd. I, München: Piper 1965 (Orig. Beitr. 1932)

— Ganzheit und Teil in der tierischen und menschlichen Gemeinschaft in: *Lorenz, K.*, Gesammelte Abhandlungen, Bd. II, München: Piper 1965 (Orig. Beitr. 1950)

— Psychologie und Stammesgeschichte. Ebda, 1965 (Orig. Beitr. 1954)
— Gestaltwahrnehmung als Quelle wissenschaftlicher Erkenntnis. Ebda, 1965 (Orig. Beitr. 1959)
— Das sogenannte Böse. Zur Naturgeschichte der Aggression. Wien: Borotha-Schoeler 1963
Lückert, H.-R., Die Problematik der Persönlichkeits-Diagnostik. München: E. Reinhardt 1965
Luft, J., Monetary value and the perception of persons. Journ. Soc. Psychol., 46, 1957, S. 245—251
Mach, E., Erkenntnis und Irrtum. 2. Aufl. Leipzig: J. A. Barth 1906
Maslow, A. H., Minth, N. L. Effects of esthetic surroundings, I: Initial effects of three esthetic conditions upon perceiving »energy« and »well-being« in faces. Journ. Psychol., 41, 1956, S. 247—254
Mendelssohn, Anja, Mendelssohn, G., Der Mensch in der Handschrift. Leipzig: A. Seemann 1928
Meng, H., Die Zwangsneurose und ihr verwandte Störungen, in: *Meng, H.* (Hg.), Psychoanalyse und Medizin, S. 156—165, München: Goldmann 1965
Metzger, W., Der Ort der Wahrnehmungslehre im Aufbau der Psychologie, in: *Metzger, W.* (Hg.), Allgemeine Psychologie, Hdb. d. Psych., Bd. 1, 1. Halbbd., S. 3—20, Göttingen: Hogrefe 1966
Meyer, G., Die wissenschaftlichen Grundlagen der Graphologie. 4. Aufl. Jena: G. Fischer 1943
Meyrink, G., Das grüne Gesicht. Freiburg: H. Bauer 1963
Michon, J.-H., System der Graphologie, nach der elften franz. Aufl. hg. v. R. Pophal. München/Basel: E. Reinhardt 1965
Müller, Anna Luise, Experimentelle Untersuchungen zur stimmlichen Darstellung von Gefühlen. Diss. Göttingen 1960
Müller, W. H., Enskat, Alice, Graphologische Diagnostik. Bern: Hans Huber 1961
— Grundzüge der Graphologie, in: *Kirchhoff, R.* (Hg.), Ausdruckspsychologie, Hdb. d. Psych., Bd. 5, S. 533—577, Göttingen: Hogrefe 1965
Müller-Eckhard, H., Das Unzerstörbare. Stuttgart: Klett 1964
Neumann, E., Ursprungsgeschichte des Bewußtseins. München: Kindler o. J.
v. Niederhöffer, E., Die Persönlichkeitspsychologie von Hans Prinzhorn und ihre aktuelle Bedeutung, in: Z. f. Menschenkunde, 22. Jg., Heft 3, S. 293—308, Wien: W. Braumüller 1958
Oppenheimer, J. R., Atomkraft und menschliche Freiheit. rde Bd. 52. Hamburg: Rowohlt 1957
Pagel, W., Das medizinische Weltbild des Paracelsus — seine Zusammenhänge mit Neuplatonismus und Gnosis, in: Kosmosophie (hg. v. K. Goldammer), Bd. I, Wiesbaden: Franz Steiner 1962
Paracelsus, Astronomia Magna oder die ganze Philosophia sagax der großen und kleinen Welt. 1537/38, in: *Sudhoff, K.*, Theophrast von Hohenheim, Sämtl. Werke, 1. Abt., Bd. 12; München und Berlin: R. Oldenbourg 1929
— Die große Wundarznei (Auswahl), hg. v. K. Adel, Graz: Stiasny 1962

Pauwels, L., Bergier, J., Aufbruch ins dritte Jahrtausend. 2. Aufl. Bern: Scherz 1962
Pfanne, H., Lehrbuch der Graphologie. Berlin: De Gruyter 1961
Picard, M., Die Grenzen der Physiognomik. Erlenbach: Eugen Rentsch 1937
Piderit, Th., Wissenschaftliches System der Mimik und Physiognomik. Detmold: Klingenberg'sche Buchh. 1867
— Mimik und Physiognomik. 3. neubearb. Aufl. Detmold: Meyersche Hofbuchh. 1919
Planck, M., Scheinprobleme der Wissenschaft. Vortrag. Leipzig: J. A. Barth 1947
— Sinn und Grenzen der exakten Wissenschaft. 2. Aufl. Leipzig: J. A. Barth 1947a
Poggendorf, J. C., Biographisch-literarisches Handwörterbuch zur Geschichte der exacten Wissenschaften. Amsterdam: B. M. Israel 1965
Pophal, R., Das Strichbild, zum Form- und Stoffproblem in der Psychologie der Handschrift. Stuttgart: Thieme 1950
— Michon als Mensch und Forscher, Geleitwort des Herausgebers, in: *Michon, J.-H.*, System der Graphologie, München: E. Reinhardt 1965
— Die Schrift und das Schreiben, in: Graphologie in Vorlesungen, Bd. 1, Stuttgart: G. Fischer 1965a
— Der Schreiber. Ebda, 1965b
Porta, G. B. della, Phytognomonica. Acht Bücher. Frankfurt: apud Ioannem Wechelum & Petrum Fischerum 1591
— Della celeste fisonomia. Padova: Pietro Paolo Tozzi 1616
Porta, J. B. (G. B. della), La magie naturelle. Lyon: 1650
Portmann, A., Das Tier als soziales Wesen. Freiburg: Herder 1964
Preyer, W., Zur Psychologie des Schreibens. 2. Aufl. Leipzig: L. Voss 1919
Prinzhorn, H., Leib-Seele-Einheit. Potsdam/Zürich: Müller & Kiepenheuer / Orell Füssli 1927
— Charakterkunde der Gegenwart. Berlin: Junker u. Dünnhaupt 1931
Pudowkin, W. I., Über die Filmtechnik. Zürich: Arche 1961
Pulver, M., Odil, zwei Erzählungen. Frauenfeld/Leipzig: Huber & Co. 1917
— Auf Spuren des Menschen. Zürich: Orell Füssli 1942
— Grundsätzliche Bemerkungen zur Ausdruckspsychologie, in: Graphologia I, Beiheft zur Schweiz. Z. f. Psych. u. ihre Anwend., 1945, Nr. 6, S. 5—28, Bern: Hans Huber
— Intelligenz im Schriftausdruck. Zürich: Orell Füssli 1949
— Symbolik der Handschrift. 7. Aufl. Zürich: Orell Füssli 1964
Rapaport, D., Die Struktur der psychoanalytischen Theorie. Stuttgart: Klett 1959
Rausch, E., Probleme der Metrik (Geometrisch-optische Täuschungen), in: *Metzger, W.* (Hg.), Allgemeine Psychologie, Hdb. d. Psych., Bd. 1, 1. Halbbd., S. 776—865, Göttingen: Hogrefe 1966
Razran, G., Ethnic dislikes and stereotypes: a laboratory study. Journ. Abnorm. Soc. Psychol., 45, 1950, S. 7—27
Roman, Klara G., Encyclopedia of the Written Word. New York: Frederick Ungar 1968

Rüsch, E. G., Lavater, Erforscher des Menschengesichts, St. Galler Tagblatt, 11. 1. 1970

Rutz, O., Neue Wege zur Menschenkenntnis. Kampen-Sylt: Niels Kampmannn o. J.

Sarbin, Th. R., Taft, R., Bailey, D. E., Clinical inference and Cognitive Theory. New York: Holt, Rinehart and Winston 1960

Saudek, R., Wissenschaftliche Graphologie. München: Drei-Masken-Verlag 1926

Scheler, M., Die Stellung des Menschen im Kosmos. 7. Aufl. Bern: A. Francke 1966

Schermann, R., Die Schrift lügt nicht! Erlebnisse von R. S. Berlin: Brükken-Verlag 1929

Schmidt, Johanna, Physiognomik, in: *Kroll, W., Mittelhaus, K., et alii* (Hg.), Paulys Real-Encyclopädie der classischen Altertumswissenschaft, begonnen von Georg Wissowa, neue Bearb., 39. Halbbd., Spalten 1064—1074, Stuttgart: J. B. Metzler 1941

Schmidtchen, G., Gibt es eine protestantische Persönlichkeit? Zürich: Arche 1969

Schneickert, H., Vorwort zu: *Meyer, G.*, Die wissenschaftlichen Grundlagen der Graphologie, 4. Aufl., Jena: G. Fischer 1943

Schneidemühl, J., Handschrift und Charakter. Leipzig: Grieben 1911 (zit. n. *Legrün* 1922)

Shepherd, C. R., Small Groups. San Francisco: Chandler 1964

Sherman, M., The Differentiation of emotional responses in infants, I: Judgements of emotional responses from motion picture views and from actual observations; II: The ability of observers to judge the emotional characteristics of the crying of infants, and of the voice of an adult. Journ. comp. Psychol. 7, 1927

Simmel, G., Soziologie. Leipzig: Duncker & Humblot 1908

Spoerri, Th., Kompendium der Psychiatrie. 6. Aufl. Basel: S. Karger 1970

Stamm, R. A., Perspektiven zu einer Vergleichenden Ausdrucksforschung, in: *Kirchhoff, R.* (Hg.), Ausdruckspsychologie, Hdb. d. Psych., Bd. 5, S. 255—288, Göttingen: Hogrefe 1965

Steichen, E., The Family of Man. New York: Museum of Modern Art 1955

Sudhoff, K., Matthiessen, W., (Hg.), Paracelsus sämtliche Schriften, I. u. II. Abt. München: O. W. Barth-Verlag und R. Oldenbourg-Verlag 1922 ff

Sullivan, H. S., The Psychiatric Interview. New York: Norton 1954

Teillard, Ania, Handschriftendeutung auf tiefenpsychologischer Grundlage. 2. Aufl. Bern: Francke 1963

Theophrast, Charaktere, übers. v. W. Binder. Stuttgart: Krais u. Hoffmann 1865

Thomson, G., Das Atom. Göttingen: Musterschmidt o. J.

Thornton, G. R., The effects of wearing glasses upon judgments of personality traits of persons seen briefly. Journ. Appl. Psychol., 28, 1944, S. 203—207

Time, the weekly newsmagazine: Sound Judgment, Vol. 89, Nr. 24, 24. Juni 1967

Timm, U., Graphometrie als psychologischer Test? Diss. Freiburg i. Br. 1965
Tittel, Käthe, Untersuchungen über Schreibgeschwindigkeit, in: *Krueger, F., Rudert, J.*, (Hg.), Psychologie des Schreibens und der Handschrift, 1. Heft, München: C. H. Beck 1934
Traupel, W., Menschenrechte und Technik, in: Sonde, 4. Jg., S. 15 f.; Zürich: Aktion f. Menschenrechte, Nov. 1970
Trepp, L., Das Judentum. Reinbek: Rowohlts Deutsche Enzyklopädie 1970
Trey, M. de, Der Wille in der Handschrift. Bern: A. Francke 1946
Turhan, M., Über die Deutung des Gesichtsausdrucks. Psychol. Beitr., 5, 1960, S. 440—455
Uexküll, Th. v., Grundfragen der psychosomatischen Medizin. Reinbek: Rowohlt 1963
Vatsyayana, Kama Sutra, transl. by Sir Richard Burton. London: Luxor 1963
Vetter, A., Erwiderung zu den ›Bemerkungen über den Auffassungsakt bei Klages‹ von Hans Eggert Schröder, in: Z. f. Menschenkunde, 33. Jg., Heft 2; Wien: Braumüller 1969
Victor, F., Die Handschrift — eine Projektion der Persönlichkeit. München: Kindler 1964
Waelder, R., Die Grundlagen der Psychoanalyse. Frankfurt: Fischer 1969
Warstat, W., Die künstlerische Photographie. 2. Aufl. Leipzig: Teubner 1919
Weaver, W., Science and the Citizen, in: Science, 126, 1957, No. 3285 (zit. n. *Waelder* 1969)
Weiss, E., English, O. S., Psychosomatic Medicine. 3. Aufl. Philadelphia-London: 1957 (zit. n. *Uexküll* 1963)
Wenzl, A., Theorie der Begabung. 2. Aufl. Heidelberg: Quelle & Meyer 1957
Wiener, N., Kybernetik. Reinbek: Rowohlts Deutsche Enzyklopädie 1968
Wittlich, B., Angewandte Graphologie. 2. Aufl. Berlin: de Gruyter 1951
Wörterbuch, Kleines philosophisches. Freiburg i. Br.: Herder 1958
Wolfensberger, Chr., Pädiatrische Ethologie — ein neuer Aspekt der Entwicklungspsychologie, in: Schweiz. Arch. f. Neurol., Neurochir. u. Psych., Bd. 109, Heft 1, Zürich: Orell Füssli 1971
Wormser, P., Die Beurteilung der Handschrift in der Psychiatrie. Zürich: Rascher 1947

Namenverzeichnis

Sachverzeichnis